银行业信息科技风险管理高层指导委员会
银行业信息化丛书

商业银行互联网应用安全风险管控

骆鉴 孙钢 等编著

Bank Internet Security Management

图书在版编目（CIP）数据

商业银行互联网应用安全风险管控/骆鉴等编著. —北京：机械工业出版社，2019.9
（银行业信息科技风险管理高层指导委员会银行业信息化丛书）

ISBN 978-7-111-63496-6

I. 商… II. 骆… III. 商业银行 - 互联网络 - 安全管理 IV. F830.33

中国版本图书馆 CIP 数据核字（2019）第 169754 号

  借助互联网金融、金融科技的跨界融合，商业银行纷纷向信息化金融机构、智能金融转型，表现出巨大的潜力值和价值链。应用安全作为一个问题，自应用诞生之时就客观存在，风险如影相随。本书意在分析商业银行在互联网应用安全方面面临的问题和挑战，全面剖析互联网应用问题、安全漏洞产生的根源与表现形式，以"抓源头、控过程、观运行"的管理框架和技术手段，贯穿于应用研发过程的全生命周期，识别各种显性和隐含的应用安全风险，综合化、系统化、持续化地提升互联网应用安全属性、安全状态，助力商业银行更加健康稳定，继续在"互联网＋"的浪潮中发挥主导作用。

商业银行互联网应用安全风险管控

出版发行：机械工业出版社（北京市西城区百万庄大街 22 号　邮政编码：100037）	
责任编辑：袁　银　　林晨星	责任校对：殷　虹
印　　刷：北京瑞德印刷有限公司	版　　次：2019 年 9 月第 1 版第 1 次印刷
开　　本：185mm×260mm　1/16	印　　张：20.5
书　　号：ISBN 978-7-111-63496-6	定　　价：89.00 元
客服电话：(010) 88361066　88379833　68326294	投稿热线：(010) 88379007
华章网站：www.hzbook.com	读者信箱：hzjg@hzbook.com

版权所有・侵权必究
封底无防伪标均为盗版
本书法律顾问：北京大成律师事务所　韩光/邹晓东

序

"互联网+"作为一种新的战略、新的引擎、新的思维,让互联网和传统行业深度融合,重塑了传统行业以及社会经济发展的方式,创造出新的发展生态;金融科技快速发展,以云计算、大数据、人工智能、区块链为代表的新技术与金融业务的融合及创新,拓展了金融服务空间,而这些也给信息安全带来了前所未有的威胁和挑战。国家安全委员会、中央网络安全和信息化领导小组的相继成立,将信息安全提升至国家战略高度。习近平主席指出,"没有网络安全就没有国家安全,没有信息化就没有现代化"。党的十九大会议也明确提出要加强互联网内容建设,建立网络综合治理体系,营造清朗的网络空间。《中华人民共和国网络安全法》(简称《网络安全法》)规定银行业金融机构是关键信息基础设施的运营者,一方面突出了金融行业的战略地位和价值,另一方面明确了银行业金融机构做好网络安全工作的义务和责任。商业银行信息安全事关国家经济命脉,承担着维护国家网络安全的重任。

目前,"互联网金融"和"金融科技"处于非常态发展阶段,日渐频繁的跨界、跨市场的金融科技创新越来越复杂多元,导致金融科技风险更加容易"交叉感染"。以渗透测试(Penetration Testing)、漏洞扫描等传统技术手段应对网络安全漏洞,已日显被动性、滞后性、局限性等缺陷。一方面,事后补救而不是事前预防,错失了修复问题的最佳时机,牵一发而动全身,修复成本和风险同步上升;另一方面,事后救火缺乏整体性、系统性,安全体系不完整,安全现状呈现不精确,"头痛医头、脚痛医脚"的状态,不能形成最佳实践。做好信息系统研发、安全风险管控工作,以风险预防性、体系建设整体性追本溯源地解决安全问题,化解风险,守住底线，是商业银行提高自身防御能力、维护国家和行业信息安全的应有之义、应尽之责。

浙商银行一直以来非常重视信息安全及互联网应用安全研究工作，在落实重要信息系统等级保护和ISO27001信息安全管理体系认证的过程中，积极探索互联网应用安全开发最佳实践。从2010年开始，将"安全+"应用于互联网应用系统安全开发研究，从2014年开始，将"安全+"应用于移动互联网应用安全开发研究，探索银行互联网应用安全风险管控体系，逐渐形成自己独特的银行互联网应用安全生命周期风险管控理论与实践，从安全需求分析、安全设计、安全开发、安全测试评估、安全运行监控等各阶段形成体系化、系统化、规范化的管理。本书的落地，不仅可以让金融机构符合《网络安全法》三同步（同步规划、同步建设、同步使用）的要求，还可以帮助银行科技人员全面理解、掌握应用安全风险管控思路，为金融机构提升整体安全保障能力提供指引，更好地保障国家金融安全，共同构建和谐的金融安全生态环境。

浙商银行股份有限公司

前言

借助互联网金融、金融科技的跨界融合，商业银行纷纷向信息化金融机构、智能金融转型，表现出巨大的潜力值和价值链。应用安全作为一个问题，自应用诞生之时就客观存在，风险如影相随。商业银行如何不断提高应用安全性，考验着商业银行的科技风险综合治理能力。互联网应用安全研究始终是商业银行面临的一个课题，也是一个常新的课题。

本书意在分析商业银行互联网应用安全面临的问题和挑战，全面剖析互联网应用问题、安全漏洞产生的根源与表现形式，以"抓源头、控过程、观运行"的管理框架和技术手段，贯穿应用研发过程的全生命周期，识别各种显性和隐含的应用安全风险，综合化、系统化、持续化提升互联网应用安全属性、安全状态，使商业银行更加健康稳定，继续在"互联网+"的浪潮中发挥主导作用。

本书既注重理论全貌，又深于实践，以道术结合的方式开展互联网应用研究和实践工作。本书借鉴互联网思维"安全+"模式，采用科技风险理论，以安全需求检查表为起点，以安全架构设计为导向，以个性化安全组件SDK为特色，以自动化测试平台、应用安全监控平台为手段，形成集需求、设计、开发、测试、监控于一体的银行互联网应用安全生命周期风险控制体系，全面提升应用系统的健壮性、预警性、防御性，有效防范与减少互联网应用带来的安全风险。

本书分为9章，前3章介绍了商业银行互联网应用安全的概念、标准及现状；第4章介绍了银行互联网应用安全生命周期风险控制体系；第5章"应用安全需求分析"建立了基于安全风险分析模型（SRAM）的安全需求分析方法；第6章"应用安全设计与开发"建立了基于多层自适应防御体系的应用安全架构和个性化安全组件SDK；第7章"应用安全测试与评估"建立了基于安全检测、风险评估、漏洞扫描的测试手段和将基础自动化测试与人工测评相结合的测试方法；第8章"应用安全运行监控"建立了基于互联网应用监控平台以及分析决策平台的预警与保障机制；第9章进一步开辟视角、总结趋势，提出"安全+"管理模式，并同步扩展至网络安全、系统安全、业务安全等各个方面，致力于打造一个多层次、立体式、全访问的银行安全生态圈。为了让读者更好地了解本书内容，书中还列举了大量的开发、测试、监控案例，以更好地辅助理论研究，强化实践效果，提高借鉴和参考价值。

本书由浙商银行互联网应用安全风险管控课题组成员负责编著。编著团队的主要成员有骆鉴、孙钢、钱正旸、陈宇磊、戚树慧、范容。绿盟科技的工程师也参与了本书部分内容的资料收集、整理与初稿编写工作。本书在编著过程中，得到了浙商银行信息科技管理委员会的大力支持和帮助。同时，非常感谢中国邮政储蓄银行胡军锋、廖渊、赵鹏、李北川和中国金融认证中心谢宗晓等各相关领域技术专家对本书初稿的审阅和建议；衷心感谢吴建伟副行长、宋士正总经理对本书的高度重视和深切关怀。

由于时间仓促、水平有限，书中难免有不足之处，敬请批评指正。

编著者

目录

序
前言

第1章 互联网应用安全基础知识 / 1

1.1 互联网应用及安全概述 / 1
1.1.1 互联网应用的发展背景 / 1
1.1.2 互联网应用的特点 / 2
1.1.3 互联网应用在各个行业中的应用现状 / 4
1.1.4 互联网应用安全 / 6

1.2 银行互联网应用及安全概述 / 11
1.2.1 银行互联网应用的分类 / 11
1.2.2 银行互联网应用的安全态势 / 13

1.3 银行互联网应用安全风险管控概述 / 15

第2章 互联网应用安全的相关法律、法规及标准 / 18

2.1 国际标准 / 18
2.1.1 ISO/IEC27000 标准族 / 18
2.1.2 ISO20000 / 18
2.1.3 SP800 / 19
2.1.4 PCI DSS / 19

2.2 国内标准、法规 / 21
2.2.1 网络安全法 / 21

2.2.2 等级保护 / 30
2.2.3 国内其他法律法规 / 32

2.3 金融行业监管制度 / 35
2.3.1 政策规范 / 35
2.3.2 技术标准 / 38

第3章 银行互联网应用业态与安全现状 / 41

3.1 银行常见互联网应用业态 / 41
3.1.1 网上银行 / 41
3.1.2 移动银行 / 43
3.1.3 直销银行 / 47
3.1.4 互联网金融 / 50
3.1.5 传统业务创新 / 56

3.2 银行互联网应用安全现状 / 58
3.2.1 银行互联网应用安全外部威胁态势分析 / 58
3.2.2 银行互联网应用安全风险应对 / 64

第4章 应用安全生命周期风险控制体系 / 69

4.1 应用安全风险控制基本理论 / 69
4.1.1 安全开发生命周期理论 / 69
4.1.2 信息系统安全风险分析理论 / 72
4.1.3 信息系统安全风险控制理论 / 76

4.2 银行互联网应用安全生命周期风险管控 / 78
4.2.1 需求分析阶段 / 79
4.2.2 安全设计阶段 / 80
4.2.3 开发实施阶段 / 83
4.2.4 测试评估阶段 / 83
4.2.5 运行监控阶段 / 85

第5章 应用安全需求分析 / 86

5.1 应用安全需求总体框架 / 86
5.1.1 应用安全需求概念 / 86

5.1.2　应用安全需求分析过程管理　/ 87
　　　5.1.3　应用安全需求框架设计原理　/ 87
　　　5.1.4　基于安全需求检查表的工作方法　/ 94
　5.2　应用安全需求分析方法　/ 95
　　　5.2.1　基于 Zachman 框架的安全需求分析方法　/ 96
　　　5.2.2　基于 SRAM 的安全需求分析方法　/ 99
　5.3　应用安全需求框架　/ 101
　　　5.3.1　Web 应用安全需求关键特征　/ 101
　　　5.3.2　Web 应用安全需求框架设计　/ 104
　　　5.3.3　移动应用安全需求关键特征　/ 105
　　　5.3.4　移动应用安全需求框架设计　/ 106
　5.4　应用安全需求实例　/ 108
　　　5.4.1　Web 应用安全需求检查表　/ 108
　　　5.4.2　移动应用安全需求检查表　/ 110

第 6 章　应用安全设计与开发　/ 114

　6.1　应用安全设计理论　/ 114
　　　6.1.1　应用安全设计的基本原则　/ 114
　　　6.1.2　应用安全设计方法　/ 117
　6.2　应用安全设计　/ 125
　　　6.2.1　基于"木桶原理"的应用安全架构及特点　/ 125
　　　6.2.2　基于多层自适应防御体系的应用安全架构　/ 127
　　　6.2.3　应用安全设计内容　/ 127
　6.3　应用安全开发　/ 151
　　　6.3.1　应用安全开发框架　/ 151
　　　6.3.2　应用安全开发内容　/ 154
　　　6.3.3　安全 SDK 开发实例　/ 156
　6.4　安全 SDK 应用案例　/ 160
　　　6.4.1　Web 端安全 SDK 应用案例　/ 160
　　　6.4.2　移动端安全 SDK 应用案例　/ 163
　6.5　安全编码规范与开发人员能力培养　/ 166

6.5.1 安全编码规范 / 166

6.5.2 开发人员能力培养 / 175

第 7 章 应用安全测试与评估 / 178

7.1 应用安全测试理论概述 / 178

7.2 应用安全白盒测试 / 180

    7.2.1 白盒测试概述 / 180

    7.2.2 白盒测试方法 / 181

    7.2.3 白盒测试工具及应用 / 186

7.3 应用安全渗透测试 / 198

    7.3.1 渗透测试概述 / 198

    7.3.2 渗透测试方法 / 199

    7.3.3 渗透测试工具及应用 / 207

7.4 白盒测试与渗透测试的结合：灰盒测试 / 224

    7.4.1 灰盒测试概述 / 224

    7.4.2 灰盒测试方法 / 225

    7.4.3 灰盒测试特点 / 226

7.5 应用安全自动化测试 / 226

    7.5.1 Web 端安全自动化测试应用 / 227

    7.5.2 移动端安全自动化测试应用 / 230

7.6 应用安全测试案例 / 231

    7.6.1 Web 端安全测试案例 / 231

    7.6.2 移动端安全测试案例 / 245

7.7 应用安全测试人员能力培养 / 252

第 8 章 应用安全运行监控 / 254

8.1 应用安全运行监控概述 / 254

8.2 应用安全运行监控内容 / 255

8.3 应用安全运行监控技术 / 258

    8.3.1 应用安全监控方法 / 259

    8.3.2 应用安全监控工具 / 269

8.3.3 应用安全监控平台 / 279

8.4 应用安全运行监控案例 / 287
8.4.1 Web应用安全运行监控案例 / 287
8.4.2 移动应用安全运行监控案例 / 289

第9章 应用安全风险控制趋势与展望 / 291

9.1 银行互联网应用发展趋势 / 291
9.1.1 金融大数据 / 291
9.1.2 云计算 / 293
9.1.3 人工智能 / 295
9.1.4 区块链 / 300
9.1.5 金融科技 / 304

9.2 银行互联网应用安全趋势 / 306
9.2.1 应用安全威胁趋势 / 306
9.2.2 应用安全技术趋势 / 306
9.2.3 网络安全生态环境趋势 / 308

9.3 银行互联网应用安全风险管控展望 / 311
9.3.1 银行互联网应用安全风险管控理论发展方向 / 311
9.3.2 展望：银行安全生态圈 / 314

第1章

互联网应用安全基础知识

1.1 互联网应用及安全概述

1.1.1 互联网应用的发展背景

随着互联网对整体社会稳定、经济发展及文化建设等各方面的影响日益深入，以及国家"网络强国"战略的推进，互联网应用已经成为互联网的"血液"，在IT基础架构上传播数据，达成信息的交互。

IEEE对软件的标准定义为：软件是计算机程序、方法、规则和相关的文档资料以及在计算机上运行时所需的数据。该定义可公式化为"软件＝程序＋数据＋文档资料"。目前软件主要可分为系统软件、支撑软件以及应用软件三个类别。互联网应用按照软件功能的分类，是指为互联网这个特定领域开发的应用软件。此外商业银行互联网应用按照软件服务对象范围的分类，是指为商业银行与公众提供金融服务的互联网应用软件。

互联网应用的发展是伴随着互联网的发展过程的，在我国有以下四个阶段。

1. 基础初创阶段（1994～2000年）

中国互联网经历了从无到有的发展过程，首先从基础的互联网开始建设，建立基础的互联网域名管理和建设体系。这一阶段以第一批互联网企业的诞生为标志，以搜狐、新浪、网易为代表的门户网站的建立，使得互联网的应用和创新得以实现。由于这些新应用的产生，网民开始逐步增多，网民规模从几十万上升至几百万、几千万。到2010年，国家对互联网的管理，从计算机管理、计算机网络管理向信息服务管理转变。

2. 产业形成阶段（2001～2005年）

在产业形成阶段，互联网开始被普通的民众了解，互联网企业在这个阶段逐步崛起。互联网企业广泛地创造了诸多应用，应用的丰富带动了网民使用互联网的兴趣和信心。互联网以及网民的规模在这个阶段开始凸显，以2005年网民数量突破1亿为标志。网民数量形成了市场效益，可以让互联网企业在市场中竞争生存。政府部门在这个阶段，开始关注互联网的一些规范建立和管理制度发布。

3. 快速发展阶段（2006～2014年）

这是众所瞩目的互联网快速发展期。在这个阶段网民的规模每年增长几千万人，以2008年我国网民数量达到3个亿，超过美国的网民数量为标志，我国已成为全球第一互联网大国。同时由于网民数量的增长、互联网应用的迅速丰富、企业互联网应用的发展，国家逐步重视互联网宽带的建设。在本阶段，政府推出了"中国宽带"战略，互联网企业在新闻、内容、游戏、娱乐等产业的基础上发展电子商务应用。以网络零售为代表的电子商务和社交网络快速发展，成为互联网产业发展很重要的推动力。

2009年，以智能终端、智能手机的出现为标志，移动互联网作为互联网的一个重要形式开始出现。智能手机的出现带动了用户从电脑上网到手机上网的转变。我国已拥有庞大的移动网用户，推动了移动互联网的飞速发展。2009年是互联网发展的重要拐点，是目前互联网创新最重要的一个特征。我国提出了网络治理的概念，网络对互联网的管理在探索中逐步完善，产生了移动终端管理、移动互联网的服务企业管理等创新管理实践。

4. 融合创新阶段（2015～2025年）

2015年是互联网进入云和创新的起点，其主要标志就是2015年李克强总理在当年政府工作报告中提出了"互联网+"行动计划。"互联网+"实际上是指互联网向各行各业融合渗透，通过这种融合，为各行各业提供一种创新能力；"互联网+"实际上推动了产业互联网化的全面实施。移动互联网在这个阶段起了很大的作用，使线上线下能够融合起来，对产业互联网化提供了应用上的技术支撑。在这个阶段，中央成立了以习近平总书记为组长的中央网络安全和信息化领导小组，标志着互联网治理进入强化统筹协调的新阶段。

1.1.2 互联网应用的特点

经过几十年的发展、摸索与思考，互联网应用的发展进入了一个新的阶段，在这个阶段，人们对互联网的认识正在逐渐变得现实而理性，互联网应用也越来越多地接近民众的真实需要，更多的人体验互联网、使用互联网、离不开互联网，使互联网更具有生机和活力。尤其是近年来移动互联网的飞速发展，使互联网应用进入了一个新的高速发展时期。

1. 互联网应用的融合创新应用特点

互联网应用在新阶段呈现出以下几个明显的特点。

（1）互联网作为交易媒介。消费者逐渐认可了互联网的价值，越来越多的人愿意通过互联网进行交易。比如，通过网络商店购物，购买虚拟商品，愿意为电子信息和网络服务付费等，扩展了现实世界交易的范畴和方式，满足了用户对于不同层次的物质和非物质的需求。

（2）应用贴近用户需求。网络应用越来越接近人的本质需求，如社会网络的兴起、交互性的强化、用户的便捷参与等，正是对人的社会性的更深层次理解。人到底需要什么？企业到底需要什么？最本质、最核心的问题是什么？对这些问题的理解程度将越来越多地决定网络应用的生存与发展，靠一个火花式的灵感或者偶尔的灵机一动开发出来的网络应用，将不会走得太远。

（3）应用的开发方式改变。网络应用的层次化将更加明显。传统上，开发一个网络应用，基本上要考虑这个应用的所有方面，从信息获取到信息展示，都限于单个的应用之内。而现在，Facebook、Google Map等API的开放，使这些API的提供商逐渐变为资源提供商，而其他一些网站只需要利用这些API调用资源，创建自己的服务，使资源提供和最终服务成为两个明显的层次，各自可以更加专注于自己的事情，从而实现了更高层次的资源共享。

（4）强调用户体验。对用户体验的要求越来越高，当前的互联网应用不仅需要提供必要的信息，而且更注重在提供信息时用户体验是否"舒适"，例如提供图形化的表现方式、声音触屏类的便捷操作等。

（5）跨行业融合。在新阶段中，互联网与各行各业的融合成为最重要的应用需求出发点。由于各行各业的需求有相似点，却又不尽相同，大量的互联网应用被快速创建、组建、融合，应用于各行各业，不断推陈出新。互联网应用的极大丰富，促使了互联网生态圈的良性发展。

2. 互联网应用的系统开发特点

互联网应用在系统设计、开发、运行等方面具备以下特性。

（1）即时开发。互联网应用的生存周期比传统软件要短，需要开发者想办法在较短的时间内完成软件的开发并及时向用户发布。一般较复杂的传统应用从设计开发到运行废止，少则花费数月，多则花费数年时间。而互联网应用可以通过调用诸多开发接口，快速组装出应用程序，甚至不需要编写一行代码。

（2）并发能力。互联网应用一般会有许多用户同时访问，需要具有应对数量不明确的用户的访问和请求的能力，在设计之初普遍考虑并发性能。而诸多传统应用的用户群在需求设计之初就已经确定，除了明确要求并发的用户以外，其并发能力需求并不高。

（3）跨平台。互联网能通过 Web 浏览器使不同平台下的用户正常使用。传统软件则可能需要针对不同的应用平台发布不同的软件版本，让不同平台上的用户能够使用。

（4）持续改进。互联网应用需要不断地更新和演化，而传统软件则按照一系列规划的时间进行演化。互联网应用开发迭代的速度明显要比传统软件快。

（5）依赖网络。互联网应用依赖于网络而存在，需要服务变化多样的客户群。它只有在互联网的支持才能够正常运行，而且网络状况的好坏也对互联网应用的运行有着较大的影响。一旦失去互联网的正常数据传输能力，互联网应用的功能及使用范围就被大大限制了。

（6）安全保密。互联网应用是通过网络访问的，因此必须保持网络访问的通畅，要限制终端用户使用行为就比较困难，而用户有意或无意的行为会造成互联网应用的不正常，即产生安全问题。互联网应用的安全问题极有可能影响大量用户的使用。若要保护互联网应用的安全和稳定运行，就必须在设计、开发、测试、运行等诸多阶段采取有效的安全措施。传统应用会将用户的行为严格限定，安全问题即使被利用，也容易定位用户，从而控制安全问题的影响范围。

1.1.3　互联网应用在各个行业中的应用现状

根据中国互联网信息中心（CNNIC）发布的第 43 次《中国互联网发展状况统计报告》中的数据，截至 2018 年 12 月，我国网民人数高达 8.29 亿人，全年共计新增 5653 万人，较上年增长 3.8%；手机用户人数达到 8.17 亿人，全年共计新增 6433 万人。各类互联网应用和手机应用的数量和用户规模持续提升：互联网应用方面，网约专车或快车、在线教育、网上订外卖保持较快增长，增长率分别为 40.9%、29.7% 和 18.2%；手机应用方面，在线教育课程应用、外卖应用、网络文学应用的用户规模增长最为明显，分别为 63.3%、23.2% 和 19.4%。此外，移动支付的用户规模达到 5.83 亿人，越来越多的用户在线下场景使用手机应用进行支付。

互联网应用正在加速与社会各个领域的融合，成为促进我国消费升级、经济社会转型、构建国家竞争新优势的重要推动力。互联网应用在各个行业中的应用现状主要表现在以下几个方面：

（1）商务交易方面。网络购物、网上订外卖和在线旅行预订的用户规模增长率分别为 14.4%、18.2% 和 9.1%。网络购物市场消费升级特征进一步显现，线上线下融合的方向向数据、技术、场景等领域进一步扩展，海量的用户数据资源越来越得到重视。

（2）互联网理财方面。用户规模已达到 1.51 亿人，同比增长 17.5%。互联网理财领域的各家公司正在整合其在流量、技术和金融产品服务方面的优势，以期从对抗竞争慢慢变成合作共赢，行业逐步朝稳健、规范的方向发展。

（3）线下支付方面。该领域仍然是市场热点，网民在线下各类场景使用手机 App 进行支付结算的习惯进一步加深，在线下消费时使用移动支付结算方式的比例达到 67.2%。

（4）公共服务方面。在线教育、网约出租车、网约专车或快车的用户数量分别为 2.01 亿人、3.30 亿人和 3.33 亿人。在线教育移动化程度进一步加深，直播技术助力在线教育行业快速增长。网约车行业的规模不断扩大，运营车辆向新能源升级。

互联网应用在各行业中的使用情况详见表 1-1。

表 1-1　2017 年 12 月至 2018 年 12 月中国网民对不同互联网应用的使用率

应用类别	用户规模（万人）	网民使用率（%）	用户规模（万人）	网民使用率（%）	年增长率（%）
	2018 年 12 月		2017 年 12 月		趋势
即时通信	79 172	95.6	72 023	93.3	9.9
搜索引擎	68 132	82.2	63 956	82.8	6.5
网络新闻	67 473	81.4	64 689	83.8	4.3
网络视频	61 201	73.9	57 892	75.0	5.7
网络购物	61 011	73.6	53 332	69.1	14.4
网上支付	60 040	72.5	53 110	68.8	13.0
网络音乐	57 560	69.5	54 809	71.0	5.0
网络游戏	48 384	58.4	44 161	57.2	9.6
网络文学	43 201	52.1	37 774	48.9	14.4
网上银行	41 980	50.7	39 911	51.7	5.2
旅行预订	41 001	49.5	37 578	48.7	9.1
网上订外卖	40 601	49.0	34 338	44.5	18.2
网络直播	39 676	47.9	42 209	54.7	-6.0
微博	35 057	42.3	31 601	40.9	10.9
网约专车或快车	33 282	40.2	23 623	30.6	40.9

（续）

应用类别	用户规模（万人）	网民使用率（%）	用户规模（万人）	网民使用率（%）	年增长率（%）
	2018年12月		2017年12月		趋势
网约出租车	32 988	39.8	28 651	37.1	15.1
在线教育	20 123	24.3	15 518	20.1	29.7
互联网理财	15 138	18.3	12 881	16.7	17.5
短视频	64 798	78.2	—	—	—

1.1.4 互联网应用安全

1. 互联网应用安全的发展背景

根据 ISO 8402 的定义，安全性是指"使伤害或损害的风险限制在可接受的水平内"，因此软件的安全性是软件的一种内在属性。互联网应用软件安全是指采取科学工程方法使得互联网应用软件在敌对攻击的状态下仍能够继续正常工作，即采用系统化、规范化、数量化的方法来指导构建安全的互联网应用软件。

互联网应用安全是计算机安全问题中的一个关键问题。软件的缺陷，包括实现中的错误（如缓冲区溢出（Buffer Overflow））以及设计中的错误（如不周全的出错处理），已经出现很多年了。同时，黑客常常利用软件漏洞入侵到系统中。因此，基于互联网的应用软件往往成为风险最高的软件。同时随着软件系统的不断增加和越来越复杂，安全的潜在隐患也不断增多。

互联网应用软件安全在实践中需要具备三部分技术或管理支持：风险管理、软件安全切入点以及安全知识。风险管理是一种贯穿软件开发生命周期的战略性方法；软件安全切入点是在软件开发生命周期中保障软件安全的一套最佳实践操作方法，这其中包括代码审核、体系结构风险分析、渗透测试、基于风险的安全测试、滥用案例、安全需求和安全操作等。

2. 互联网应用安全的特点

当前，全球网络威胁持续增长，各种网络攻击现象越发严重，潜伏于互联网、以盗取关键信息为目的的网络攻击越来越难以防范，导致国家、政府、企业、个人的信息泄漏风险逐年升级。与此同时，虚拟化、云计算、移动互联网应用的快速发展，在改变信息化环境的同时，也带来了更复杂的安全问题。现在的网络攻击不再只是早期的技术炫耀，而是以利益为驱动，呈现出攻击工具专业化、目的商业化、行为组织化和规模化、手段多样化等特点。特别是近年来以"WannaCry"为代表的勒索软件大肆横行，成为全民热议话题，甚至可以说是全球热议话题，给全球的企业和个人带来了巨大的损失。下面简要说明最新互联网攻击的特点。

（1）攻击工具自动化。自动化攻击工具的出现，使得发起网络攻击的门槛大幅降低，技术水平不高的不法分子可以使用自动化攻击工具向目标发起复杂攻击。自动化攻击工具呈现出以下三个特点：一是具备反侦破能力，攻击者采用隐蔽自动化攻击工具的特性的技术，这使得安全专家在分析新的自动化攻击工具，摸清其攻击行为时所需的时间越来越多；二是具备动态行为，当前的自动化攻击工具会根据不同的攻击场景动态地选择攻击模式和行为；三是攻击工具越来越成熟，当前的攻击工具更新换代非常迅速，与此同时，自动化攻击工具的多平台运行能力越来越强，自动化水平越来越高。

（2）攻击行为组织化。网络攻击活动可以给攻击者带来巨大的利益，这使得越来越多的人加入网络黑产领域。当非法活动有利可图时，有组织的犯罪团伙就会开始进行这些非法活动。他们更加有组织性，在很多情况下其运作方式很像是合法企业，他们有着完整的组织结构图、管理人员，甚至还有人力资源部门，同时具有专业性和纪律性，这类网络犯罪团伙的目的非常明确——赚钱。此外，有着国家背景的网络攻击越来越受到关注，如2016年美国总统大选的"邮件门"事件、世界反兴奋剂机构的丑闻事件等，都可能对他国政治产生较大影响。

（3）新型攻击服务化。根据思科《2017年中网络安全报告》，勒索软件是数字业务的主要威胁之一。2016年，全世界大约有49%的企业至少经历过一次网络勒索攻击，其中有39%是勒索软件攻击。从2015年到2016年，仅在美国，攻击次数便增长了300%。这种趋势可以归因于2017年上半年出现的勒索软件即服务（RaaS），即恶意软件的作者招募"分发者"扩散感染后再抽成的一种商业模式，网络罪犯分子给RaaS平台的经营者付费，帮助他们发起攻击。潜在分发者不需要太多资金或技术专业知识就能启动，甚至毫无编程经验的人也能发起勒索软件攻击活动。

另外，互联网安全领域的另一项重要攻击——DDoS攻击，近期在国内出现了大量的在线DDoS服务平台。它们的界面非常简单，用户可以在上面选择目标主机、目标端口、攻击方法和攻击的持续时间。在线DDoS平台一直颇有市场，因为它们不仅具有易于使用的界面，而且会为用户提供所有必要的基础设施，用户无须自己构建僵尸网络或额外购买其他服务，只需通过可靠的支付网站购买激活代码，就可以通过输入目标发动攻击。这样一来，即便是没有相关黑客知识的菜鸟，也能发动强大的攻击，这取决于DDoS平台运营者的后端基础设施是否强大。

3. 各个行业的互联网应用安全现状

互联网持续地从根本上改变了软件在工商界的角色。软件不再简单地支持办公和家庭娱乐，而已经成为商业界的血液，深入渗透到我们的生活中。互联网软件这只无形的手能使商业电子化，供应链自动化提供即时的从全球范围内接入的信息。同时，互联网软件已经融入汽车、电视、家庭安全系统，甚至烤面包机之中。

目前计算机安全领域的最大问题是，一些安全专业人员不清楚问题之所在，而简单地将问题归罪于软件！或许你拥有世界上最好的防火墙，但如果你让人们通过这道防火墙访问一个应用软件，同时这个代码是可以远程使用的，那么这道防火墙将不会带来任何好处。密码也是一样的情况。事实上，在 CERT 安全公告提出的问题中，85% 无法采用加密方法防止入侵。

包括那些商业开发软件在内的互联网应用，目前都出现了多种类的安全风险。当然软件在没有网络的情况下也是有风险的，但在很多系统中互联网还是最明显的攻击途径。

安全性通常只是产品开发所关注的众多因素之一，其他因素包括上市时间、费用、灵活性、可重用性和易用性等。管理者必须设置优先级，明确各因素之间的相对成本。有时安全性的优先级并不高。

4. 互联网应用安全的漏洞及特征

软件和操作系统漏洞是最危险的安全问题之一，提供给网络犯罪分子机会来绕开保护机制并攻击受害计算机。2009 年的 Kido 病毒就是因为 Windows 操作系统的一个关键漏洞而引发的。目前，浏览器是最常见的攻击对象，虽然浏览器本身可能没有漏洞，但如果浏览器的相关插件（Plug-in）和应用包含漏洞，机器仍然可能被感染。近几年来，国家互联网应急中心（CNCERT/CC）发表了一系列统计，如图 1-1 和图 1-2 所示。

图 1-1　CERT2018 年公布的漏洞统计结果

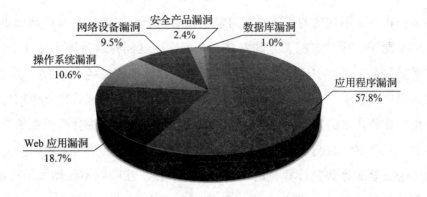

图 1-2　CNVD2018 年收录漏洞按影响对象类型的分类统计

2018 年，国家信息安全漏洞共享平台（CNVD）共收录通用软硬件漏洞 14 201 个，同比减少了 11.0%。其中，高危漏洞收录数量为 4898 个（占 34.5%），同比减少 12.8%。但是，"零日"漏洞收录数量持续走高，2018 年收录的"零日"漏洞数量高达 5381 个（占 37.9%），数量同比增长 39.6%。收录的漏洞主要涵盖 Google、Microsoft、IBM、Oracle、Cisco、Foxit、Apple、Adobe 等厂商的产品，其中涉及 Google 产品（含操作系统、手机设备及应用软件等）的漏洞最多，达到 693 个，占全部收录漏洞的 4.9%。按影响对象类型分类，应用程序漏洞占 57.8%，Web 应用漏洞占 18.7%，操作系统漏洞占 10.6%，网络设备（如路由器、交换机等）漏洞占 9.5%，安全产品（如防火墙、入侵检测系统等）漏洞占 2.4%，数据库漏洞占 1.0%。

根据著名咨询公司高德纳（Gartner）的报告，在对企业网络的攻击中，超过 70% 来自应用层，而不是网络层或系统层。软件和应用层的漏洞、入侵和入侵尝试的数目在各种环境中都在增加。漏洞类型分布从多到少依次是：跨站脚本、SQL 注入、缓冲区溢出、权限管理与访问控制、设计错误、代码注入、资源管理错误、信息漏洞、数字错误、目录遍历。

5. 互联网应用安全的技术趋势

复杂的系统由于其本身的特性会带来很多的风险。风险是指可以在系统中添加超出程序最初设计的恶意功能。几乎所有软件系统都是复杂的，复杂系统的副作用是掩盖了有缺陷的恶意子系统，因此用户一直察觉不到，等到发现时已经晚了。

包括计算机在内的可扩展系统，对复杂性驱动下隐藏的风险和恶意功能的免疫力较低。当对系统进行扩展时就像写程序和安装程序那么简单，故意植入恶意行为的风险以及无意中引入漏洞的风险都非常大。

任何一个计算系统都缺乏对隐藏风险的免疫力。流氓程序会修改最初安装在机器里的系统软件；不知情的程序员很可能会在对基于网络的应用软件增加重要功能时引入安全漏洞；用户可能无意间安装一个程序，这同样会带来无法接受的风险；或者更糟糕的是，无意中通过安装新程序或更新软件来传播病毒。

在多用户系统中，一些恶意用户可能会安装特洛伊木马来收集其他用户的密码信息。由于计算技术的发展，这些攻击方法已经广为人知，为什么现在的软件安全问题比过去更严重？我们认为一些趋势会对软件安全问题造成重大影响。

第一个显著的趋势是计算机网络变得无处不在。互联网不仅增加了攻击途径，同时降低了攻击难度。从家用个人电脑到控制关键基础设施的系统（例如电网），越来越多的计算机接入互联网。此外，个人、企业和政府越来越依赖网络通信，如电子邮件或信息系统提供的网页。不幸的是，通信系统被连接到网络上，因此很容易受到远程攻击。简单地说，攻击者不再需要物理接入即可造成安全问题。

通过网络访问进行攻击，不再需要人工干预，所以恶意黑客在舒适的客厅里就能很容易地启动自动攻击。事实上，2000年2月发生的众所周知的拒绝服务攻击，就是利用了大量的主机自动发送虚假请求，洪水般地冲击雅虎等著名的电子商务网站。网络的普及意味着可被攻击的系统更多，攻击更多意味着低劣软件的安全性问题造成的风险更高。

第二个趋势是现代信息系统及其程序的大小和复杂性滋生了软件安全漏洞。运行Windows NT和相关应用程序的桌面系统是否会被攻击者破坏，取决于内核恰当的功能以及应用程序能否确保系统不被攻击者破坏。然而，Windows NT本身由约3500万行代码组成，应用程序即使不比操作系统更复杂，也相差无几。当系统变得如此庞大时，错误是无法避免的。

低层编程语言（如C和C++）的广泛应用更加恶化了以上问题，原因是它们不能避免简单类型的攻击。即使系统和应用程序的代码没有漏洞，零售商、管理员或用户的不正确配置也会为攻击者打开方便之门。除了提供更多的可用攻击途径以外，复杂的系统更容易隐藏或掩盖恶意代码。理论上，我们可以分析和证明一个小程序是安全的，然而，即便是如今最简单的桌面系统也是不可能完成分析和证明的，更不用说商业或政府使用的企业级系统了。

第三个加剧软件安全问题的趋势是系统可扩展的程度变大。很多系统接受更新或扩展，使系统的功能以增量的方式进化。例如，Web浏览器的插件方式可以较容易地扩展安装新的文档类型的查看器。浏览器并不是唯一的可扩展系统。如今的操作系统可以动态可加载设备驱动和模块，应用程序加文字处理软件、电子邮件客户端、电子表格软件和Web浏览器，通过脚本（Scripting）、控件（Controls）、动态可加载库（Dynamically Loadable Libraries）和小应用程序（Applets）来支持可扩展性。

从经济上来看，可扩展系统因其能够通过新的组件提供灵活的适配接口而受到欢迎。在市场上，尽可能快地完成开发以占领市场份额，对软件起到决定性作用。而且，市场还要求应用软件发布的每个版本都能提供一些新特性。可扩展的软件架构使得软件厂商在早期推出产品的基本应用，其后逐渐按照需求推出产品的扩展特性，从而很容易满足上述市场需求。

不幸的是，可扩展系统本身的固有属性使得安全性变得更糟。一方面，很难防止恶意代码作为额外的扩展应用嵌入系统中，这意味着在对一个系统添加扩展属性（比如Java的类加载机制）时必须考虑设计的安全性。另一方面，分析一个可扩展系统的安全性比分析一个完整的、不能改变的系统更加困难。如何能够看到尚未到来的代码？更重要的是，如何能够在一开始就预测到每一种可能到达的扩展？

无处不在的网络、增长的系统复杂性和内置的可扩展性，这三大趋势使软件安全问题比以往任何时候都更迫切。除此之外还有另外一些趋势，比如在通用的计算环境中缺乏多样性，通常人们在选择所使用的系统时往往不经过思考。

1.2 银行互联网应用及安全概述

1.2.1 银行互联网应用的分类

银行互联网应用是指在原有互联网应用的基础上加入银行业的因素，主要为客户提供存贷款、支付结算等传统金融服务和P2P借贷、直销银行等现代互联网金融服务。

银行互联网应用的安全用途可以分为：账务查询、存取款、支付、借贷、基金理财及金融衍生品销售、营销信息传送等。

银行互联网应用在业态上表现为：网上银行、移动银行、直销银行、微信银行等，主要载体可以分为：PC、手机、移动终端、新型ATM、二维码等。

1. 网上银行

网上银行又称为网络银行、在线银行或电子银行，它是各银行在互联网中设立的虚拟柜台，银行利用网络技术，通过互联网向客户提供账户管理、查询对账、转账汇款、投资理财等传统服务项，使客户在网上就能够安全、便捷地管理自己的银行账户。

1995年10月18日，全球首家以网络银行冠名的金融组织——安全第一网络银行（Security First Network Bank，SFNB）打开了它的"虚拟之门"。到1997年年末，美国可进行交易的金融网站有103个，这其中包括银行和存款机构，到1998年年末跃升至1300个。网络银行已凭借着存款利息高和实时、方便、快捷、成本低、功能丰富的24小时服务获得越来越多客户的喜爱，其自身数目迅速增长，成为银行业非常重要的一个组成部分。1996年2月，中国银行在国际互联网上建立了主页，首先在互联网上发布信息。

至今，绝大多数银行业金融机构都拥有了自己的网上银行系统，网上银行及其延展系统已经成为商业银行开展业务的最重要渠道。2017年中国电子银行交易笔数达到2141.01亿笔，交易规模达到1941.44万亿元。随着商业银行加快对互联网金融业务的布局，推动了网上银行的快速发展，预计未来电子银行交易笔数将保持稳定的增速持续上升，交易笔数替代率也将稳定上涨。

2. 移动银行

简单地说，移动银行就是以手机、平板电脑等移动终端作为银行业务平台中的客户端来完成某些银行业务。移动银行包括手机银行、微信银行、银行电商等应用，为企业和个人提供了"随时随地"办理银行业务的便利条件。

当前，移动互联网发展迅猛，客户的操作习惯慢慢向手机、平板电脑等移动端迁移，各大商业银行逐渐开始重视移动端金融的发展，纷纷制定各自的移动金融战略，加速移动金融产品创新与业务推广。例如手机银行新增"养老金""社保账户"等功能，优化转账汇款、用户管理、民生缴费等基础性功能，并不断推出各类新型互联网理财产品等金融产品，从而满足用户多样化的金融需求。

此外，商业银行已开始加大移动支付产品的投入，将闪付、NFC支付、二维码扫码支付等多种支付方式在移动银行上实现，满足不同类型的客户支付习惯，大大提高用户体验，从而逐渐提高移动银行的使用比例。

3. 其他互联网应用

与较为成熟的网上银行、手机银行相比，直销银行可称作"新生儿"。2014年3月，中国首家直销银行——民生直销银行才真正成立。但正所谓"后生可畏"，仅一年时间，这一队伍就壮大至近30位成员。直销银行并不设立营业网点，客户主要通过电脑、手机等互联网渠道获取银行产品和服务，特别是理财、智能存款、借贷等相关服务。最近竞相出台的一系列互联网金融相关条例和法规将加速传统金融机构入场，直销银行或将迎来发展新机遇。

另外，随着社会信用体系的成熟，信用卡消费已在中青年群体中成为一种趋势。商业银行基于互联网推出的信用卡特色业务正逐渐升级为各家银行的核心竞争力。此外，作为一种金融产品，信用卡为客户提供的换礼积分等增值业务也是评定、衡量其优劣的指标之一。借力"互联网+"，银行信用卡在未来将寻求精细化转型，利用大数据等方式获取更精准的用户群体信息，进一步提升自身的服务质量。

在技术和思维的双重推动下，银行正谋求多种转型渠道。例如，微信在客观上的普及促使银行直接设立"微信银行"或"小微银行"，以更快捷的方式服务客户；远程控制和联网技术的进步帮助部分银行升级为"智慧银行"，方便客户在较近的网点享受办卡开户、贷款等基础服务；互联网金融的快速升温同样在倒推传统银行的变革。

互联网时代根本上还是人的时代，这个时代的宗旨都是恢复人性，服务的内涵没有变化。商业银行亦由大量优秀的人才组成，随着"互联网+"行动的继续，社会思潮或人的本质需求的集体合力导向，我们有理由期待下一个"创新"的到来，期待更多的金融活力得以释放。

1.2.2　银行互联网应用的安全态势

当今全球科技迅速发展，信息科技在金融行业中应用的深度和广度不断增加。自"十三五"时期以来，在国家安全观的总体指导下，中国银行业全面落实党中央和国务院的各项工作部署，积极践行基础建设与科技进步并行、提升保障安全与服务齐头并进的发展理念，银行业务受到了信息科技的有效支持并得到了高速发展。与此同时我们知道，"十三五"时期是我国全面深化改革的时期，也是经济发展方式加速转变的关键历史时期。在经济跨入新常态的背景下，我国发展依然处于可以大有作为的重要战略机遇期，同时面临诸多矛盾、不稳定因素以及影响到个人或者他人安全利益的风险增加等严峻的挑战，银行业的经营环境更为复杂。一方面，全球网络与信息安全风险加剧；另一方面，金融业广泛应用新科技技术也引发了一系列新的风险。

1. 外部网络攻击日益严峻

近年来，政府、金融机构等关键基础设施被网络犯罪的个人或组织瞄准为主要攻击对象。2016年外部网络攻击造成多个金融机构发生安全风险事件，给事件的个人、机构或企业带来了不可估量的影响和损失，尤为突出的是2017年爆发的"影子经纪人"系列漏洞、"永恒之蓝"（WannaCry）病毒、"勒索病毒Petya""无敌舰队"等网络安全风险事件，这些病毒非法入侵全球各个行业。当今是"互联网+"时代，在这样的背景下银行业务更加开放，信息系统的体量逐步庞大、出口纵横交错、结构愈加复杂，信息流转环节多、途径广，安全防护热点多、难度大，各种常规攻击升级衍变不断，其破坏性、针对性、隐蔽性不断增强；电信欺诈、钓鱼等作案手段花样百出，进一步威胁银行客户的信息和财产安全；一些复杂的有组织、有预谋的攻击，例如分布式拒绝服务攻击（DDoS）、高级可持续性威胁攻击（APT）等长期伴随在我们身边；在如今这个互联网上个人信息纷飞的年代，第三方机构的信息科技风险指向银行的概率在大幅度提升。虽然大环境是这样，但少数机构的网络安全管理工作依然是看重形式而忽略了质量和效益等问题，导致网络安全基础薄弱，管理短板十分明显。

2. 新技术与银行业务深度融合带来新的挑战

伴随银行业架构转型工作的纵深推进，金融业务步入深入融合以云计算、大数据、移动互联网、生物识别、区块链等为代表的新兴信息技术中来。这些创新技术在不断给我们的生活带来便利的同时，也已经实质性地改变了金融领域的生产力和生产关系，新兴技术成为新的金融服务生产工具，也为银行业带来了重要的挑战和战略机遇。与此同时，与传统技术相比较，新兴技术存在的固有风险还没有得到充分识别，防范风险的难度不断加大；业务风险和技术风险同时存在，进一步增加了技术风险的多样性和复杂性，对银行的数据治理、系统架构、基础设施建设、系统开发、风险管控、运行维护等领域都产生了新的挑战。更重要的是，银行业尚缺乏能够有效刺激科技进步的机制，人才流失显著，特别是招聘高端人才存在许多困难，现有的管理制度和薪酬体系已不能适应新兴技术环境下的发展要求。

3. 外包业务带来的外部传导式风险增大

在银行业务快速发展的同时，采用信息科技外包服务一方面是内在的需求，另一方面也是银行在面对激烈的市场竞争时的必然选择。伴随着近几年来云计算和大数据等新兴科技的发展，以及云服务平台、大数据公司、互联网企业与银行的深入合作，外包服务领域已经从传统的系统开发、运维扩展到了机房基础设施云服务、科技系统平台运营等重要的科技服务职能领域。从而进一步触及集中数据处理、信用卡服务、助贷、客户拓展等业务活动、外部协作领域的工作开展。外包的广度和深度正在不断增加，数据泄露、运营中断的风险也在渐渐积累，并波及多家银行，易造成共性风险的集中。其中包括关键基础软硬件在内的部分重要外包活动存在依赖性较强、集中度较高等情况，供应链风险、系统性风险也未得到全面化解。银行业金融机构的主动控制水平呈现出进一步走低的趋势，特别是中小银行在选型、变更、管理、运营等方面的控制水平。

4. 互联网开放合作带来的安全隐患

近年来，银行业与第三方支付公司、互联网公司的合作正在不断加强和深化，在带来合作共赢、提升客户体验的同时，也带来更大的安全风险隐患。尤其是在客户敏感信息保护方面，由于第三方支付公司的安全控制不足、安全管理欠缺，会通过应用接口将相关的风险传导给银行，带来更多新的风险。

1.3　银行互联网应用安全风险管控概述

银行互联网应用的开发不仅要有强大的科技团队，还需要将科技和金融进行融合。银行的互联网应用具有种类多、复杂度高、技术更新迭代快等特点，因此需要采用各种不同的开发语言、平台或架构，来满足各种不同的业务需求，这大大增加了整个开发过程的应用安全管理难度。

1. 安全管理流程和机制不健全

国内银行的软件开发大多以信息化项目的形式进行，拥有完整的项目管理流程，但流程中涉及安全管理的内容较少。其主要表现为缺少安全管理角色，项目全生命周期中的安全管理工作不明确，需求、设计、测试等阶段的安全评审机制缺失等。

2. 安全需求分析不充分

银行的软件开发需求大多来自业务部门，但业务部门不会提出像密码复杂度、数据加密等安全方面的技术性需求。同样，信息系统的运维部门有许多监控方面的需求，这些都必须在项目初始阶段就加以考虑。目前的开发对业务和功能性都很重视，却往往忽视了安全性。

3. 安全设计、开发不规范

为了满足信息系统的管理需要，现有应用软件一般都有身份鉴别、访问控制等安全设计，但其安全水平良莠不齐，不成体系，有待规范指导。此外，开发人员依据的编程规范对安全编码的要求较少，所编写的代码仍然可能存在漏洞。

4. 安全技术不能复用

银行软件有一些共性的安全设计，如用户登录、数据加密、日志审计等。如果每个项目组都自行开发，不仅会造成资源的浪费，还会由于设计中的某些技术难点，影响项目的整体进度。

5. 安全监管要求和标准难落地

内外部监管部门的历次信息安全检查、审计都会提出一些问题，发现的，整改了；而新开发的没有经过检查、审计的，问题可能仍旧存在。此外，信息安全标准并非完全适用于每个行业，如等级保护标准，要想真正落地，还需要根据自身实际情况进行采纳。

6. 人员安全意识和安全开发技能不足

为了应对业务的不断发展与变化，银行必须不断加快软件开发速度，开发人员加班加点的情况普遍存在。在工作量的重压下，人往往会不自觉地重效率、轻安全，形成了长期以来对安全宣传不到位，安全工作人员数量不足，开发人员安全意识和安全技能不足等问题。他们对许多已经被 OWASP、PCI 等信息安全组织标识为严重软件安全问题的漏洞了解不足，或者了解的深度不够，从而造成在编码的时候没有考虑到部分软件安全漏洞或者在安全漏洞的预防方面做得不够彻底和充分。因此在他们的项目中存在着许多诸如 SQL 注入、跨站脚本等的软件安全漏洞。

7. "渗透—修补"方法存在缺陷

许多著名的软件供应商仍然坚持认为软件安全只是一个附加属性，他们继续以惊人的速度设计、创造着产品，同时对安全性关心甚少。只有当产品被某人公开破坏的时候，他们才开始关心安全问题。然后他们匆忙地做出一个补丁程序，用这种方法取代那种更好的、从一开始就实现安全设计的方法。电子商务或其他关键业务的应用程序是不会采用这种方法的。

在软件开发过程中既要减少这种普遍存在的"渗透—修补"安全解决方法，又要避免陷入另一种思路，即妄图绞尽脑汁地构造出可以修补正被攻击者疯狂利用的安全漏洞的解决方法。在低成本条件下，在软件系统发布之前发现和消除缺陷，要比在发布之后试图修复系统更便宜也更有效。

"渗透—修补"的安全解决方法有许多问题，主要包括以下几种：

（1）开发者只能对他们知道的漏洞打补丁，攻击者会发现新的漏洞并且从来不会将漏洞通知给开发者。

（2）由于市场压力而匆忙制作出来的补丁程序往往会给系统引入新的问题。

（3）补丁通常修复的是一个漏洞的表面症状，无法解决其根本病因。

（4）给系统打补丁常常是计划外的工作，系统管理员或者开发人员往往超负荷工作。他们通常不希望对工作中的系统做出改变，并且系统管理员或开发人员往往不是安全专家。

设计一个安全的系统，精心地实施系统，并且在系统发布之前对系统进行广泛的测试，这种开发方式将是一个更好的选择。事实上，现有系统用"渗透—修补"方法后执行欠佳，也是导致需要改变这种方法的另一个原因。目前有研究报告表明，一旦发现漏洞，利用该漏洞的入侵次数就会增加，在供应商发布一个补丁前，入侵次数都是持续加速增长的，即使已经发布补丁，漏洞仍会继续被利用。

因此，对于互联网应用安全，我们需要一个合理、有效的方法来对应用安全生命周期进行管理。我们在研究、总结业界多种应用安全开发模型、应用安全管理方法的基础上，依据国内外监管制度，实践了基于 SRAM 的需求分析方法，总结出适用于银行互联网应用设计开发的安全检查表，综合了白盒、渗透、灰盒及使用自动化平台的测试方法，应用了高效的互联网应用安全运维监控技术，在本书中提出了互联网应用安全生命周期的管理理论，以指导、规范互联网应用安全需求、设计、开发、测试、运维等各阶段的工作。

第 2 章

互联网应用安全的相关法律、法规及标准

2.1 国际标准

2.1.1 ISO/IEC27000 标准族

ISO27000 是目前被全球普遍认同的权威的信息安全管理体系（Information Security Management System，ISMS），适合包括商业银行在内的各类企业使用。与质量管理体系的 ISO9000 系列和环境管理体系的 ISO14000 系列标准类似，ISO/IEC27000 标准族提供了一系列针对各类企业的信息安全管理体系标准，主要包括 ISO27000、ISO27001、ISO27002、ISO27003、ISO27004、ISO27005、ISO27006、ISO27007。其中 ISO27000 解释了 ISMS 的原理与术语，ISO27001 定义了 ISMS 的要求，ISO27002 描述了 ISMS 的实践规范，ISO27003 描述了 ISMS 的实施指南，ISO27004 描述了 ISMS 的指标与测量，ISO27005 描述了 ISMS 的风险管理，ISO27006 定义了 ISMS 认证机构的要求，ISO27007 描述了 ISMS 的审核指南。ISO27001 是 ISO/IEC27000 标准族的主标准，类似于 ISO9000 系列中的 ISO9001，包括商业银行在内的各类组织可以按照 ISO27001 的要求建立自己的信息安全管理体系。

2.1.2 ISO20000

ISO20000 是世界上第一部针对信息技术服务管理（IT Service Management，ITSM）领域的国际标准，提供了一套包含建立、实施、运作、监控、评审、维护和改进 IT 服务管理体系的模型。建立 IT 服务管理体系已成为各种组织，特别是包

括银行在内的金融机构,管理运营风险不可缺少的重要机制。ISO20000 让 IT 管理者有一个参考框架可以用来管理 IT 服务,完善的 IT 管理水平也能通过认证的方式表现出来。ISO20000 作为认证组织的服务管理水平和 IT 运营水平的国际标准,主要规定了 IT 服务管理行业应保证向企业及其客户提供有效的 IT 服务,以及一体化的管理过程和过程建立的相关要求,同时帮助客户分辨和管理 IT 服务的关键过程,以此实现客户及业务的相关需求。ISO20000 标准主要通过将 IT 问题进行归类、整理,提取问题的内在联系,然后依据服务水平协议进行计划、推行和监控,并强调与客户的沟通,实现"IT 服务标准化",以此管理 IT 问题。该标准同时关注体系的能力,体系在变更时所要求的管理水平、财务预算、软件控制和分配。

ISO20000 依照"以客户为中心,以流程为导向"的服务宗旨,最终目的在于协助组织或企业有效地管理和掌握 IT 服务的关键过程,同时确保实现客户的业务需求,依照"P-D-C-A"方法论进行应用,有效激发 IT 服务持续提升的能力,以达到组织或企业以小本换大利的目的。

2.1.3 SP800

1990 年,SP800 诞生,它的诞生标志着美国国家标准与技术研究院(NIST)对信息安全的技术指南文件有了新的定义,它给 NIST 的信息技术安全出版物提供了一个全新的标识,但它只提供了一种供参考的方法或经验,对政府部门或企业不具备强制性。SP800 系列标准的主要关注点在于计算机安全领域的一些热点研究性工作,介绍信息技术实验室(ITL)在计算机安全方面的一些研究成果和指导方针,以及在政府、科研机构乃至工业界的协作情况等。现在,NIST SP800 系列标准已经出版了与信息安全相关的正式文件高达 100 多本,形成了从规划、风险管理、安全控制措施、安全意识培训到教育的一整套信息安全管理体系。虽然 NIST SP800 系列标准不是正式的法定标准,但在实际工作中,已经成为国际安全界广泛认可的权威指南和事实标准。它主要包括访问控制类:身份鉴别(SP800-120)、密码方面(SP800-132);虚拟化技术方面(SP800-125);意识和培训类:管理者信息安全手册(SP800-100);认证认可和安全评估类:信息安全测试和评估技术指南(SP800-115);配置管理类:信息系统安全配置管理指南(SP800-128);风险评估类:信息技术系统风险管理指南(SP800-30)。

2.1.4 PCI DSS

支付卡行业数据安全标准(Payment Card Industry Data Security Standard,PCI

DSS），由维萨、美国运通公司、发现金融服务公司、JCB公司和万事达国际组织等五家国际信用卡组织联合推出，旨在规范与交易支付相关的服务提供商和与其签约的大型商户，使他们遵循此标准以促进信息安全建设。

PCI DSS适用于任何处理、传输、存储或接受信用卡数据的组织和机构。根据客户的多少和交易的数量，PCI DSS能够提供不同级别的合规性与处罚。但是，信用卡的用户成千上万，使用它的地方也数不胜数，这意味着世界上的几乎每一家公司都必须遵守PCI DSS。

PCI DSS是针对所有涉及信用卡信息机构的安全方面所做出标准的要求，其中就涵盖了网络体系结构、安全管理、策略、过程、软件设计要求的列表等，PCI DSS的目的是全面保障在整个交易过程的安全。PCI DSS对所有涉及支付卡处理的实体都适用，包括购买者、商户、处理机构、发行商和服务提供商及储存、处理或传输持卡人资料的所有其他实体。PCI DSS包括一系列保护持卡人个人信息的基本要求，同时为了进一步降低风险，可能增加额外的有效的管控措施。PCI DSS信息安全标准包括6大目标的12大类要求，整个PCI DSS安全标准基本就是围绕这些项目进行的。

1. 建立并维护安全的网络

（1）安装与维护防火墙以保护持卡人资料。

（2）对于系统密码及其他安全参数，不能使用供应商提供的预设值（默认密码）。

2. 保护持卡人信息

（1）保护存储的持卡人资料。

（2）加密通过开放的公用网络传输的持卡人资料。

3. 维护漏洞管理程序

（1）使用并定期更新杀毒软件或程序。

（2）开发并维护安全系统和应用程序。

4. 实施严格的存储控制措施

（1）限制为只有有业务需要的人才能存取持卡人资料。

（2）为具有电脑存取权的每个人指定唯一的ID。

（3）限制对持卡人资料的实际存储。

5. 定期监控并测试网络

（1）追踪并监控对网络资源及持卡人资料的所有存取。

（2）定期测试安全系统和程序。

6. 维护信息安全政策

维护满足所有人员信息安全需求的政策。

2.2 国内标准、法规

2.2.1 网络安全法

1. 概述

《中华人民共和国网络安全法》（简称《网络安全法》）是为保障网络安全，维护网络空间主权和国家安全、社会公共利益，保护公民、法人和其他组织的合法权益，促进经济社会信息化健康发展制定。2015年《中华人民共和国国家安全法》和《中华人民共和国反恐怖主义法》相继通过；2015年7月，作为网络安全基本法的《中华人民共和国网络安全法（草案）》第一次向社会公开征求意见；2016年11月7日，全国人大常委会表决通过了《网络安全法》，自2017年6月1日施行。

《网络安全法》是我国第一部全面规范网络空间安全管理方面问题的基础性法律，是我国网络空间法治建设的重要里程碑，是依法治国、化解网络风险的法律重器，是让互联网在法制轨道上健康运行的重要保障。不管是从国际形势还是国内现状分析，《网络安全法》的制定都非常有必要。

从国际上来看，大国之间的大规模军事冲突随着现代战争费用的暴涨、某些国家实力的衰弱以及可能导致的地区和国际震荡而变得不太可能。因此大国间的对抗和冲突转向网络攻击与对抗。随着人类社会的发展和正常运行日益依赖于互联网、物联网，从网络发起的攻击所造成的后果的严重程度堪比核战争。因此国际上的大国和发达国家纷纷积极制定、调整、升级本国的网络空间战略，同时在技术上并行提升安全保障和攻击能力。此外，棱镜事件的曝光以及自2015年以来以国家行为主体实施的大规模网络监控和网络攻击造成了国家间严重的不信任情绪，给国际局势以及互联网安全稳定带来了不良影响。我国作为一个互联网技术相对落后的国家，有必要根据国际形势及时调整我国的国家网络空间战略，通过一系列措施提升国家在网络空间中的防御能力，这些措施就包括用制定和颁发相应的法律文件来体现国家的意志，督促国内网络安全的健康发展。

从国内来看，我国国内存在着以下情况：一是我国信息化建设在国民经济健康发展的近20年时间里突飞猛进，新技术和新业务不断涌现和应用，但在过程中存在重建设、轻安全的现象；二是我国在网络安全方面的法律法规条文存在着分散的现象，同时在监管过程中存在多头管理和监管滞后的情况；三是我国网络安全人才建设滞后,每年从高校毕业的信息安全专业的毕业生以及社会培养的信息安全人才数量远不能满足国内信息安全人才需求;四是近几年来地下黑产规模日益扩大,社会上爆发了大量的网络安全事件,给人民群众和企业带来了巨大的经济损失。以上问题反映了我国网络安全法律体系和社会经济生活快速发展与安全需求之间存在一定的滞后性和不满足性。《网络安全法》正是弥补这些滞后性与不满足性的一个关键措施。

综上所述,如何应对网络安全威胁已是全球性问题,国际网络安全的法治环境正发生变革,欧美等网络强国及地区纷纷建立全方位、更立体、更具弹性与前瞻性的网络安全立法体系。《网络安全法》的制定标志着我国网络空间法治化进程的实质性展开,网络安全立法正演变为全球范围内的利益协调与国家主权斗争,有法可依成为谈判与对抗的必要条件。

2. 条文解读

《网络安全法》规定了网络安全等级保护、关键信息基础设施安全保护、网络安全监测预警和信息通报、用户信息保护、网络信息安全投诉举报等制度,以及网络关键设备和网络安全专用产品认证、关键信息基础设施运营者网络产品和服务采购的安全审查、网络可信身份管理、网络安全事件应急预案/处置、漏洞等网络安全信息发布、网络安全人员背景审查和从业禁止、网络安全教育和培训等制度。可以看出,一部契合网络安全战略,关注技术、管理与规范的网络安全保障基本法,由十多套(部)配套制度共筑框架的法律体系已悄然成型。特别是近一两年以来,主管部门及安全标准化机构发布了多个与《网络安全法》实施相关的法规与标准,有的还处在征求意见当中,相关法规与标准如表 2-1 所示。

表 2-1 《网络安全法》的相关法规与标准

文件名称	备注
《国家网络安全事件应急预案》	2017 年 6 月 27 日发布于国家网信办官网(落款主体为中央网信办,时间为 2017 年 1 月 10 日),明确了网络安全事件定义,将网络安全事件分为四级,对网络安全事件监测预警、应急处置、调查评估、预防保障等重要内容做出了规定
《网络产品和服务安全审查办法(试行)》	国家网信办曾于 2017 年 2 月 4 日发布征求意见稿,5 月 2 日颁布正式版本。全文共十六条
《关于办理侵犯公民个人信息刑事案件适用法律若干问题的解释》	全文共十三条,主要包括十个方面的内容。明确了"公民个人信息"范围、"非法提供公民个人信息""非法获取公民个人信息"的认定标准等。同时对非法获取、出售或者提供公民个人信息的,适用"情节严重"的情形进行了认定:非法获取、出售或者提供行踪轨迹信息、通信内容、征信信息、财产信息五十条以上的;非法获取、出售或者提供住宿信息、通信记录、健康生理信息、交易信息等其他可能影响人身、财产安全的公民个人信息五百条以上的;非法获取、出售或者提供前两款规定以外的公民个人信息五千条以上的

(续)

文件名称	备 注
《工业控制系统信息安全事件应急管理工作指南》	2017年7月1日起施行,共包含七章十五条,明确了工业控制系统信息安全事件的定义,从事应急管理工作的组织机构与职责,应急管理工作机制,监测通报机制,敏感时期应急管理要求,应急处置以及保障措施
《网络关键设备和网络安全专用产品目录(第一批)》	首批共有15个设备或产品类别纳入
《个人信息和重要数据出境安全评估办法(征求意见稿)》	全文共十八条。其中最受关注的条款之一为第二条,将个人信息和重要数据出境安全评估的义务主体范围由《网络安全法》第三十七条规定的"关键信息基础设施的运营者"扩大到了"网络运营者"
《信息安全技术数据出境安全评估指南(草案)》	草案共计十八条内容。作为数据出境安全评估的国家推荐性标准,评估指南规定了数据出境安全评估流程、评估要点、评估方法等内容,还首次公布了重要数据识别指南,列举了27个行业的重要数据的范围,为个人信息和重要数据出境评估提供了规范性指导,为防止因数据流动带来的安全风险提出了指引性措施
《关键信息基础设施安全保护条例(征求意见稿)》	《网络安全法》明确规定的唯一一部由国务院制定的行政法规层级的配套法规,征求意见稿主要从国家支持与保障、关键信息基础设施范围、关键信息基础设施运营者安全保护、产品和服务安全、监测预警、应急处置和检测评估以及法律责任等方面对关键信息基础设施安全保护做出了规定

《网络安全法》通篇共七章七十九条,围绕网络安全运行、网络信息安全、个人信息保护、网络安全监管,网络安全产业发展等内容做出了规定。透过这部基本法可以看出,只要是在中华人民共和国境内建设、运营、维护和使用网络,以及从事网络安全的监督管理,都将受到这部法律的约束。这部法律的附则中明确将"网络"界定为"指计算机或者其他信息终端及相关设备组成的按照一定规则和程序对信息进行收集、存储、传输、交换、处理的系统"。这样一来,在这个互联网时代,几乎没有一家企业或个人能够与这部法律断开联系。在网络运行安全中,这部法律要求网络运营者按照网络安全等级保护制度的要求,制定内部安全管理制度和操作规程,健全防范危害网络安全行为的技术措施,记录网络运行状态及安全事件检测,采取数据分类备份和加密;对网络产品、服务的提供在符合国家标准、安全维护、强制认证、安全检测方面提出了系列要求;网络运营者在用户身份认证、网络安全事件的应急预案及协助调查领域有不可推卸的责任。对重要行业和领域(例如公共通信和信息服务、能源、交通、水利、金融、公共服务、电子政务等),以及关键信息基础设施的运营者规定了更为严格的安全保护义务,诸如,设置专门安全管理机构及管理人员的安全背景调查、从业人员的定期培训和考核、重要系统和数据的容灾备份、网络安全事件的应急预案及演练、采购产品的国家安全审查及保密协议签署、在中国境内运营中收集和产生的个人信息与重要数据的存储及对外提供的安全评估要求等。

从网络信息安全的角度，这部法律尤其强调了用户信息保护制度，要求网络运营者在收集、使用用户信息时必须遵循合法、正当、必要的原则，而且必须明示并经被收集者同意；不得泄露、篡改、毁损和未经同意向他人提供；对于发生或可能发生的信息泄露、毁损、丢失情况，能够及时地采取补救措施；禁止发布或传输违法信息；建立投诉、举报制度并及时受理。作为网络的使用者，这部法律赋予了相关权利，同时也规定了不可推卸的责任以及不容碰触的法律底线。例如，用户有权要求保护个人信息安全，有权要求删除或更正错误的信息；任何组织和个人使用网络不得从事违法行为，不得设置恶意程序，不得非法获取、出售、提供个人信息，不得利用网络发布犯罪活动信息，不得为违法犯罪活动提供技术支持、广告推广、支付结算等。

国家建立网络安全监测预警和信息通报制度。国家网信部门、国务院电信主管部门、公安部门等被赋予了明确的监管职责，例如收集、分析、发布网络安全预警信息，制定网络安全应急预案，定期组织演练，并且强调如果遇到重大突发社会安全事件，经国务院决定获批准，可以采取临时措施。

如果违反了这部法律的相关规定，责任主体会承担相应的法律责任。作为网络运营者、网络产品或服务提供者，根据不同的违法情形，可被处以警告、罚款、没收违法所得及暂停相关业务、停业整顿、关闭网站、吊销许可证或营业执照等处罚，对直接负责的主管人员和其他责任人员也会有罚款的处罚；作为个人，根据违法情形，可被处以罚款、拘留、没收违法所得、追究刑事责任等。更为严重的是，一旦受到处罚，会根据情形限制其从事网络安全管理和网络运营关键岗位的工作时限，最长可以限制终身。

同时，作为网络安全领域的基础法律，《网络安全法》的内容条文主要涉及三个主要指导方向：一是我国国家政府和监管机构做什么，国家政策支持什么；二是关键基础设施运营者、网络运营者、产品/服务提供商、国家机关政务网络的运营者在网络安全方面应该做什么，应该怎样做；三是非法违规后的法律追责是什么。

第一个指导方向主要包含：一是国家承担网络安全空间战略的顶层设计，包括国家战略与网络安全标准的制定，等级保护实施以法律条文形式进行明确和强制要求，国家监管机构建立网络安全通报机制和制度；二是国家承担相关的任务，包括主导实施公民与关键基础设施保护，国家推进国际安全合作，国家在网络安全方面（预警监测、部门协调、告警发布）的建设投入；三是国家对网络安全研究和发展的支持与鼓励，包括鼓励全社会共建人才培养，鼓励全社会在网络安全技术领域的研究与产业创新，鼓励社会机构间的合作与行业自律。

第二个指导方向主要包含：一是关键基础设施运营商、网络运营商、国家机关网络运营者应该执行安全防护的要求，包括等级保护建设、网络安全三同步建设、部署使用相应的安全技术措施、安全产品采购与使用的要求、加强用户身份认证、安全岗位任职要求、日志留存要求、数据存放及公民保护的要求、履行主动安全防护的义务以及监管配合的义务；二是产品/服务提供商应该执行的安全要求，包括产品的强制性安全认证、产品安全缺陷的强制性修补要求、产品售后服务的强制性要求、客户信息保密性要求。

第三个指导方向主要包含未执行主动安全防护义务的法律追责与处罚，主要涉及两方面：一是追责与处罚涉及的情况，包括未实施等级保护、未及时制止网络危害活动、违反数据安全存储要求等强制要求、不按要求进行安全整改等未执行监管配合义务的法律追责与处罚；二是追责与处罚涉及的情况，包括未配合、拒绝和阻挠有关部门依法实施的监管活动等从事网络危害行为和活动的法律追责与处罚。

3. 相关行政处罚案件

（1）汕头网警支队办理广东省首宗《网络安全法》行政案件。[一]

为了进一步推进网络安全等级保护工作，按照广东省厅严打整治网络犯罪"安网"专项行动的部署，汕头网警支队对全市网络安全等级保护重点单位进行执法检查。2017年7月20日，检查发现，汕头市某信息科技有限公司于2015年11月向公安机关报备的信息系统安全等级为第三级，经测评合格后投入使用，但2016年至今未按规定定期开展等级测评。

根据《信息安全等级保护管理办法》第十四条第一款的规定，信息系统安全保护等级为第三级的信息系统应当每年至少进行一次等级测评。根据新出台的《网络安全法》的规定，定期开展测评属于第二十一条第（五）项"法律、行政法规规定的其他义务"。该信息科技有限公司的行为已违反《信息安全等级保护管理办法》第十四条第一款和《网络安全法》第二十一条第（五）项的规定，构成未按规定履行网络安全等级测评义务。根据《网络安全法》第五十九条第一款的规定，依法对该公司给予警告处罚并责令其改正。

（2）京津网信办联手开展联合执法专项行动，约谈BOSS直聘，治理招聘网站的违规行为。[二]

2017年8月9日，北京市网信办、天津市网信办开展联合执法专项行动，就BOSS直聘发布违法违规信息、用户管理出现重大疏漏等问题，依法联合约谈

[一] 资料来源：www.thepaper.cn/newsDetail_forward_1755140。
[二] 资料来源：china.huanqiu.com/hot/2017-08/11116792.html。

BOSS 直聘（京 ICP 备 14013441 号）法人，并下达行政执法检查记录，责令网站立即整改。

东北大学毕业生李文星在 BOSS 直聘遭遇招聘诈骗，深陷传销组织致死事件引发社会的广泛关注。经查，BOSS 直聘在为用户提供信息发布服务的过程中，违规为未提供真实身份信息的用户提供了信息发布服务；未采取有效措施对用户发布传输的信息进行严格管理，导致违法违规信息扩散。上述问题已违反《网络安全法》第二十四条、第四十八条规定。

依据《网络安全法》第六十一条、第六十八条的规定，北京市网信办向 BOSS 直聘下达了行政执法检查记录，责令网站立即开展自查整改，完善内容审核管理机制，严格加强对各类招聘信息发布主体及发布信息真实性的审核管理，全面清理各类违法违规信息。

（3）重庆网警依法查处违反《网络安全法》的行政案件。[①]

重庆市公安局网安总队成功查处了一起网络运营者在提供网络服务的过程中，未依法留存用户登录网络日志的违法行为。这是自 2017 年 6 月 1 日《网络安全法》正式实施以来，市公安机关依法查处的第一起违反《网络安全法》的行政案件。

网安总队在日常检查中发现，重庆市首页科技发展有限公司自 2017 年 6 月 1 日后，在提供互联网数据中心服务时，存在未依法留存用户登录相关网络日志的违法行为，根据《网络安全法》第二十一条第（三）项、第五十九条的规定，决定给予该公司警告处罚，并责令其限期十五日进行整改。该公司收到"行政处罚通知书"后，立即编制了整改方案并着手实施整改，待整改完成后，公安机关将对其整改情况进行验收。下一步，重庆市公安局网安总队将依据《网络安全法》等法律法规的相关规定，进一步加大网络安全监管力度，组织开展全市网络安全专项执法检查，对未落实网络安全等级保护制度、网络实名认证、侵害公民个人信息等违法行为，以及从事危害网络安全的活动，或者为他人从事危害网络安全的活动提供技术支持、广告推广、支付结算等帮助的违法行为严格依法查处，构成犯罪的将依据《刑法修正案（九）》追究刑事责任，从而切实维护网络信息安全和互联网清朗空间。

（4）宿迁网警成功查处江苏省首例违反《网络安全法》的接入违规网站案。[②]

宿迁市宿城区公安分局网安大队成功查处了一起网络运营者在提供网络服务过程中，违法接入违规网站的案件。这是自 2017 年 6 月 1 日《网络安全法》正式实施以来，省公安机关成功处罚的首例违反《网络安全法》违法接入违规网站的案件。

---

① 资料来源：http://www.cq.xinhuanet.com/2017-08/04/c_1121429885.
② 资料来源：http://www.sohu.com/a/163690067_700293.

网安民警在日常检查中发现，华睿科技有限公司的服务器内接入一违法网站，民警在经过细致的勘验取证后，立即传唤该公司法人王某，要求其公司对提供互联网接入服务的服务器内涉及法律、行政法规禁止传输的信息，立即采取停止传输、消除等处置措施并保存有关记录。

宿城区公安分局依据《网络安全法》第四十七条及第六十八条的规定，给予上述公司警告处罚并要求其立即整改到位。目前宿城区警方正在对该违法网站开展进一步侦查。

（5）腾讯微信、新浪微博、百度贴吧涉嫌违反《网络安全法》被立案调查。[一]

国家网信办指导北京市、广东省网信办分别对腾讯微信、新浪微博、百度贴吧立案，并依法展开调查。根据网民举报，经北京市、广东省网信办初查，三家网站的微信、微博、贴吧平台存在用户传播暴力恐怖、虚假谣言、淫秽色情等危害国家安全、公共安全、社会秩序的信息。三家网站平台涉嫌违反《网络安全法》等法律法规，对其平台用户发布的法律法规禁止的信息未尽到管理义务。案件后续进展情况，将由相关地方网信办予以发布。

（6）四川网安部门依法查处违反《网络安全法》的行政案件。[二]

宜宾公安机关网安部门依法查处了一起网络运营者未依法落实网络安全等级保护制度的违法行为。这是自2017年6月1日《网络安全法》正式实施以来，公安机关依法处置的第一起违反《网络安全法》的行政案件。

2017年7月22日，宜宾市翠屏区"教师发展平台"网站因网络安全防护工作落实不到位，导致网站存在高危漏洞，造成网站发生被黑客攻击入侵的网络安全事件。宜宾网安部门在对事件进行调查时发现，该网站自上线运行以来，始终未进行网络安全等级保护的定级备案、等级测评等工作，未落实网络安全等级保护制度，未履行网络安全保护义务。根据《网络安全法》第五十九条第一款的规定，决定给予翠屏区教师培训与教育研究中心和直接负责的主管人员及法人代表唐某某行政处罚决定，对翠屏区教师培训与教育研究中心处10 000元罚款，对法人代表唐某某处5000元罚款。下一步，四川全省公安网安部门将依据《网络安全法》，进一步加大网络安全监管和执法力度，继续深入开展2017年全省公安机关网络安全执法检查，对未落实网络安全等级保护制度、网络实名认证、侵害公民个人信息等违法行为严格依法查处，切实维护网络信息安全。

（7）浙江网信办约谈淘宝网、同花顺金融网等五家网站，严肃整治网上违法违

[一] 资料来源：www.cac.gov.cn/2017-08/11/c_1121467425.htm.

[二] 资料来源：www.sohu.com/a/164289039_355535.

规信息。[一]

浙江省网信办联合杭州市网信办约谈淘宝网、同花顺金融网、蘑菇街互动网、虾米音乐网、配音秀网等网站的相关负责人，就五家网站存在的违法和不良信息提出严厉批评，责令网站限期整改。

根据监测发现和网民举报，经省网信办核查，淘宝网部分店铺存在售卖破坏计算机信息系统工具、售卖违禁管制物品、贩卖非法 VPN 工具、贩卖网络账号等突出问题；同花顺金融网、配音秀网存在导向不正、低俗恶搞等有害信息；蘑菇街互动网、虾米音乐网存在违法违规账号注册等问题。

上述平台和网站未能切实履行网上信息内容管理主体责任，未能对用户发布的禁止性信息尽到监管义务，其行为违法了《网络安全法》《互联网信息服务管理办法》《互联网用户账号名称管理规定》等法律法规。浙江省网信办责令五家网站立即开展自查自纠，全面清理有害信息，关闭相应违规账号，要求网站尽快健全信息审核、应急处置、技术支撑等方面的制度机制并限期提交整改报告。同时，对淘宝网提出警告，责令其举一反三，全面整改，下架违法违规商品，对违法违规店铺进行严肃处理；责令同花顺金融网全面开展专项检查，暂停有关系统运行，严肃追究有关人员责任；责令蘑菇街互动网、虾米音乐网暂停新用户注册七天。五家网站负责人均做出承诺，将针对问题立即全面整改，依法依规开展服务。

浙江省网信办强调，各类网站和网络传播平台必须严格遵守《网络安全法》《互联网信息服务管理办法》《互联网新闻信息服务管理规定》等法律法规，坚持正确的政治方向、舆论导向、价值取向，依法办网、文明办网，健全信息内容审核管理机制，加强风险预测预警，完善应急处置预案，严控违法违规信息，切实履行平台和网站主体责任。网信部门将认真贯彻落实相关法律法规，进一步加大互联网信息内容监管和执法力度，规范属地网站互联网信息服务，依法严肃查处网上各类违法违规行为，维护互联网信息传播秩序。同时欢迎广大网民对网上违法违规行为进行举报，共同营造良好的网络生态。

国家网信办有关负责人表示，网信部门将认真贯彻落实《网络安全法》等法律法规，进一步加大互联网信息内容监管执法力度，依法查处网上各类违法违规行为。

4. 金融领域重点关注内容

金融领域的关键信息基础设施是经济社会运行的神经中枢，是网络安全的重中之重，也是可能遭到重点攻击的目标，类似金融交易信息被窃取的重大风险隐患，

[一] 资料来源：zj.zjol.com.cn/news/728092.html。

不出问题则已，一出就可能导致金融紊乱，甚至有可能发生系统性金融风险。随着国家陆续出台对关键信息基础设施保护的相关政策要求，在未来一段时间内金融行业势必会深入研究政策要求，采取有效措施切实做好国家关键信息基础设施安全防护工作。作为金融企业的决策层，应当关注《网络安全法》的以下八个关键方面。

（1）金融行业和领域是国家重点保护对象。《网络安全法》将金融行业和金融领域定义为我国的关键基础设施。作为关键基础设施，国家将予以高度重视。在《网络安全法》中明确关键基础设施实施重点保护，其具体范围和安全保护办法由国务院制定。

（2）等级保护的建设实施必须实行。《网络安全法》明确关键基础设施运营商要在网络安全等级保护的基础上实施重点保护。金融机构必须摒弃那种等级保护建设可有可无、建设能拖则拖的思想观念，认真按照要求开展等级保护建设。

（3）安全建设三同步。《网络安全法》要求关键基础设施运营商必须保证业务稳定安全运行，系统建设保证安全技术措施同步规划、同步建设、同步使用。金融机构应在今后的建设中应该留出一定比例的资金项目资金用于信息安全防护；此外信息安全部门/人员不仅应该全程参与项目建设，决策层还应赋予他们在项目中必要的发言权重。

（4）重要数据保护。《网络安全法》要求关键基础设施运营商在运营过程中手机和产生的个人信息及重要数据必须在境内存储。需要向境外提供数据的必须按照国家相关办法进行安全评估。金融机构应对自己的业务进行一次全面的梳理，确认业务数据的存储情况和使用情况，根据法律要求进行数据迁移和安全评估。

（5）安全运维要求更为严格。《网络安全法》要求关键基础设施运营商每年至少对其网络进行一次检测评估并上报监管机构，必须定期对人员进行培训和技能提升，必须制定应急预案并定期演练，必须审核安全岗位人员的背景情况。金融机构应根据自己的运维管理要求对标《网络安全法》，根据情况及时调整自有的安全运维管理机制和内容。

（6）安全产品/服务采购把控。《网络安全法》要求采购的信息安全产品/服务必须符合国家安全审查要求。因此在今后的采购中应该重视和严格审核所采购的信息安全产品/服务的资质要求，影响国家安全的还需要通过国家网信部门会同国务院有关部门组织的国家安全审查。

（7）个人信息的保护。《网络安全法》有多条提到了对个人信息的保护，包括对个人信息的收集、使用、存储和保护等内容。因此金融机构应开展内部审核评估，确认己方在个人信息保护方面的措施是否符合要求。

（8）主管人员负监管连带责任。《网络安全法》第六章几乎每一条都提到了直接负责的主管人员在本机构或内部人员触犯《网络安全法》后都需要负监管连带责任并承担相应的经济处罚。

2.2.2　等级保护

信息安全等级保护制度是国家在国民经济的发展和社会信息化快速建设的发展过程中，为提高信息安全保障能力和水平，促进信息化建设健康发展，维护国家信息安全和社会秩序及公共利益而制定的一项国家信息安全保障工作的基本制度。

信息安全等级保护是指对涉及国家秘密信息、法人和组织及公民的专有信息以及公开信息和存储、传输、处理这些信息的信息系统按照等级划分的方式实行安全保护，对使用的信息安全产品实行按等级管理的方式实现安全保障，对发生的信息安全事件分等级响应和处置。

开展等级保护工作的驱动力主要来自三个方面：一是国家政策和主管部门的相关要求，二是业务安全保障的需要，三是信息安全风险管理的需要。

随着等级保护工作在我国的深入开展，各行业落实信息安全等级保护制度成为近期工作重点，政府、金融、能源等行业结合行业业务特点制定了本行业等级保护相关标准，有力地推进了等级保护建设。等级保护近年来的推进不仅有国家政策保证，而且实践推广全面加速。

等级保护制度已经推行十余年，尤其是近两年公安部牵头召开等级保护测评体系建设会议及等级保护技术研讨会议，本身也是非常强烈的信号释放。2009年《关于开展信息安全等级保护安全建设整改工作的指导意见》（公信安［2009］1429号）发布，标志着等级保护工作全面进入建设整改工作阶段；2011年是等级保护测评工作全面开展的一年；2012年政府、电力、金融等行业及央企的等级保护工作力度持续加大。随着电子政务外网建设等安全要求进一步明确，云计算、物联网等新技术在未来应用的范围将会逐步扩展，如何在新技术环境下开展等级保护建设是当前等级保护工作面临的一项挑战。与此同时，随着国家网络安全法的颁布实施，各行业等级保护建设整改和等级保护测评工作加紧推进，未来几年内的工作重点在建设整改和等级测评等方面，等级保护工作进入了新的2.0时代。

国家针对等级保护制定了一系列的法规和标准，这些法规和标准是建设等级保护系统的依据。制定了包括《计算机信息系统安全保护等级划分准则》（GB 17859—1999）、《信息系统安全等级保护定级指南》（GB/T 22240—2008）、《信息安全技术　信息系统安全等级保护基本要求》（GB/T 22239—2008）、《信息安全技术操作系统安全评估准则》(GB/T 20009—2005)、《信息安全技术信息系统安全管理要求》(GB/T 20269—2006)等50多个国标、行标以及已报批标准,初步形成了信息安全等级保护标准体系。以下简要介绍基本要求和安全设计技术要求的相关内容。

《信息安全技术 信息系统安全等级保护基本要求》(GB/T 22239—2008)(简称《基本要求》)是针对不同安全保护等级信息系统应该具有的基本安全保护能力提出的安全要求。根据实现方式的不同,基本安全要求分为基本技术要求和基本管理要求两大类,用于指导不同安全保护等级信息系统的安全建设和监督管理。技术类安全要求与信息系统提供的技术安全机制有关,主要通过在信息系统中部署软硬件并正确的配置其安全功能来实现;管理类安全要求与信息系统中各种角色参与的活动有关,主要通过控制各种角色的活动,从政策、制度、规范、流程以及记录等方面做出规定来实现。其中,基本技术要求从物理安全、网络安全、主机安全、应用安全和数据安全几个层面提出;基本管理要求从安全管理制度、安全管理机构、人员安全管理、系统建设管理和系统运维管理几个方面提出。基本技术要求和基本管理要求是确保信息系统安全不可分割的两个部分。《基本要求》从各个层面或方面提出了系统的每个组件应该满足的安全要求,信息系统具有的整体安全保护能力通过不同组件实现基本安全要求来保证。除了保证系统的每个组件满足基本安全要求外,还要考虑组件之间的相互关系,来保证信息系统的整体安全保护能力。

《信息安全技术信息系统等级保护安全设计技术要求》(GB/T 25070—2010)(简称《设计要求》)是进行等级保护建设的直接指导,在《基本要求》的基础之上,采用了系统化的设计方法,引入了深度防御的保护理念,提出了"一个中心、三重防护"的保障框架,形成了在安全管理中心的统一管理下安全计算环境、安全区域边界、安全通信网络层层防护的综合保障技术体系,规范了信息系统等级保护安全设计技术要求,包括第一级至第五级系统安全保护环境以及定级系统互联的设计技术要求,为信息系统的等级保护建设提供了科学、合理、有效的方法和指导。在进行安全技术设计时,要根据信息系统定级情况,确定相应安全策略,采取相应级别的安全保护措施。《设计要求》中明确指出信息系统等级保护安全技术设计包括各级系统安全保护环境的设计及其安全互联的设计。各级系统安全保护环境由相应级别的安全计算环境、安全区域边界、安全通信网络和(或)安全管理中心组成。定级系统互联由安全互联部件和跨定级系统安全管理中心组成。

2016年10月10日,在第五届全国信息安全等级保护技术大会上,公安部网络安全保卫局郭启全总工提出国家对网络安全等级保护制度提出了新的要求,等级保护制度已进入2.0时代。等级保护2.0时代主要针对《信息安全技术 信息系统等级保护基本要求》（GB/T 22239—2008）、《信息安全技术信息系统等级保护设计要求》（GB/T 25070—2010）与《信息安全技术信息系统等级保护测评要求》（GB/T 28448—2012）三个标准进行修订。《信息安全技术信息系统等级保护基本要求》（GB/T 22239—2008）修订的主要内容包括以下几个方面。

一是要求方面，由一个基本要求变更为安全通用要求和安全扩展要求（含云计算、移动互联、物联网、工业控制）。

二是控制措施分类方面，由原来的10个分类调整为8个，分别为技术部分（物理和环境安全、网络和通信安全、设备和计算安全、应用和数据安全）和管理部分（安全策略和管理制度、安全管理机构和人员、安全建设管理、安全运维管理）。

三是环境安全方面有所扩展，对云计算环境安全、移动互联环境、物联网环境、工业控制系统的安全要求有所增加。

四是应用场景方面，增加了描述等级保护安全框架和关键技术、云计算应用场景、移动互联应用场景、物联网应用场景、工业控制系统应用场景等。

五是取消"S""A""G"等安全控制点的标注。

2.2.3 国内其他法律法规

1.《中华人民共和国宪法》

第四十条：公民的通信自由和通信秘密受法律的保护。除因国家安全或者追查刑事犯罪的需要，由公安机关或者检察机关依照法律规定的程序对通信进行检查外，任何组织或者个人不得以任何理由侵犯公民的通信自由和通信秘密。

2.《中华人民共和国保守国家秘密法》

国家秘密是关系国家安全和利益，依照法定程序确定，在一定时间内只限一定范围的人员知悉的事项。国家秘密的密级分为绝密、机密、秘密。国家秘密受法律保护。一切国家机关、武装力量、政党、社会团体、企业事业单位和公民都有保守国家秘密的义务。

3.《中华人民共和国国家安全法》

第十条：国家安全机关因侦察危害国家安全行为的需要，根据国家有关规定，经过严格的批准手续，可以采取技术侦察措施。

第十一条：国家安全机关为维护国家安全的需要，可以查验组织和个人的电子通信工具、器材等设备、设施。

4.《中华人民共和国电子签名法》

数据电文：指以电子、光学、磁或者类似手段生成、发送、接收或者储存的信息。

电子签名：指数据电文中以电子形式所含、所附用于识别签名人身份并表明签名人认可其中内容的数据。可靠电子签名的四个要件如下：

（1）当电子签名制作数据用于电子签名时，属于电子签名人专有。

（2）签署时电子签名制作数据仅由电子签名人控制。

（3）签署后对电子签名的任何改动能够被发现。

（4）签署后对数据电文内容和形式的任何改动能够被发现。

电子签名需要第三方认证的，由依法设立的电子认证服务提供者提供认证服务。

5.《中华人民共和国治安管理处罚法》

第三章"违反治安管理的行为和处罚"，第一节"扰乱公共秩序的行为和处罚"，第二十九条：有下列行为之一的，处五日以下拘留；情节较重的，处五日以上十日以下拘留：

（1）违反国家规定，侵入计算机信息系统，造成危害的。

（2）违反国家规定，对计算机信息系统功能进行删除、修改、增加、干扰，造成计算机信息系统不能正常运行的。

（3）违反国家规定，对计算机信息系统中存储、处理、传输的数据和应用程序进行删除、修改、增加的。

（4）故意制作、传播计算机病毒等破坏性程序，影响计算机信息系统正常运行的。

6.《商用密码管理条例》

商用密码是指对不涉及国家秘密内容的信息进行加密保护或者安全认证所使用的密码技术和密码产品。商用密码技术属于国家秘密。国家密码管理委员会及其办公室主管全国的商用密码管理工作；国家对商用密码产品的科研、生产、销毁和使用实行专控管理。

商业密码的管理要点如下：

（1）商密产品由国家密码管理机构分别指定单位进行科研、生产和检测。

（2）商密产品销售单位应有国家密码管理机构颁发的《商用密码产品销售许可证》。

（3）必须如实登记备案直接使用商用密码产品的用户信息和产品用途。

（4）不得使用自行研制的或者境外生产的密码产品。

（5）不得转让其使用的商用密码产品（含故障维修、报废销毁）。

7.《中华人民共和国计算机信息系统安全保护条例》

计算机信息系统是指由计算机及与其相关的和配套的设备、设施（含网络）构成的，按照一定的应用目标和规则对信息进行采集、加工、存储、传输、检索等处理的人机系统。计算机信息系统的安全保护是指保障计算机及与其相关和配套的设备、设施（含网络），以及运行环境的安全，保障信息的安全，保障计算机功能的正常发挥，以维护计算机信息系统的安全运行。

主管部门：公安部主管全国计算机信息系统安全保护工作（含安全监督职权）。国家安全部、国家保密局和国务院其他有关部门，在国务院规定的职责范围内做好计算机信息系统安全保护的有关工作。

计算机信息系统安全保护要点：计算机信息系统实行安全等级保护，使用单位应当建立健全安全管理制度，安全专用产品（硬件、软件）的销售实行许可证制度。

8.《互联网信息服务管理办法》

互联网信息服务分为经营性和非经营性两类。

经营性互联网信息服务是指通过互联网向上网用户有偿提供信息或者网页制作等服务活动；非经营性互联网消息服务是指通过互联网向上网用户无偿提出其有公开性、共享性信息的服务活动。互联网消息服务提供者不得制作、复制、发布、传播含有下列内容的信息：

（1）反对宪法所确定的基本原则的。

（2）危害国家安全，泄露国家秘密，颠覆国家政权，破坏国家统一的。

（3）损害国家荣誉和利益的。

（4）煽动民族仇恨、民族歧视，破坏民族团结的。

（5）破坏国家宗教政策，宣扬邪教和封建迷信的。

（6）散布谣言，扰乱社会秩序，破坏社会稳定的。

（7）散布淫秽、色情、赌博、暴力、凶杀、恐怖或者教唆犯罪的。

（8）侮辱或者诽谤他人，侵害他人合法权益的。

（9）含有法律、行政法规禁止的其他内容。

9.《计算机病毒防治管理办法》

计算机病毒是指编制或者在计算机程序中插入的破坏计算机功能或者毁坏数据，影响计算机使用，并能自我复制的一组计算机指令或者程序代码。

主管部门：公安部公共信息网络安全监察部门主管全国的计算机病毒防治管理工作，地方各级公安机关具体负责行政区域内的计算机病毒防治工作。

计算机信息系统的使用单位在计算机病毒防治工作中应当履行下列职责：

（1）建立本单位的计算机病毒防治管理制度。

（2）采取计算机病毒安全技术防治措施。

（3）对本单位计算机信息系统使用人员进行计算机病毒防治教育和培训。

（4）及时检测、清除计算机信息系统中的计算机病毒，并备有检测、清楚记录。

（5）使用具有计算机信息系统安全专用产品销售许可证的计算机病毒防治产品。

（6）对于因计算机病毒引起的计算机信息系统瘫痪、程序和数据严重破坏等重大事故，及时向公安机关报告，并保护现场。

10.《互联网站从事登载新闻业务管理暂行规定》

互联网站从事登载新闻业务，必须遵守宪法、相关法律和法规。互联网站登载的新闻不得含有《互联网信息服务管理办法》中禁止的相关内容。互联网站登载的新闻含有违规内容，构成犯罪的，依法追究刑事责任；尚不构成犯罪的，由公安机关或者国家安全机关依照有关法律、行政法规的规定给予行政处罚。

11.《中国公用计算机互联网国际联网管理办法》

中国公用计算机互联网是指由中国邮电电信总局负责建设、运营和管理，面向公众提供计算机国际互联网服务，并承担普遍服务义务的互联网络。任何组织或者个人，不得利用计算机国际互联网从事危害他人信息系统和网络安全、侵犯他人合法权益的活动。

2.3　金融行业监管制度

2.3.1　政策规范

1.《电子银行业务管理办法》

为加强电子银行业务的风险管理，保障客户及银行的合法权益，促进电子银行业务的健康有序发展，根据《中华人民共和国银行业监督管理法》《中华人民共和国商业银行法》和《中华人民共和国外资金融机构管理条例》等法律法规，银监会于2006年发布《电子银行业务管理办法》（简称《办法》）。《办法》明确要求金融机构应根据电子银行业务特性，建立健全电子银行业务风险管理体系和内部控制体系，设立相应的管理机构，明确电子银行业务管理的责任，有效地识别、评估、监测和控制电子银行业务风险。金融机构应当按照合理规划、统一管理，保障系统安全运行的原则，开展电子银行业务，保证电子银行业务的健康、有序发展。该办法共九章九十九条。

（1）总则。概述金融机构开展电子银行业务的要求，办法适应范围。

（2）申请和变更。金融机构（含外资）开办电子银行业务，应当具备哪些条件，对提交的文件和资料有哪些要求；金融机构增加或者变更电子银行业务类型的审批制度要求。

（3）风险管理。金融机构如何建立健全电子银行风险管理体系和电子银行安全、稳健运营的内部控制体系。

（4）数据交换与转移管理。金融机构利用电子银行平台与外部组织或机构相互交换电子银行业务信息和数据，或者将有关电子银行业务数据转移至外部组织或机构的活动应该遵循的要求。

（5）业务外包管理。金融机构在进行电子银行业务外包时，应根据实际需要，合理确定外包的原则和范围，认真分析和评估业务外包存在的潜在风险，建立健全有关规章制度，制定相应的风险防范措施。

（6）跨境业务活动管理。金融机构利用境内的电子银行系统，在向境外居民或企业提供电子银行服务时应遵守的相关要求和提交的材料。

（7）监督管理。中国银监会依法对电子银行业务实施非现场监管、现场检查和安全监测，对电子银行安全评估实施管理，并对电子银行的行业自律组织进行指导和监督。

（8）法律责任。金融机构在提供电子银行服务时，因电子银行系统存在安全隐患、金融机构内部违规操作和其他非客户原因等造成损失的，金融机构应当承担的责任。

（9）附则。其他适用本办法的情形说明。

2.《电子银行安全评估指引》

为了配合《电子银行业务管理办法》的实施，银监会同时发布了《电子银行安全评估指引》。指引所指的电子银行包括两部分：网上银行、电话银行和手机银行；其他利用电子服务设备和网络，由客户通过自助服务方式完成金融交易的银行业务，包括自助银行、ATM机等。

《电子银行业务管理办法》和《电子银行安全评估指引》用于指导金融行业关

于电子银行业务开展和保障电子银行信息安全，并对如何进行安全评估起到了重要的指导性作用。这两项文件要求申请和开展电子银行业务的金融机构，应根据其电子银行发展和管理的需要，利用外部专业评估机构或内部设立电子银行业务运营及管理的评估部门，定期对电子银行进行安全评估。

《电子银行安全评估指引》同时也是商业银行开展电子银行信息系统建设的重要指导性文件，其中关于安全设计和开发策略、电子银行系统安全性、外包管理等方面的内容，对于电子银行信息系统建设具有重要的指导意义，尤其是关于电子银行系统安全性的相关要求，例如数据通信安全、应用系统安全、密钥管理、客户信息认证与保密等，是商业银行开展电子银行信息系统研发风险管控的重要依据。

3.《商业银行信息科技风险管理指引》

2009年，银监会发布《商业银行信息科技风险管理指引》，成为商业银行开展信息科技风险管理的重要依据。

该指引全面涵盖商业银行的信息科技活动，参照国际国内的标准和成功实践经验，对商业银行信息科技整个生命周期内的信息安全、业务连续性管理和外包等方面提出高标准、高要求，同时，加强了对客户信息保护的要求。

《商业银行信息科技风险管理指引》共十一章七十六条，分为总则、信息科技治理、信息科技风险管理、信息安全、信息系统开发、测试和维护、信息科技运行、业务连续性管理、外包、内部审计、外部审计和附则十一个部分。其中信息安全、信息系统开发、测试和维护、外包等章分别提出了关于研发风险的相关要求，例如，用户身份认证、关键点输入验证或输出核对、保密信息的输入和输出处理、开发和测试环境分离、开发和测试数据的保护等。

4.《商业银行操作风险管理指引》

2007年，银监会发布《商业银行操作风险管理指引》，这是继出台《商业银行市场风险管理指引》和《商业银行合规风险管理指引》之后，银监会发布的又一个重要风险管理指引。它明确了操作风险包括由不完善或有问题的内部程序、员工和信息科技系统，以及外部事件所造成损失的风险和信用风险及市场风险并称为商业银行面临的三大主要风险。

《商业银行操作风险管理指引》共四章三十一条，从操作风险管理的认识、制度建设、组织结构的设计，到操作风险管理识别、评估监测、报告、持续经营机制的建立，操作风险损失数据库的构建和操作风险资本计量分配模型的研究开发等方面，予以了进一步明确。

《商业银行操作风险管理指引》将"信息科技系统"问题纳入操作风险范畴，并在灾难恢复、业务连续性、外包风险等方面提出管理要求。

5.《商业银行合规风险管理指引》

2006年，银监会发布了《商业银行合规风险管理指引》，以加强商业银行合规风险管理，维护商业银行安全稳健运行。

《商业银行合规风险管理指引》共五章三十一条，明确合规风险是指商业银行没有遵循适用于银行业经营活动的法律、行政法规、部门规章及其他规范性文件、经营规则、自律性组织的行业规则、行为守则和职业操守，可能遭受法律制裁、监管处罚、重大财务损失和声誉损失的风险。

《商业银行合规风险管理指引》要求合规管理部门审核评价各项政策、程序和操作指南的合规性，评估和识别新产品与新业务的开发以及新业务方式的拓展等产生的合规风险。

6.《银行业金融机构信息科技外包风险监管指引》

2013年，银监会发布《银行业金融机构信息科技外包风险监管指引》，对银行业金融机构将自身负责处理的信息科技活动委托给服务提供商进行处理的外包活动，包含项目外包、人力资源外包等形式，进行了较为细致的规范。

《银行业金融机构信息科技外包风险监管指引》共九章九十一条，涵盖外包管理组织机构、外包战略及风险管理、信息科技外包管理、机构集中度风险管理、跨境及非驻场外包管理等内容。其中明确要求银行业金融机构要对外包服务商提供的重要或核心的信息系统开发交付物进行源代码检查和安全扫描；要关注外包服务引入的新技术或新引用对现有治理模式及安全架构的冲击，及时完善信息安全管理体系，避免因新技术或应用引入而增加额外的信息安全风险。

2.3.2 技术标准

1.《网上银行系统信息安全通用规范》

为了提高网上银行系统的安全水平，防范网上银行系统建设、运维以及与技术相关的关键业务运作的风险，中国人民银行于2012年发布了《网上银行系统信息安全通用规范》(JR/T 0068—2012)行业标准。

标准明确了网上银行系统的定义，对系统进行了简要描述，并从安全技术、安全管理和业务运作三个方面详细阐述了安全规范的具体内容。安全技术规范从客户端安全、专用安全设备安全、网络通信安全和网上银行服务器端安全几个方面提出要求；安全管理规范从安全管理机构、安全策略、管理制度、人员安全管理、系统建设管理、系统运维管理等方面提出要求；业务运作安全规范从业务申请及开通、业务安全交易机制、客户教育及权益保护几个方面提出要求。另外，标准还包含与网上银行相关的网上支付部分安全技术要求。

2.《网银系统USBKey规范安全技术与测评要求》

2015年8月31日，金融行业标准《网银系统USBKey规范安全技术与测评要求》（JR/T 0114—2015）由中国人民银行正式发布。该标准规定了网银系统USBKey的安全技术要求，以及对网银系统USBKey进行测评的相关要求和方法。

该标准的发布实施有利于规范网银系统USBKey的安全特性，建立有效的测评方法，提升产品的安全水平，可适用于网银系统USBKey的研发、测试、评估和产品采购等环节。

标准描述了网银系统USBKey的相关定义，具备的新功能（例如可附加语音提示、语音识别等）、新形态（采用蓝牙、音频等其他接口），同时针对网银系统USBKey的预期使用环境及使用方式，包括网银系统USBKey需要保护的信息和资源、有关网银系统USBKey应用环境的说明、对资产的威胁及网银系统USBKey应用应遵循的组织安全策略等内容进行了详细要求；以安全目的的形式明确界定网银系统USBKey技术措施满足的安全需求。

3. 金融行业国家标准

为落实国家对金融行业信息系统信息安全等级保护相关工作要求，加强金融行业信息安全管理和技术风险防范，保障金融行业信息系统信息安全等级保护建设、测评、整改工作顺利开展，中国人民银行组织编制了金融行业信息系统信息安全等级保护系列国家标准（简称"金融行业等保标准"）。金融行业等保国家标准包含《金融行业信息系统信息安全等级保护实施指引》（简称《实施指引》）、《金融行业信息系统信息安全等级保护测评指南》（简称《测评指南》）、《金融行业信息安全等级保护测评服务安全指引》（简称《安全指引》）三项标准。

《实施指引》是根据国家《信息系统等级保护安全设计技术要求》《信息系统安全等级保护基本要求》标准，贴合信息系统安全建设需要以及金融行业特点，对金融行业的信息安全体系架构采用分区分域设计的方式，从信息安全管理、信息安全技术两大方面详细阐述了覆盖各个等级信息系统的具体要求。安全管理从安全管理制度、安全管理机构、人员安全管理、系统运维管理和系统建设管理几个方面提出要求；安全技术从物理安全、网络安全、主机安全、应用安全和数据安全及备份恢复几个方面提出要求。

《测评指南》是对《实施指引》中的测评要求提出了具体可操作的测评方法。其中包括两个方面的内容：一是安全控制测评，主要测评信息系统中基本安全控制的实施配置情况是否满足信息安全等级保护要求；二是系统整体测评，重点分析测评信息系统的整体安全性。其中第一方面的内容即安全控制测评是信息系统整体测评的基础。

《安全指引》通过多年以来对金融行业应用系统的概括，总结出了安全需求和业务特点，并参考国内外相关信息安全标准及行业标准，明确了等级保护测评服务机构安全、人员安全、测评对象安全、过程安全、工具安全等方面的基本要求。

金融行业等级保护标准的发布，将国家等级保护要求行业化、具体化，为金融行业的重要网络和信息系统健康、良好地发展奠定了基础。

等级保护要求与金融机构系统特色相结合，主要通过以下四个方面来体现。

（1）符合国家等级保护基本要求。金融行业等级保护标准依据国家等级保护基本要求中的技术要求和管理要求，分别对物理、网络、主机、人员、机构等10项内容进行规范，从而保障定级系统的安全。

（2）借鉴等级保护安全设计技术要求。结合金融机构的安全体系架构，借鉴等级保护安全设计技术要求的体系化设计思路，设计出一套适合于金融行业的安全体系架构，从而保障同级系统、跨级系统互联乃至整个体系的安全。

（3）对等级保护基本要求给出具体的实施、配置措施。针对等级保护基本要求，金融行业等级保护标准将给出具体的实施、配置措施建议（见《实施指引》），以保证将等级保护的基本要求在金融机构中实施。

（4）适用于金融机构特色的等级保护实施指引。金融行业等级保护标准新增"金融行业增强安全保护类（F类）"要求，该类要求是在结合等级保护及金融行业相关规定的基础上进行补充和完善。使得金融行业等级保护标准更贴近金融行业的特点及需求，更容易理解和落实。

第 3 章

银行互联网应用业态与安全现状

3.1 银行常见互联网应用业态

3.1.1 网上银行

1. 网上银行概述

从办理机构层面,网上银行主要是指利用信息网络开展业务的银行;从服务内容层面,网上银行主要是指银行利用信息网络给用户提供的金融服务,其中囊括了传统型银行业务和因信息技术发展而引入的创新型银行业务。我们日常提到的网上银行,多以服务内容层面为主。网上银行不仅仅是指业务形态从传统银行柜台转向互联网虚拟柜台,其服务方式、服务内容和服务渠道均与传统银行模式有所区别,通过新型互联网技术的应用,催生了全新的业务类型。网上银行具有不受时间、空间制约的服务优势,所以又被称为"3A(Anytime、Anywhere、Anyway)银行",网上银行凭借"3A"的服务优势为越来越多的银行用户提供了高效、便捷、可靠的金融服务。

网上银行的业务品种主要包括基本业务、网上购物、投资理财、企业银行服务及其他金融服务。

(1)基本业务。网上银行基本业务包括在线查询账户余额及交易记录、下载数据、转账和网上支付等。

(2)网上购物。网上银行提供的网上购物协助服务,主要目的是便利用户网上购物,为用户在同类服务的选择上提供了优质的金融服务和可靠的信息服务,提升了商业银行在传统竞争领域中的核心竞争力。

（3）投资理财。商业银行将传统型投资理财类银行业务通过信息技术的利用转移到互联网上，为用户提供了高效、便捷、可靠的投资理财类解决方案、咨询建议，或者提供金融服务技术的援助，扩展了商业银行的服务模式，提升了用户投资理财的效率，同时也降低了银行投资理财类服务成本。

（4）企业银行服务。网上银行企业银行服务主要为用户提供查询、管理、转账、支付、投资、贷款等企业财务管理金融服务。

（5）其他金融服务。除了以上银行服务外，网上银行还可提供保险、抵押和按揭等金融服务，扩大商业银行的业务范围。

2. 网上银行的发展现状

随着我国信息化进程的不断推进，金融行业与互联网的结合不断深入，国内商业银行的网上银行业务也迅速发展普及。1996年2月，中国银行率先在互联网上建立了主页，开始通过国际互联网向社会提供银行服务。随后，各大商业银行纷纷着手各行网上银行信息系统的建设工作，并相继推出了网上银行业务，对传统银行业务进行补充、拓展。随着近年来各商业银行网上银行业务的全面普及，我国商业银行信息化工作也不断发展成熟，并由此迈上了新的台阶。中国网上银行的主要发展历程如表3-1所示。

表3-1　中国网上银行的主要发展历程

时间	特征	主要事件
萌芽阶段 （1996～1997年）	网上银行服务的开发和探索	1996年，中国银行投入网上银行的开发 1997年，中国银行建立网页，搭建"网上银行服务系统"
起步阶段 （1998～2002年）	各大银行纷纷推出网上银行服务	1998年4月，招商银行在深圳地区推出网上银行服务，"一网通"品牌正式推出 1999年8月，中国银行推出网上银行服务 1999年8月，中国建设银行推出网上银行服务 2001年，中国农业银行推出95599在线银行；2002年4月，推出网上银行 2002年年底，国有银行和股份制银行全部建立了网上银行，开展交易型网上银行业务的商业银行达21家
发展阶段 （2003～2010年）	网上银行的品牌建设加强，产品和服务改善成为重点，重点业务发展带动各大网上银行业务快速发展	2003年，中国工商银行推出"金融@家"个人网上银行 2005年，交通银行创立"金融快线"品牌 2006年，中国农业银行推出"金e顺"电子银行品牌 2007年，个人理财市场带动网上基金业务猛增，拉动个人网上银行业务大幅增长 2008年，网银产品、服务持续升级，各银行在客户管理、网银收费等方面积极探索
成熟阶段 （2010年后）	网上银行逐步发展	2010年8月30日，第二代网上支付跨行清算系统（超级网银）正式上线

近年来，随着互联网技术的发展与普及，国内各大商业银行的网上银行不断变化，银行业的传统业务和创新业务得到了迅速的发展，主要表现在如下几个方面。

（1）网上银行的用户数量和交易规模迅速增加。我国对网上银行服务的开发与探索较晚，伴随着1997～1998年间的亚洲金融风暴，国内各大商业银行相继推出了网上银行业务。在严峻的金融形势下，得益于政府和银行业主管部门的大力扶持，国内网上银行仍然展现出了势如破竹的强劲势头，网上银行的用户数量与交易规模持续攀升。

（2）用户的使用热度提升。随着各商业银行网上银行应用的更新迭代，业务种类持续增加，用户黏性增强，用户留存率增加，用户不断增加，越来越多的留存用户都开始尝试除网上银行基本业务以外的各类业务。《2018年中国网上银行调查报告》显示，2018年，在地级以上城市里13岁及以上的常住人口中，网上银行的用户比例占53%，企业用户网银使用比例高达80%，其中28%的用户使用个人网银的频率明显增长，这表明用户使用网银的习惯逐渐养成。随着网银功能的不断更新迭代，用户留存率、用户黏性和用户使用热度持续攀升。对于许多网银用户来说，网上银行正在由新鲜产品转变为日常生活中及企业运营时的必需品。

（3）业务种类逐渐丰富，形成各自的品牌。近年来，伴随着国内经济基础的持续增长以及互联网技术的发展普及，各大商业银行网上银行业务的发展势头迅猛。通过研究用户习惯、市场需求，各商业银行不断更新自己的网上银行产品，将过去类型单一、服务有限的网上银行产品进行升级迭代，衍生为如今种类丰富、服务品种繁多的新型网上银行业务，并陆续形成自己独有的品牌，如中国工商银行的"金融@家"、中国农业银行的"金e顺"、中国建设银行的"e路"、招商银行的"一网通"等均在广大用户中留下了良好的口碑。

（4）外资银行已开始进入我国网上银行领域。自2001年我国正式加入世界贸易组织（WTO），成为其第143个成员以来，外资银行对中国金融业的广阔发展空间产生了浓厚的兴趣，开始持续关注并积极参与中国的网上银行业务，与国内银行展开了竞争。目前花旗银行（Citibank）、汇丰银行（HSBC）、恒生银行（Hang Seng Bank）等多家外资银行面向我国开通了网上银行业务，随着我国经济基础的高速发展和对外开放程度的逐步深化，在全球经济一体化过程中将会有越来越多的外资银行进入我国网上银行业务领域，参与国内网上银行业务的探索发展。

3.1.2 移动银行

1. 手机银行

（1）手机银行概述。手机银行是指商业银行基于移动通信技术开发的，通过移动通信网络和移动终端向用户提供各类银行金融服务的一种新型银行业务。这种新型金融服务方式结合了银行业货币电子化和电信业移动通信双方的优势，具有即时、高效和虚拟等特点。

手机银行突破了传统网上银行对时间和地点的限制，风险系数较低，已逐渐成为银行用户的首选。与网上银行、银行卡、POS 机、ATM 机一样，手机银行也属于无分支网点银行业务模式，是商业银行金融服务渠道中的一个重要业务模式。手机银行采用移动通信技术，将庞大的零售分销网络转化为每个独立金融服务网点，每个移动终端本身就相当于一个独立的微型虚拟化自助式营业网点，用户通过手机就可以快捷、高效地获取多种优质、可靠的金融服务。

手机银行继承了网上银行信息全网互联、数据高速交换等优势，同时还继承了"随时、随地、贴身、快捷、方便"等移动通信技术的独特性，延伸了金融服务业务的时间与空间，极大地减少了网点建设的成本和小额交易处理的成本，让低收入人群和偏远地区能享受到正规、优质、可靠的金融服务。此外，各商业银行通过手机银行的优化、更新，推出了手机号汇款、摇摇转账、二维码转账等新功能，对金融的包容性进行了扩展，同时也有利于银行开辟新的市场。

（2）手机银行的发展现状。目前手机银行的主要实现方式有短信服务（Short Message Service，SMS）、无线应用通信协议（Wireless Application Protocol，WAP）、手机 App 等，其中，SMS 方式是利用手机短信办理银行业务。WAP 方式是通过手机内嵌的 WAP 浏览器处理银行业务，仅需访问银行网站，无须安装任何手机软件。手机 App 方式即指将客户端软件下载至手机，安装后通过客户端软件的方式访问，从而实现手机银行的功能。目前，SMS 方式和 WAP 方式已逐渐退出历史舞台，手机 App 方式被广泛应用，为用户提供更多的传统型和创新型银行业务。

2005 年，国内由交通银行推出首款基于 WAP 应用的手机银行，历经数年的发展，手机银行的用户数量迅猛增长，并逐渐由 SMS 模式过渡到 WAP 模式，相较于 SMS 模式，WAP 模式的功能更为全面，用户使用更为便捷、高效、经济。次年 3 月，银监会颁布了《电子银行业务管理办法》以及《电子银行安全评估指引》，首次将商业银行推出的手机银行业务模式纳入监管体系。2009 年 8 月，中国工商银行在国内首个推出了 3G 版手机银行。时至今日，国内绝大多数商业银行均开展了手机银行业务。各商业银行手机银行基本实现了银行的查询、转账、支付、理财、缴费等多种基础功能。

随着移动金融业务在商业银行间的重视程度不断提升，手机银行的市场推广力度不断加大，显示出强劲的发展势头，截至 2018 年年末，国内五大商业银行的手机银行用户规模总数已超10亿人。易观产业数据库发布的《中国手机银行市场季度监测报告2018年第4季度》数据显示，2018年第4季度，中国手机银行客户的交易规模达到77.1万亿元人民币，环比增长8.8%。

正是这样一个庞大的市场和未来趋势，才引来各家银行纷纷加入这场激烈的竞争中，并通过打折促销等方式吸引顾客。从减免手机银行注册费，到更为实惠的转账、汇款手续费优惠甚至免费，低价策略成为银行间争夺手机客户资源的法宝。从另一个角度看，这种竞争也为广大用户带来了高效、便利、实惠的金融在线服务。

2. 微信银行

（1）微信银行概述。近年来商业银行的人力、土地等成本持续增加，零售业务的成本收益比走低，商业银行的经营成本增加，面临着严重的战略转型压力。同时，第三方支付平台和网络理财产品等互联网金融打破了传统银行"垄断"的市场格局，削弱了银行的吸储能力以及中间业务市场份额。因此，商业银行迫切需要改变传统的经营模式，创新金融服务以增加银行竞争力，正面应对来自互联网金融企业的压力，并积极应对它们的挑战，商业银行战略性转型工作迫在眉睫，这推动了微信银行应用形态的产生。

同时，日益旺盛的客户需求成为微信银行诞生的一个主要推动力。这些需求主要表现在两个方面。一方面，传统商业银行的网点分布、营业时间与银行用户碎片化的时间存在冲突，且网点柜台业务的工作效率低下，增加了很多客户的机会成本，使得客户在金融服务方面对电子化的需求与日俱增。另一方面，用户的生活方式受互联网金融的影响正在逐步改变着。余额宝、微粒贷等各种高流动、高收益的互联网金融理财产品正在挑战着商业银行的理财产品，而支付宝、微信支付等第三方支付平台的生活缴费、转账汇款、零钱理财等便利功能增加了用户对移动便捷的金融服务的需求，大大提升了用户对移动金融的期待。因此，各大商业银行将创新金融服务的重点放在了合理利用客户碎片化的时间上，从而满足用户的多元化需求。

微信银行是为客户提供便捷电子银行服务的平台和快速获取信息服务的渠道，客户可通过微信软件的公众号搜索功能关注服务号或扫描二维码关注。微信银行的功能主要分为需身份认证的服务和无须身份认证的服务两类。其中，网点导航、优惠商户、手机银行客户端下载、手机银行WAP版登录、银行热线等非账务类查询功能无须身份认证即可使用，余额查询、明细查询、立即转账、生活缴费、开户行查询等涉及账户操作的功能需先绑定账号进行身份认证。同时，微信银行搭载了智能机器人客服业务，客户通过微信银行发送文字或语音信息，询问各类业务问题，即可在线实时得到智能机器人客服的专业回答。

（2）微信银行的发展现状。目前国内各商业银行基本已对用户开通微信银行服务窗口，通过合理利用用户碎片化的时间，为用户提供便捷、高效、可靠的金融服务体验，同时借助微信银行成本低、效率高的优点有效减少了用户的机会成本，提升了用户满意度。微信银行在商业银行间的市场推广率较高，用户数量也不断增加。

1）微信银行的服务模式趋向个性化。各商业银行为了区分与他行的差异，纷纷投入精力于自主创新能力的提升，同时推出创新差异化服务。例如，如招商银行微信银行推出无卡取款服务，通过在微信上预约即可享受 ATM 机无卡取款；中国银行微信银行提供签证办理服务，可线上办理部分国家签证业务；中国工商银行微信银行提供 24 小时在线服务业务，客户有不懂的问题可实时与银行客服进行沟通解决。银行加快创新金融服务的步伐，不断开拓新业务以满足客户个性化甚至定制化的需求。

2）微信银行的发展模式逐渐多样。微信银行的基本功能包括信息推送、客户服务、产品营销三类。信息推送包括银行卡资金状况、利率、优惠活动等信息的查询和公布；客户服务指银行客服通过微信银行与用户进行实时互动，解答用户的疑问和接受建议投诉等；产品营销则是指通过微信移动端开展转发、问答等传统的互联网营销，以及基于定位服务实现线上业务与线下业务的 O2O 营销方式等。从最初的信用卡账单查询、还款等服务，到现在的生活缴费和微信理财等多样化、个性化功能，商业银行正在不断丰富微信银行的业务功能。

3. 银行微信小程序

（1）银行小程序概述。2017 年 1 月 9 日，微信发布了年度重量级平台"小程序"。在推出产品的第一天，很多服务企业快速上线了自己的"微信小程序"来抢占这一先机，金融行业中的基金、证券纷纷试水，银行紧跟其后逐渐推出自己的小程序，四大行以及其他商业银行分别在资讯、服务、功能性产品等领域，根据自己对小程序的理解，结合自己的特性试水小程序。

对于银行类的服务来说，具有线下场景的服务和功能才具有开发小程序的意义。在目前经济下行的大形势下，对公业务越来越难做，大部分银行开始进行零售转型，结合小程序的本质以及用户特征，分析银行目前的零售业务。从业务线角度来说，各家银行的小程序还是满足于零售业务，对公业务其实并不适用于小程序。零售业务可分为以下三类。

1）理财业务：实现理财产品的申购、提现、新用户转化或者网点预约，代表：微众银行（产品购买）、农行微服务（网点预约）。

2）信用卡业务：实现信用卡业务的网申、开卡、额度管理、优惠活动，代表：招商银行信用卡、浦发银行信用卡。

3）贷款业务：贷款的网上申请、额度评估，代表：招商银行房产估值。

（2）银行小程序的发展现状。从入驻"小程序"的银行来看，目前它们提供的金融业务及服务仍有局限性。目前形成的共识是，银行入驻"小程序"更多的是出于增加通道的考虑，和 App 互为补充。虽然个别金融机构的小程序与 App 功能比较接近，但多数银行的小程序只侧重某一方面。一些使用者也表示，银行的"小程序"功能较简单，基本集中于信用卡业务。对此，某业内人士表示，银行正处于尝试阶段，业务不会推得太快。

更多银行则继续观望。事实上，相当数量的银行均有各自的手机银行，目前发展成熟，培育了数量众多的忠实客户，入驻"小程序"的意愿不强烈。相关业内人士认为，用户通过使用手机银行可以在不限时间、地点的情况下以安全的方式处理多种金融理财业务，办理电子商务。商业银行通过发展手机银行业务，已经实现了网点柜台虚拟化，降低运营成本，提高盈利能力的目的。

也有银行人士表示，银行对安全性等级的要求较高，微信的"小程序"能否满足银行的要求，还需要进一步考量。

3.1.3 直销银行

随着我国信息化进程的不断推进，金融体制的不断深化改革，金融行业与互联网的结合不断深入，直销银行这一源自北美及欧洲等经济发达地区的新型银行运营模式顺应互联网金融大潮，逐渐被国内传统银行所引入并应用。在中国特色的金融环境下，各商业银行根据自身对国内金融环境与新型业务模式的不同理解，将传统银行与直销银行进行了有机的结合。两种模式在这个过程中不断摩擦，迅速融合。

1. 直销银行概述

直销银行诞生于 20 世纪 90 年代末，最初由金融业发达的欧美国家开办，在经受了数十年的互联网泡沫、金融危机等历练后，已经日趋成熟，成为国际金融市场中不可或缺的组成部分。同时，直销银行在国际和国内银行业中的市场份额不断增长，已经成为金融行业的主要盈利来源之一。

直销银行是指在互联网金融时代下应运而生的一种新型银行运作模式。这种银行运作模式具有无营业网点、不发放实体卡、业务活动不受时间和地域限制等特点，用户可以通过电脑、手机等移动终端，利用互联网、电话等远程渠道购买金融产品及服务，最终实现直销银行的业务处理中心与终端用户直接发生业务往来。

相比传统银行，直销银行的主要优势在于节省成本（包括网点、人工、时间等成本），减轻银行员工的工作压力，提高银行业务的办理效率，方便民众办理银行业务等。同时，日趋成熟且高度普及的互联网技术为商业银行直销银行的迅速发展提供了良好的基础，使该体系加快融入现有商业银行运营模式。

2. 直销银行的发展现状

直销银行属于一种完全依托于互联网、电话等远程渠道进行运营的银行业务服务模式，在互联网技术尚未完全普及之前，"直销银行"这一概念并未被银行用户广泛接受。直销银行在当时只是一种特殊的银行经营方式，但从20世纪90年代末开始，伴随着互联网技术全面发展与普及的浪潮，银行业销售模式迎来了全面变革，"直销银行"迅速普及并逐渐成为消费者日常使用的主要金融服务产品之一，特别是受到大多数依赖网络的年轻人的喜爱。以下简要介绍国外直销银行的发展特点及发展方式。

（1）荷兰国际直销银行（ING-DiBa）模式。荷兰国际直销银行是处于全球领先地位的综合性财政金融集团之一的荷兰国际集团（ING）在德国的全资子公司。该行能够向用户提供活期账户、储蓄账户、个人房地产金融及中间业务等多种金融产品和服务。荷兰国际直销银行是德国首家"直销银行"，也是目前全球规模最大的"直销银行"，可谓世界直销银行的鼻祖。其前身是1965年在法兰克福成立的BSV银行。从荷兰国际直销银行的发展历程来看，它基本上是整个德国直销银行发展的缩影。

（2）网通银行（Netbank）模式。网通银行在德国"直销银行"中的规模属于小银行，但其因直销业务的独特性发展，已成为欧洲国家第一家纯粹意义上的互联网商业银行。目前网通银行的核心业务是为客户提供免费的活期账户，用户可方便地使用活期账户来进行投资理财、证券交易、信用卡结算等金融业务操作。该银行完全依托互联网传播，不设立任何分支机构和网点，所有金融业务的办理都通过银行网页和电子邮件来进行。当然，如果因银行网络的技术故障而无法办理业务往来，用户还可通过传真或免费电话的方式与银行工作人员直接进行沟通，办理业务。网通银行在2013年9月率先推出德国唯一的无障碍互联网银行服务功能，该服务的实施，为超过65.5万的盲人及视力障碍者获得金融服务创造了便利条件，使他们可以通过个人电脑独立办理在线银行业务。

（3）德国信贷银行（DKB）模式。德国信贷银行成立于1990年，1995年被巴伐利亚银行并购，成为其全资子公司，该行总部设在柏林。德国信贷银行的主要业务包括银行卡业务、个人贷款和房地产融资，当中主打的金融业务是免费转账账户、信用卡、个人信贷，据统计目前该行的总用户数远超过390万人。其个人金融业务几乎全部依托于"直销型"网络银行来开展。

随着我国互联网技术的应用普及与互联网金融的兴起，金融行业的竞争格局日益加剧，国内银行业逐渐重视"互联网+"的发展趋势，各商业银行纷纷开始打造属于自己的网络营销渠道。银行业与互联网之间的关系愈发紧密，各商业银行纷纷在互联网这一没有硝烟的战场上亮出自己的武器，设立自己的直销银行已成为各大商业银行完善产品渠道的重要变革方向。2013年9月，国内第一家直销银行在北京宣布诞生，该银行由北京银行与其境外战略合作伙伴荷兰国际集团合作推出，并成为国内其他银行效仿的对象，它们也相继推出自己的直销银行。2014年2月28日，民生银行直销银行紧随其后宣布成立；2014年3月，兴业银行也推出了直销银行；截至目前，在国内商业银行中已有浙商银行、北京银行、南京银行、平安银行、珠海华润银行、兴业银行、民生银行、包商银行、上海银行等正式推出了自己的直销银行。下面简要介绍国内银行发展直销银行的模式。

（1）北京银行模式。北京银行是最早将目光瞄向直销银行的国内银行之一，它引进荷兰国际集团的直销银行模式。目前用户可以通过北京银行的直销银行，轻松完成开户签约、资金服务、投资理财和生活缴费等多项银行业务。作为直销银行业务服务的新起点，其开户签约服务流程简单，用户只需要通过现场的远程签约机就能快速完成开户签约的所有相关操作。在完成开户或签约后，客户可直接进入"直销银行体验馆"，通过网上银行、手机银行、自助设备、缴费终端等渠道，随时随地办理资金业务、投资理财业务和生活缴费业务。北京银行通过"互联网平台"和"直销门店"的结合方式，为用户提供了自助式、远程化的新型银行业务模式。

（2）民生银行模式。民生银行在2013年7月成立了直销银行部，并于2014年2月28日宣布旗下直销银行业务正式上线。民生银行的直销银行与阿里巴巴进行合作，依托淘宝网的电子商务平台，将电子账户与支付宝账户绑定，此举完全颠覆了传统实体网点的经营模式。民生银行自2014年2月推出自己的直销银行后，在半年时间内其直销银行客户总数已经突破100万人，直销银行条线的金融资产规模已突破180亿元，其直销银行产品如意宝的购买量累计超过1100亿元。民生银行于2014年8月初推出的2亿元额度的定活宝首期产品，在面世后不久就全部售罄，最快的销售纪录是单日仅用3分钟便销售了5000万元，足见直销银行强大的银行产品销售能力。之后，民生银行大量推出各种便捷、实惠的直销金融服务产品，并逐步建立和完善自己的产品种类，真正做到具备功能强大、产品丰富、用户体验优质的综合性互联网金融服务体系。

（3）兴业银行模式。兴业银行与民生银行同样是金融服务领域的带头人，在民生银行推出直销银行后的第二个月，兴业银行推出了自己的直销银行。兴业银行所搭建的直销银行体系的主要特点是更加注重用户体验。通过兴业银行的直销体系，用户可以持国内各大银行的银行卡通过电子设备，如台式机、平板电脑、手机等移动终端设备直接选购金融产品，免掉了传统操作中需要的注册、用户登录、跨行转账等烦琐步骤，真正实现一键购买，用户使用起来省时、省力、省心，另外用户还可以享受"一站式"在线理财规划服务，可通过直销银行账户随时随地查看、管理、调拨自己在各大银行中的资金业务。

到目前为止，多数商业银行开设的直销部门所涉及的银行业务一般包括存款、取款、投资、理财、基金、水电费、贷款等网上基本直销业务。其中存款、取款、投资、理财、基金、水电费等直销业务发展良好，其对客户的要求设定相对较为宽松。

近两年来，直销银行的兴起促使传统商业银行的整体格局及运营模式发生了全面革新，而在实际深入变革的过程中，直销银行模式不断暴露出在发展中的一些问题。因此，目前明确直销银行现有的以及潜在的问题对其今后的顺利发展具有重要的现实意义。

3.1.4 互联网金融

1. 互联网金融概述

互联网金融是指互联网企业或传统金融企业依托于云计算、大数据等互联网技术而产生的一种新型金融业务模式，其核心功能一般包括融资、支付和交易中介等。目前，互联网金融主要包括网络支付结算、网络借贷、股权众筹融资和网络证券等十余种业务，这些业务的共同特征主要表现为"虚拟化、一体化、高效性、直接性、普惠性与风险性"。其中网络支付结算、网络借贷、网络融资发展最快。互联网金融的运营场所及方式看不到、摸不着，能 7×24 小时地运行，用户只需操作终端接入互联网络，便能自助完成所有相关金融业务操作。它为用户提供了"全方位、差异化、个性化、多元化"的3A混业金融"一站式"服务，即用户能够在任何时间（Anytime）、任何地点（Anywhere）、以任何方式（Anyway）进行支付、融资和交易中介等金融行为。互联网金融迅速兴起，不仅与传统金融机构形成有效互补，更为中小企业提供了高效、可靠的融资途径，为民间融资提供了一整套规范化、阳光化、平台化的解决方案，为国内实体经济发展提供推力。

下面简单介绍几类互联网金融模式。

（1）第三方支付，是指具备一定信誉保障的独立机构，通过与银行签约，提供支付结算接口的交易平台。作为目前主要的网络交易手段和信用中介，第三方支付市场正在进入成熟期，迄今已有200多家企业获得了支付业务许可证，其中以支付宝、财付通、快钱、银联商务等第三方支付最具代表性。

（2）网络小额信贷，是指互联网企业将电子商务平台上积累的客户信用数据和行为数据映射为企业与个人的信用评价，批量发放小额贷款。网络小额信贷将大数据与云计算技术进行结合，从海量数据中挖掘出有用的客户信用等信息，具有"金额小、期限短、纯信用、随借随还"的特点。网络小额信贷的代表有阿里小额贷款、苏宁易购和京东商城供应链金融。

（3）互联网金融渠道，是指金融企业利用电子商务网站庞大的用户群，将金融产品和网络服务深度结合，借助互联网渠道向客户提供金融服务。用户可直接在网上购买货币基金等理财产品，获得相对较高的收益，同时这部分资金还能随时用于网上购物、转账支付等。相较于传统金融产品，该模式具有不设购买门槛、无手续费、随时赎回等优点。其中最具代表性的互联网金融渠道主要有余额宝、定存宝等。

（4）P2P网络信贷，是指P2P公司搭建网络平台，把资金的需求和供给信息直接在互联网上发布并匹配，资金供需双方直接联系，绕过银行、券商等第三方中介，为用户提供直接投融资服务，其本质是一种民间借贷方式。P2P网络信贷的代表有人人贷、拍拍贷、宜信。

（5）互联网金融门户，是指各家金融机构将金融产品放在互联网平台上，用户通过贷款用途、金额和期限等条件进行筛选和对比，自行挑选合适的金融服务产品，其核心本质是"搜索＋比价"。在这种模式下，互联网金融门户主要扮演信息中介的角色，本身不参与交易和资金往来。其中以融360、格上理财、平安陆金所等互联网金融门户最具代表性。

（6）众筹模式，是指项目发起人利用互联网和社交网络的传播特性，向公众展示自己的创意，争取得到足够的认同和支持，募集公众资金的模式。众筹项目以实物、服务或者媒体内容等作为回报，但不能涉及资金或股权。目前，我国的众筹平台多数带有公益和慈善色彩。众筹模式的代表有点名时间、追梦网。

2. 互联网金融的发展现状

（1）行业规模迅速增加。近年来，中国互联网金融行业迅速发展，以电商金融、创新型理财工具、移动支付、众筹等为代表的互联网金融行业呈现出爆发性的增长。2014年年底，中国的互联网金融规模已经突破10万亿元，第三方支付、P2P、众筹等互联网金融模式都得到了快速发展。

首先，以P2P业务为例。从各P2P平台成立的数量来看，自2014年以来，P2P全行业进入爆发式增长阶段，几乎平均每天就有三四家新设平台成立。截至2018年12月31日，零壹研究院数据中心监测到P2P网络借贷平台共6063家，其中正常运营的平台数量仅为1185家。从历年来的交易规模来看，中国P2P交易规模增长幅度逐渐下降。截至2018年年末，P2P网贷行业累计借贷总额约为10.27万亿元，其中2018年成交额约为1.94万亿元，同比下降50%，首次出现负增长。从行业人数来看，2018年P2P活跃借款人和投资人分别约为1252万人和1114万人，同比分别下降7.26%和10.88%。P2P行业在前几年的迅速发展后逐渐转入规范发展阶段，重新回归数字普惠金融的价值定位，为助力实体经济、解决小微企业融资难和融资贵等问题做出了显著贡献。图3-1为我国2014～2018年的P2P网贷交易规模。

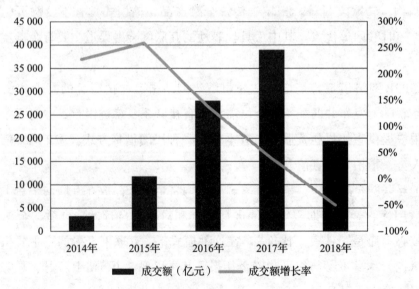

图3-1 我国P2P网贷交易规模（2014～2018年）

其次，以第三方支付业务为例。2013年以来，第三方支付行业整体交易规模持续增长，2013年中国第三方支付综合支付市场交易规模仅为13.9万亿元，至2016年交易规模突破百万亿元，2013～2016年复合增长率达到110.9%。经初步测算，2018年中国第三方支付综合支付市场交易规模达到312.4万亿元左右（见图3-2）。从2018年第1季度核心企业的市场份额中我们可以发现：银联商务市场份额为23.53%，支付宝为23.83%，财付通为10.14%，其余支付公司均未超过7%。从获得中国人民银行支付牌照的企业数量来看，截至2019年6月获得《支付业务许可证》的第三方支付机构已达238家。

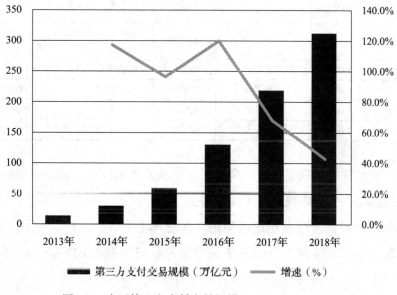

图3-2 中国第三方支付交易规模（2013～2018年）

（2）业态门类相对齐全。互联网始于1969年美国的阿帕网，欧美发达国家的金融体系比较完善、成熟。因此，其传统金融体系与互联网的融合较之其他国家，具有时间早、程度高的特点。互联网金融目前在欧美国家中的主要发展模式大致分为六种：互联网支付、P2P网络借贷、众筹融资、互联网银行、互联网证券以及互联网保险等。

中国互联网金融的发展历程要远短于欧美发达国家，但得益于中国经济的迅速发展、互联网技术的大规模普及以及金融行业的加速创新，中国互联网金融在近几年取得了迅猛发展。从研究中可以发现，中国互联网金融的发展模式涵盖了发达国家互联网金融发展的所有模式，业态门类较为齐全。从表3-2中也可以发现，中国互联网金融不仅发展模式门类齐全，且发展规模较大，尤其以第三方支付和P2P网络信贷发展最为迅速。由于受限于监管法规的不甚健全、创新意识的薄弱，从总体来看，我国的互联网金融发展模式与国外市场的模式结构基本相同，但是相比国外已经形成一定规模的互联网直营银行、直营保险和在线折扣券商等纯线上模式，我国尚处在起步摸索阶段。

表 3-2　中国互联网金融发展模式

业务模式	市场规模（万亿元）	主要参与者	发展阶段	行业特点	发展趋势
第三方支付	92 200	电商及电商平台商户	中期	大数据、云计算	超过银行支付
P2P	1 000	P2P机构、投资者和融资者	初期	投融资方直接对接	行业整合转型
众筹	100	平台、创业者、投资者	刚起步	创业者的天堂，人人都是天使投资人	推动中国的所有行业追上发达国家
网络小额贷款	5 000	电商及商户	中期	依托现金流贷款	电商平台商户发展
基金销售	6 000	散户及基金	中期	网络渠道	规模更大
金融机构创新	1 000	机构及投资者	刚起步	平台渠道	市场更广阔
财富管理	1 000	机构及投资者	刚起步	专业化的财富管理	市场无限大

（3）产业呈现集聚现象。互联网金融在快速发展的同时，还呈现出向金融发达地区集聚的特征，主要体现在以下几个方面。

一是 P2P 向经济金融发达地区集中。从总体上来看，2015 年年底 P2P 平台共有 3657 家，其中 1924 家平台仍处于正常运营状态。根据 P2P 借贷公司在工商局的注册信息来看，2015 年全国 31 个省市均有 P2P 平台设立；得益于优越的地理位置、开放的经济环境、良好的金融条件，平台数量最多的五个省市分别为广东、北京、上海、山东和浙江，其占比分别为 17.47%、15.86%、10.92%、9.73% 和 9.68%，且 P2P 平台数量均在 200 家以上（见图 3-3）。经过细化分析后可以看出，前 5 位省市的平台数量总额占全国 P2P 平台数量的 63.22%，即一半以上的平台都设立在了经济发达的省市；前 10 位省市的平台数量总额占全国 P2P 平台数量的比例则高达 80.47%。从区域来看，长三角地区的 P2P 平台数占全国总数量的 30.34%，珠三角所占比重达 20.31%，京津冀地区占全国总数量的比重则为 16%，三个经济圈占全国总数量的比重达到了 66.65%。

二是从 P2P 综合发展指数看，P2P 仍呈产业集聚的趋势。广东、北京、上海、浙江、江苏位居前五位，山东省虽然问题平台发生率较高，但该地区的网贷综合收益率也较高，使得安全收益得分高于平均水平，综合排名第六位。另外，按照成交因子、安全收益因子、流动性因子得分可以将 31 个省级行政区（除香港、澳门、台湾外），分为 6 大梯级（见表 3-3）。广东、北京、上海、浙江、江苏、山东等经济发展较快的地区的 P2P 综合发展指数均处于前三个梯队。

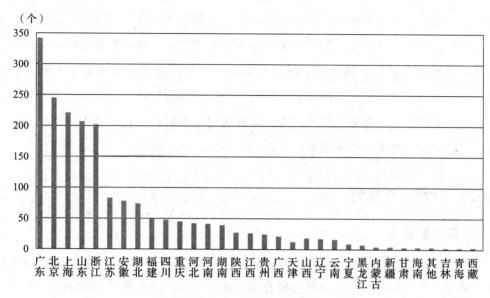

图 3-3 P2P 借贷公司的分布

表 3-3 P2P 综合发展指数

梯级	省市自治区
1	广东
2	北京、上海
3	浙江、江苏、山东、四川、安徽、福建
4	山西、宁夏、重庆、陕西、辽宁、吉林
5	河北、甘肃、贵州、天津、云南、新疆、内蒙古、河南、江西、黑龙江、湖南、广西、湖北、海南
6	西藏、青海

三是互联网金融龙头企业向经济发达省市集中。这一点在上海表现得相对突出。上海不仅是中国网络借贷行业的发源地,而且是各种创新模式的集大成者。在上海互联网金融机构中,很多企业在金融业内都是非常知名或者说是顶尖的,如中国首家纯线上模式的 P2P 平台——拍拍贷,中国首个大型金融集团开设的 P2P 平台——陆金所,最早创立网络信贷 B2C 模式、首个 OFA 在线融资贷款代理模式的 P2P 平台——融道网,中国首个网络信贷征信数据库——"网络金融征信系统"(NFCS),中国首个网络信贷服务业自律行业组织——上海市网络信贷服务业企业联盟。众安在线、中国银联、支付宝、平安陆金所、拍拍贷、点融网、东方财富、万得信息等均集聚上海。具体来讲,这一点主要体现在三个方面:一是第三方支付的表现最为突出。该领域 60% 左右的业务量、54 家企业汇集上海,特别是在行业内排名前十的公司中,有一半的总部位于上海,包括银联商务、上海汇付、通联支付、迅付信息、杉德等。二是 P2P 领域在国内居于领先地位。在 P2P 领域中目前相对活跃的平台在上海已有 80 余家,贷款余额近百亿元,在国内市场中占比居于

前列，但和第三方支付相比领先优势不明显，行业前十中仅两家位于上海，分别是陆金所和拍拍贷。三是互联网证券发展领先。东方财富、诺亚财富、好买基金等企业首批获得基金销售牌照并开展网上销售。很显然，在经济发展相对发达的长三角、珠三角和京津冀地区，由于它们具有相对良好的政府环境、资本市场环境、人才环境、法制环境、基础设施环境等，因此促进了互联网金融行业的快速发展，并向这些经济相对发达的地区集中。

3.1.5 传统业务创新

1. 网上营业厅

网上营业厅，顾名思义，是指通过采用真人视频与 Flash 技术相结合的方式将网上银行服务与物理网点体验紧密融合的新概念模式，具有生动活泼的互动形式与易用流畅的浏览体验。它是物理网点在互联网上的体现和用户体验的升级。网上营业厅与全自助式网上银行不同的地方在于，网上营业厅不仅拥有丰富的理财产品，还推出了真人版大堂经理，通过问卷调查的形式了解用户的投资风险偏好，从而引导用户完成金融产品的选择与购买过程。

银行持卡人通过门户网站进入营业厅，在足不出户的情况下即可在网上营业厅内办理所有日常业务，不仅能够购买基金、理财产品，还可以开通网上银行、短信通知、手机银行等，同时可以参与并享受银行的各类优惠活动。

网上营业厅还提供了基于微博、短信和邮件的分享功能，持卡人可以轻松将感兴趣的内容分享给自己的好友。

2. 智能网点

近年来，互联网金融的迅速发展加快了新型电子渠道取代传统物理渠道的步伐，银行网点渠道的地位受到挑战。为了充分发挥网点渠道的优势，银行正利用互联网、大数据、云计算、智能化设备等新型技术来提升物理网点的智能化，通过引入高新技术和先进理念的方式，推动商业银行的产品创新、服务创新和流程创新相结合，为用户提供更好、更快捷、更方便的服务，从而赢得用户、树立品牌、实现发展。在这一背景之下，银行智能网点建设成为银行渠道转型和创新的重要发展战略。

虽然目前各行新一代智能网点建设的方案各异，但都是以智慧化手段和新思维模式满足客户需求，通过业务流程再造和金融产品创新向客户提供高效、便捷的服务，达到提升效率、降低成本等核心经营目标。目前银行智能网点建设的几个特征如下。

（1）高科技提升用户体验。用户体验包含视觉形象、内部布局、客户动线、渠道配置、办理效率、营销方式、隐私保护、系统界面、人员素质、科技应用等多个方面。智能网点服务的核心理念是"以客户为中心"，凭借排队叫号机、智能机器人、智能互动桌面、交互柜员机（VTM）、智能柜员机（STM）等高科技的智能设备形成了业务流程整合和信息共享的银行新型客户服务体系。排队叫号机集业务分流、客户识别、排队叫号功能于一体；智能机器人能代替传统的大堂经理回答客户的各种业务问题；智能互动桌面带来了全新的互动方式；自助区的VTM使得客户可以在远程柜员的视频协助下，自助办理开户、电子银行签约、充值缴费等各项业务；STM作为一种以自助为主、人工服务为辅的网点渠道新模式，可以为客户办理几乎全部的传统柜面业务。在以智能设备为中心识别引导客户、主动服务的模式下，银行业务人员的工作方式由传统的"隔窗式"服务变为与客户的"零距离"交流，为客户提供更加舒适的服务体验。客户亲自参与到业务处理环节中，在网点人员的协助下完成开户、挂失、解挂等基本业务办理，简化了办理流程。新颖的数字媒体、友好的人机交互体验和快捷的交易流程，不仅丰富了客户的感官体验，还大幅缩短了业务处理时间，提升了客户整体服务体验。

（2）大数据增强客户洞察。智能网点将实现网点功能由核算交易主导型向营销服务主导型转变，可以将大量人力资源投入到更具挑战性、创造性和高附加值的营销、理财等业务中。理财产品和金融衍生产品的种类繁多、功能复杂，完成这些差异化、个性化、多样化的产品定制和营销不仅需要客户经理的业务素质，更需要得到大数据应用的专业支持，即需要对更全面的数据进行更智能化的分析。银行后台系统通过收集客户在线上、线下留下的交易信息与消费痕迹，借助大数据挖掘技术，分析临柜客户的交易行为、产品信息、使用评价、业务偏好等，精准识别出临柜客户的需求，再将数据实时上传至线上渠道，帮助银行网点人员进行精准营销和风险控制。同时，银行可通过对客户需求进行分析来寻找新的金融业务机会，结合新型产品和服务，增强客户的黏性。

（3）互联互通打造"一站式"平台。相对于互联网金融公司和其他金融机构，商业银行的优势在于，能够提供丰富的产品和服务来满足客户的综合金融需求。综合化的业务系统为智能网点的金融业务提供"一站式"的服务平台，该平台的基础是全面的互联互通，全面性体现在内部资源整合和外部资源共享两个方面。

内部资源整合首先是强调线上线下整合，将客户在电子渠道上产生的业务申请、营销线索、未办理完成环节等，利用客户到网点的机会进行交易落地；其次是打造网点内的信息共享和流程整合，实现客户和银行人员之间、网点内银行人员之间、网点和后台银行人员之间等多方面的协同；最后是智能网点通过打造 VTM、远程专家、移动营销终端，拓展网点服务边界，实现与网点内服务资源的整合。

从外部资源共享来看，智能网点成为社会化共享渠道，承载代收代付等中间业务，满足民生基本需要。社区化也是智能网点的一个发展趋势，银行网点将金融、物业、小区的便民服务进行整合，为社区居民提供生活化的网点场景和便利服务，为小微商户提供更有针对性的金融优惠和融资服务，实现区域化精准营销，提升整体经济效益。

3. 移动运营

移动运营产品让原本需要在柜台办理的多项业务，通过新型自助终端设备、PDA 等都能够轻松进行自助办理。下面简单介绍一下移动智能柜员和移动运营平台。

（1）移动智能柜员。银行移动智能柜员是一个只有小型行李箱大小，可提供自助办理开卡、签约业务等功能的新型移动智能终端。在自助办理借记卡开卡、手机银行签约、账户即时通签约、ATM 转账签约、钱生钱签约、个人网银签约、首次风险评估签约等多项业务时，再也不需要排队叫号，通过移动智能终端，全程无须填单，交易确认无须签字，电子化处理，可在两分钟内快速完成交易，方便而快捷，并且支持有线、无线等多种网络。此外，该终端小巧，能够更多地在银行网点、社区等地方分布，实现智能化的全网覆盖。

（2）移动运营平台。移动运营平台作为一种崭新的运营方式，具有方便、快捷、安全、高效等优点，市民足不出户，即可体验到多项只有在银行网点才能体验到的服务。银行员工只需手持 1 个 PDA 设备，就可以在任何时间、任何地点为客户提供安全有力的银行服务，为客户提供 9:00 至 21:00 无间断的业务处理服务，客户可随时随地享受银行带来的零距离贴心服务。

3.2 银行互联网应用安全现状

3.2.1 银行互联网应用安全外部威胁态势分析

当前，全球金融行业遭受网络安全威胁及黑客攻击的情况愈演愈烈，国内银行业同样面临来自国内外的各种各样的网络安全威胁。主要威胁态势：一是互联网网络攻击明显呈现出"道高一尺，魔高一丈"的态势，使得银行业信息安全形势不容乐观；二是软硬件缺陷或漏洞威胁，大部分银行的核心关键领域仍然依赖于国外厂商的产品和服务；三是针对金融行业的有目的性、有利益驱动的各类渗透性攻击频发，相关攻击手段与途径已形成网络黑色产业链；四是区块链、云计算、金融大数据、移动互联、直销银行等新技术、新业态带来安全挑战，传统的安全防护机制与体制需要不断升级与调整；五是外部合作或外包业务带来的关联风险和传入式风险增多，相关安全技术和管理的措施需要持续深化；六是国内网络犯罪法治环境不足，《网络安全法》目前处于实施初期，各行业和社会公众对它的认识仍有待加强，国家网络空间法治建设任重道远。

下面分别以网上银行、手机银行、微信银行以及互联网金融为例介绍银行互联网应用安全风险形势。

1. 网上银行安全风险

随着信息化与传统银行业的深度融合，近年来网上银行的发展突飞猛进，呈现出用户规模不断扩大、交易规模阶跃式迅速增长、网银替代率增加的显著特点。据统计，网银业务的广泛应用使得银行柜面业务替代率已达到80%以上，并且还在不断地发展。银行本质上是经营风险的企业，在提供服务的过程中必须管控好各类风险，才能更好地为用户服务。故此，网上银行的风险亦不可忽视，近年来与网上银行相关的操作风险和客户因办理网上银行业务而造成损失的事件频频发生。网上银行主要面临以下几种风险。

（1）技术安全风险。一是网上银行客户端安全认证风险。网银客户端使用证件号码、用户名和密码登录，一旦用户的计算机感染病毒、木马或者被黑客攻击，如果没有进行安全认证，网上银行用户所做的所有操作，都会被发送至控制用户计算机的服务器后端，严重影响网银客户端用户的银行账号和密码安全。常见的钓鱼网站就是通过键盘记录或者屏幕录制等方式，将账号和密码信息传输至黑客指定的服务器中，危及用户资金安全。

二是网络传输风险。商业银行网上银行业务一般通过互联网在银行和用户之间进行数据传输，在这一过程中加密处理是不可或缺的，一旦网络传输过程被攻破，或者加密算法被攻击者破译，将使得用户的账号、密码、资金等敏感信息在攻击者面前如同明文传输，造成严重的信息泄露，严重影响网银用户信息安全，同时将对商业银行的信誉造成不可估量的损失。

三是系统漏洞风险。网上银行的应用系统和数据库在技术上不可避免地存在一些系统漏洞。攻击者往往利用这些漏洞，对网上银行应用系统实施攻击。

四是数据安全风险。网上银行信息系统的数据在保存、处理和传送过程中要求保持绝对的机密性、完整性、可用性。用户基础信息、支付信息、数据交换信息、业务处理信息等的泄露、丢失和篡改都会对银行造成无法挽回的损失。所以确保数据输入和传输的完整性、安全性和可靠性，防止数据非法篡改，监控数据非法操作等已经成为商业银行网上银行信息系统安全防护工作的重点内容。

（2）管理安全风险。一是系统应急风险。银行在系统建设和运行中，应不间断地按照业务运行应急计划进行演练，制定应对电力中断、地震、洪水等灾害的措施，加强系统运行的稳健性。

二是内部控制风险。网上银行的内控制度是指通过流程或制度将网上银行日常运行的处理过程规范化，一旦该流程或制度执行不到位，将会造成网上银行在运行过程中或者业务操作上出现问题，比如由单个运维人员完成对账户密码进行重置或者对账户信息进行调整等，将会对网上银行系统造成极大的信息安全风险。

三是外包管理风险。由于自身的人才不足、技术能力有限，网上银行在系统运维和开发过程中，很多是通过采购第三方外包服务的方式来弥补自身的不足。若外包服务管理不当，将直接给银行带来潜在风险，甚至会造成重要数据的泄露。

2. 手机银行安全风险

伴随着手机银行在便捷性、易用性和实时性等方面与生俱来的优势，其在信息传送、存储、处理等方面存在的安全风险逐渐暴露。手机银行安全风险主要涉及信息传输安全风险、服务器端安全风险和客户端安全风险等三个方面。

（1）信息传输安全风险。目前手机银行的传输主要依赖无线局域网或移动通信网络等互联网接入方式，从而实现用户客户端与银行服务器端应用系统的通信。对于无线局域网接入而言，常见的接入方式包括家庭 Wi-Fi、网络运营商 WLAN 网络等，在这当中可能存在着数据泄密、中间人篡改等风险。举例来说，用户通过接入某个攻击者建立的 Wi-Fi 网络使用手机银行。在此过程中，攻击者可尝试通过网络嗅探抓包工具截取用户发送的数据包。如果此前银行未对数据包进行加密或完整性校验，那么攻击者就能从中获取密码、验证码等鉴别信息，甚至是交易金额、账务情况等财务信息。同时，攻击者还能在篡改数据包中的相应字段后将经过篡改的数据包发送给银行，实施中间人攻击。

与之相似，攻击者可通过在用户和网络运营商之间建立仿真基站（即俗称的伪基站）或使用全频扫描设备实现在移动通信网络中的数据截取与篡改。

可以看出，无论采用何种形式进行连接，作为开放的电子通信系统，无线局域网和移动通信网络都可能遭到黑客的攻击。因此，完全依赖网络运营商提供的安全保障措施显然是不够的，商业银行仍需要对其手机银行系统采取针对性的安全防护措施。

（2）服务器端安全风险。针对手机银行服务器端的安全风险，各商业银行若在前期的设计阶段考虑不周，从而导致系统出现潜在漏洞或缺陷，在后期的运行过程中将会引发大量安全问题。最终不仅会给银行客户造成经济上的损失，还将给商业银行本身及相关机构带来严重的经济及声誉损害。

在系统的实际运行过程中，针对手机银行系统的外部入侵事件（如网络攻击、病毒感染、黑客侵入等）及内部安全事件（如员工误操作、设备故障、网络中断等）都可能导致系统的业务连续性中断。这就需要各家银行在其日常运维及人员管理等环节投入足够的资源和精力加以管控。此外，值得注意的是，尽管手机银行被视作网上银行业务形式的延伸，但其安全架构与网上银行大体一致。不过随着手机终端软、硬件的不断更新迭代，商业银行会不断升级其系统。在这一过程中产生的相应的技术漏洞及管理盲区，也将给手机银行信息系统带来一定的风险。

（3）客户端安全风险。作为手机银行业务的终端展示，用户最直观的感受和体验均来自客户端，因此客户端的安全就显得尤为重要。然而，相较于银行服务器端而言，客户端安全显得有些薄弱，主要存在如下几种风险。

1）密码保护机制薄弱。2016年年底的一次公众调查结果显示，仍有大量的手机用户并未给他们的手机设备设置密码，或仅仅设置了如"1234""0000"之类简单易猜的弱口令。这就意味着如果用户遗失手机，任何获取其手机的人都可能轻易地访问手机上的应用。为此，各家商业银行都为自己的手机银行客户端设置了用户认证环节，用户每次打开手机银行都需要输入具有一定复杂度要求的口令以进行身份认证。然而，许多用户并不具备勤换密码的意识。有的用户为了便于记忆会将同一密码反复使用——无论是网银、电子邮箱、网购账号，还是论坛以及游戏账号，都使用相同的密码。这无疑给不法分子实施撞库、社会工程学攻击等提供了可乘之机。

2）恶意程序。近年来，随着智能手机的迅速普及，各商业银行顺势推出了支持 iOS、Android 或是 Windows Phone 系统的手机银行服务。这就意味着在这样一个智能、开放的系统平台上，手机银行客户端将会与各种各样的应用程序同时存在。恶意攻击者显然不会放过这样一个绝佳的环境，于是一些欺诈性程序或是捆绑了木马、病毒的恶意应用被攻击者编译传播。如果用户下载并安装此类程序，他们的个人隐私、财务信息甚至是账号密码都将面临风险。

3）更新不及时。各家银行会不断跟踪、维护其手机银行系统，并向用户提供相应的更新文件。在这些更新文件中除了有对客户端功能的增加或提升之外，往往还包括安全方面的更新。手机银行服务器端通过互联网将更新信息推送到用户的客户端，借由终端设备发送通知提醒用户更新客户端程序。

值得注意的是，有些用户具有较强的安全意识，他们在开通手机银行服务时慎之又慎，也不断表示出对手机银行安全性的顾虑。然而，即使是这类"警惕"的用户有时对于软件更新也显得有些松懈。这就可能在无形中使得自己的客户端处在"亚健康"状态。

（4）隐秘信息存储。随着移动终端设备的更新换代，人们会更频繁地更换手中的手机或移动设备。如果手机银行用户在出售或废弃这些移动设备前，未及时清空设备上的应用程序、敏感信息或文件，那么恶意人员将从中挖掘出该用户的个人信息、人脉、资源、生活习惯等敏感的个人数据。攻击者将利用这些敏感信息，实施社会工程学攻击，给用户带来不可估量的经济损失。

3. 微信银行安全风险

作为目前最热门的移动互联网社交平台之一，微信用户数量庞大，与此同时，微信银行随之产生。但微信银行存在不少安全隐患，应引起广大微信用户和相关部门的关注。

微信银行主要面临以下几种风险。

（1）个人信息泄露风险。微信银行的信息泄露风险主要包括：一是认证鉴权设计导致信息泄密。部分商业银行的微信银行用户在绑定该行银行卡后，在无须输入交易代码和查询密码的情况下即可查询本人的账户余额或交易信息，存在信息安全隐患。二是移动终端遗失导致信息泄密。如果用户在进入微信银行时选择了"记住信息"，那么用户在微信上的身份信息将一直存在。一旦手机丢失，信用卡账单的摘要、积分等个人信息将会直接泄露。三是微信账号丢失导致信息泄露。如果用户不及时清空信息，那么银行推送给用户的余额、交易等信息将一直存在于用户与银行的聊天记录中，同时由于用户的银行账号已经绑定到微信账号，所以一旦微信账号被盗，那么客户的银行信息也将一览无余。

（2）系统安全性较低。微信银行集合了银行和微信两方面的系统，软件来自两个不同的开发商，从系统安全的角度看，其加密、安全独立性要弱于只有一家开发商的手机银行。

（3）微信管理存在漏洞。微信对用户的认证途径较多，随便注册一个手机号、QQ号就能开通微信账号，假冒用户大量存在，真假一时难以分清。一旦微信银行用户的警惕性下降或认证失误，将造成人身及财产损害。

4. 互联网金融安全风险

互联网金融安全风险是指从业机构在经营过程中，由于制度因素和非制度因素，致使资金、财产、信誉等遭受预期、非预期或灾难性损失的可能性。它既有道德、市场、信息安全信用等各类风险，又有网络技术的新特征：一是由于使用了云计算、大数据等新型互联网技术，信息安全风险无处不在、防不胜防，信息安全风险极高；二是一旦任意网络节点出现微小的差错或风险，便能快速地传播、聚集、放大到局部乃至整个行业，具有超强的传染性与感染性；三是完全虚拟化、不可预知、隐蔽性强，互联网金融在提供便利的同时，易引发影响更大、更广、更深的金融风险，防范与处置的复杂度及难度极大。互联网金融的主要安全风险有如下几种。

（1）数据信息风险。互联网金融主要依托于数据中心、云计算和大数据进行信息挖掘、分析与共享，实现科学的预测与合理的判断。随着交易的爆炸式增长，从业机构要对客户的线上和线下交易等各方面信息进行广泛、全方位的搜集，通过相关数据模型，科学分析并保存。对这些海量信息管理不当，将会造成客户个人隐私信息的"泄露、丢失"。很多从业机构没有在"采、传、存、密、用、毁"等各环节建立起保护大数据的有效机制，使得数据信息风险日益加剧。

（2）黑客攻击风险。由于互联网的开放性，黑客能随时攻击含有大量客户个人与账户信息的各类网站，窃为己有。现在，全国平均每天都有一个P2P平台（网络借贷）因受到黑客的恶意攻击而面临倒闭。据世界反黑客组织的通报，中国的P2P平台已成为全世界黑客宰割的羔羊。

（3）漏洞与缺陷风险。系统软件存在各种漏洞与设计缺陷，后果可怕。据某漏洞平台统计，仅P2P平台自2014年1月至2015年8月就共发现、收到402个漏洞报告。其中，有226个属于影响资金安全的高危性漏洞，占比高达56.2%。有些系统缺陷甚至会导致系统瘫痪与崩溃。

（4）密码风险。部分用户的密码属于弱口令且长期未变更，对于将自己所有的账户设置为安全级别较低的同一密码的用户，黑客一旦攻破其中一个账户，就等于击破其所有的"防线"，便能轻易盗走用户的信息、验证码，最终转账、盗刷用户的资金并变现。

3.2.2 银行互联网应用安全风险应对

1. 网上银行风险应对

网上银行业务能够顺利开展、持续进行的前提是要有足够的安全保障，当前网络信息安全所面临的问题也是网上银行亟待解决的问题。要做好网上银行的风险防控工作，应着重从以下几个方面入手。

一是加强系统安全性。建设网上银行的关键环节就是保证网上银行系统的安全性，银行应定期从物理安全、网络安全、主机安全、应用安全和数据安全等多个方面对网上银行进行入侵检测和网络渗透检测，防范系统被入侵和攻击。

二是加强业务审计力度。审核检查与监督要贯穿商业银行网络银行业务操作与管理的所有环节，既要有非现场的事后集中检查与监督，也要有现场实时在线检测与监督，这是有效防范操作风险和道德风险的必然要求。同时，对账户性质、资金流动等内容要加以限制。例如，只能活期账户互转，或同一客户的账户间转账。不同品种的单笔交易额应对当日累计交易额等进行限制。

三是完善内部控制体系。网上银行信息系统的内部操作人员对系统及其权限更为了解，所以网上银行系统更容易受到银行内部人员的侵扰。因此，银行更应注重加强内控管理，防止来自内部的网上银行业务风险。建立有效的内部控制体系，除了合理的安全技术以外，还需要建立人员管理制度、风险预警制度、信息保密制度、系统维护制度、数据备份制度、重大事项报告制度等规范，确保网上银行系统有序、正常运行。

四是加强外包服务管理。商业银行的网络银行信息系统在开发和维护上采取外包模式，考虑到网上银行数据的重要性，加强系统外包服务管理尤为重要。第一要选择稳定可靠、综合能力强的网上银行外包服务商；第二要做好外包技术服务商的合同管理，规范和明确网上银行的外包服务内容；第三要确保银行等重要数据的安全性，对外包服务人员严格管理；第四要加强外包服务的过程管理，严格监控外包服务，随时了解外包服务状态；第五要加强网上银行外包团队建设，建立良好的外包沟通机制。

五是完善事前、事中和事后防御机制。针对网上银行的防御手段可以分成事前预防、事中防御、事后审计追踪三个阶段。针对事前预防阶段，可以使用网银安全助手、密码控件等客户端防范手段，同时使用IC卡和USB卡等证书认证方式，通过证书验证客户身份，确保其真实性，防止其他人员非法使用。证书具有不可复制性，仅由用户自己保管和使用，只要物理证书不丢失，就能确保资金安全。同时还需对键盘录入、SSL 安全加密、反钓鱼等进行客户端的预防，有效防范恶意人员利用木马、病毒进行攻击，进一步提升用户在客户端的安全体验，增加用户使用网上银行的安全信心。针对事中防御阶段，可以采集、分析交易信息，主动防御，发现和终止身份冒用、套现、虚假交易等风险，如使用反欺诈交易平台等。针对事后审计追踪阶段，可以利用网银的内部交易日志进行审计分析。

六是用户自身要提高信息安全防范意识。网上银行的安全涉及每一个用户的财产安全，除了银行需要对用户进行网上银行安全的宣传、推广和教育以外，用户自身也要提高信息安全防范意识，经常关注网上银行的一些使用常识和金融安全知识。如果网上银行用户能在安全意识上有所加强，在使用网上银行的过程中时刻保持清醒与警觉，那么很多网上银行的风险事件其实是可以避免的。

2. 手机银行风险应对

根据手机银行安全风险分析，得出手机银行安全保障的要点，主要集中在服务器端、信息传输、客户端三个方面，每个方面应对的关注点和安全技术措施都不一样。结合以往管理手机银行安全的经验及措施，将手机银行的信息安全解决之道总结如下。

（1）服务器端防范机制。除传统服务器层面的安全防护以外，需关注的安全重点在于：一是逻辑控制，严格控制水平权限、垂直权限之间的管理，避免出现越权行为；二是会话管理，确保会话表示的唯一性、随机性和不可猜测性，会话过程维持认证状态，防止非授权访问，并对超时会话自动终止；三是 Web 攻击防范，在服务器端对提交的数据进行有效性、完整性安全检查，避免提交的数据被修改，过滤其中的非法字符，并对输出的数据进行安全处理。

（2）信息传输防范机制。配备金融加密机，使用较高强度的加密算法对敏感数据的传输和存储进行加密，另外在通信层面使用 SSL 等协议建立加密通道，采用完整性保护措施，如证书、校验码、密码等技术，对数据的完整性进行校验，防止中间人攻击。

（3）客户端保护机制。目前手机银行客户端通常以应用程序的方式呈现，主要从以下几个方面进行防范：

1）客户端自保护。

- 程序防篡改，防止恶意人员通过修改客户端软件实施恶意攻击行为。手机银行客户端程序在设计之初需要包含准确的检测和预警机制，一旦出现因为程序篡改等非法操作而导致的程序异常状况，能够及时通知、提醒用户。

- 对接口函数进行合理的封装，使其函数无法被其他程序非法调用。
- 具有抗逆向分析防护措施，采用程序混淆机制等，能够防范攻击者对手机银行客户端程序的反编译调试、分析和篡改。

2）身份鉴别。

- 客户端要求设置高强度的口令，如要求用户口令必须为数字、字母（大小写）、特殊符号等两种以上混合；对重要操作、大额支付及重要信息修改等操作应采用双因素认证机制，如静态口令＋动态口令，并设置独立的支付密码，保证支付密码和登录密码不同。
- 客户端要求提供连续登录失败锁定和超时退出机制，如手机银行登录密码连续输入错误6次、交易密码连续输入错误3次，系统将自动锁定密码，在10分钟内未使用手机银行将自动退出。
- 客户端需要禁止保存登录及支付口令，另外禁止提供自动登录功能，降低非授权人员使用的风险。

3）数据保护。

- 客户端在显示账户号码时，对账户号码全部或部分字段予以屏蔽。
- 客户端软件不存储或仅存储最少的敏感信息，非必需的客户身份认证信息（如PIN、银行卡磁道信息、CVN、CVN2、交易密码、账户名、用户登录密码、用户详细信息等）不予保存，手机内存无敏感信息残留，当数据上传后，实时清除本地数据等。
- 对口令等敏感数据以加密形式存储，客户端在输入用户口令等认证或敏感信息时，应用软件界面需采用密文形式显示，并在输入数据时使用程序自行设计的专用软键盘等安全措施，防止用户输入的数据被手机的其他设备或恶意程序非法获取。

4）预警和风险控制。

- 手机银行客户端需提供设置用户预留信息功能，如上次的登录日期、时间等，当交易处理异常后向用户提示出错信息，并提供回退机制。
- 针对交易支付功能进行限额设计，用户可根据自身情况对支付、缴费、转账、汇款、外汇买卖等涉及大量资金的金融业务灵活设置自己的交易限额。

❑ 提供详细日志和数字签名技术，以加强抗抵赖功能。

❑ 对于重要操作，对用户给出风险提示，防止用户误操作等。

3. 微信银行风险应对

根据微信银行安全风险分析，得出微信银行安全保障的要点，要做好微信银行的风险防控工作，应着重从以下几个方面入手。

（1）加强登录授权认证机制。针对首次登录后无须再输入密码的使用场景，出于对客户信息安全的考虑，要增加相应的流程，如增加账号登录确认信息环节，另外完善支付方式，如动态密码、手机短信、人脸识别、指纹认证、微信U盾等，确保用户的支付安全。

（2）加强风险预警，强化内部控制机制。第一，商业银行要完善内部控制组织框架，将微信银行纳入商业银行风险控制体系中，并明确管理层与风险控制部门等的职责，加强微信银行的风险防范；第二，商业银行应针对微信银行建立单独的风险监测与预警制度，当发现客户资金异常交易时，迅速冻结账户并及时通知用户，防止用户资金遭受损失；第三，商业银行应不断创新技术手段，强化微信银行系统，规范操作流程，增强系统抵御病毒等外部攻击的能力，提高微信银行的安全系数。同时，商业银行应要求腾讯公司不断完善微信账号的管理制度，注重审核申请银行的身份信息，取缔非官方公众账号，努力营造安全的使用环境。

（3）提高客户的风险防范意识。一方面，商业银行应针对微信银行用户实行注册登记实名制度，并加强对消费者的金融教育。商业银行应利用微信平台定期宣传金融安全知识，普及诈骗手段，提醒客户注意防范风险。另一方面，用户须了解微信银行的不足，在安全的环境下使用微信银行，谨慎点开陌生链接和扫描未知二维码，在通过微信银行进行资金支付时要认准"安全支付"等字样。同时，客户应时刻注意密码的设置和手机的保管，保证微信账号和手机的安全，杜绝信息泄露风险。用户还应将微信银行和网点银行等综合使用，切忌因过分追求便利而放弃其他渠道的服务，从基本层面防范风险。

4. 互联网金融风险应对

根据互联网金融安全风险分析，得出互联网金融安全保障的要点，主要集中在法律法规、监管机制、技术防范、安全意识等四个方面，每个方面应对的关注点与防控措施都不尽相同，应结合以往信息安全防护建设的思路，落实这四个方面的风险应对工作。

（1）建立健全相关法律法规。互联网金融的发展应当有一整套完备有效的互联网金融相关法律法规体系来进行监督和指导。首先，应对当前的法律法规进行补充和完善，针对互联网金融相关法律法规中与其发展相矛盾、相冲突的条款进行修正和完善。其次，应及时对互联网金融相关法律法规监管空白的地方制定出对应的法律法规条款。最后，应当规范当前的互联网金融市场，制定统一、公正、公平、公开的交易规则，有序、有效地指导各相关企业、机构的互联网金融业务。

（2）建立健全监管机制。为加强互联网金融管理必须建立健全相关监管机制，将监督管理工作落实到每一个环节。在实际落实的过程中必须严格按照相关规范执行，不能与原则背道而驰，以积极规范的理念为指导，在不断发现问题和解决问题的过程中，促使监管制度日趋完善。与此同时，金融机构需要加大投入力度，定期开展专业技术培训活动，不断提高监管人员的专业素养。此外，可以借鉴国外金融机构的优秀监管方法，取其精华，建立合作，制定相关行业规范，共同维护金融行业的健康发展。

（3）强化安全技术防范。技术支持对互联网金融的发展尤为重要，针对互联网金融业务系统存在漏洞的问题必须通过技术手段不断改进。专业的安全防范技能能够不断提高应用系统的防御能力，抵抗外来的侵袭，从而确保系统的安全。首先，金融机构需要通过不断的学习沉淀来提高互联网技术，在确保其与时俱进的同时提高其可控性和实操性；其次，建立健全风险评估机制，定期进行风险评估，有针对性地制定不同的应对措施，制定完备的防御系统，尽量将隐患扼杀在摇篮里；最后，重视外来防范，强化加密技术，采用多种手段强化系统安全。

（4）提高安全防护意识。要使互联网金融的安全问题得到解决，首先要提高安全防护意识，只有认识到互联网金融安全问题的严重性，才能进一步采取安全措施，不断完善良性循环，从而实现互联网金融的可持续发展。这就要求金融机构摒弃传统思想，多学习互联网金融安全知识，确保认识与时俱进，立足于长远发展，不能急功近利；并且要对相关的工作人员加大安全意识培训力度，让每一个员工都充分认识到互联网金融安全防护的必要性，在实际操作中把"安全第一"落到实处。

第4章

应用安全生命周期风险控制体系

4.1 应用安全风险控制基本理论

随着互联网的快速发展，传统的安全技术手段已不能满足现阶段的安全需求，我们需要一个合理、有效的方法作为新的依据。在这样的背景下，业内开始提出应用安全开发生命周期、信息系统安全风险分析和信息系统安全风险控制等理论。下面我们重点介绍一下应用安全生命周期风险控制体系下的几个理论。

4.1.1 安全开发生命周期理论

安全开发生命周期（Security Development Lifecycle，SDL）由微软最早提出，在软件工程中实施，是帮助解决软件安全问题的一种方法。SDL 是一个安全保证的过程，其重点是软件开发，它在开发的所有阶段都引入了安全和隐私的原则。自 2004 年起，SDL 一直都是微软在全公司内实施的强制性策略。

SDL 强调在业务系统的开发和部署过程中对应用安全给予充分的关注，通过预防、检测和监控措施相结合的方式，降低系统安全开发和维护的总成本。SDL 开发流程如图 4-1 所示。

SDL 开发流程涵盖了软件开发生命周期的整个过程，SDL 的核心理念就是将安全融入软件开发全生命周期，在软件开发生命周期的每个阶段中，安全始终涵盖其中，每个阶段、每个环节都必不可少。SDL 在各阶段的主要风险控制手段如图 4-2 所示。

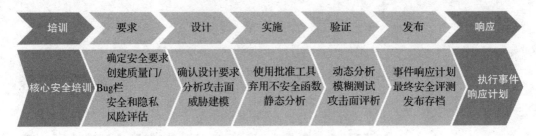

图 4-1　SDL 开发流程

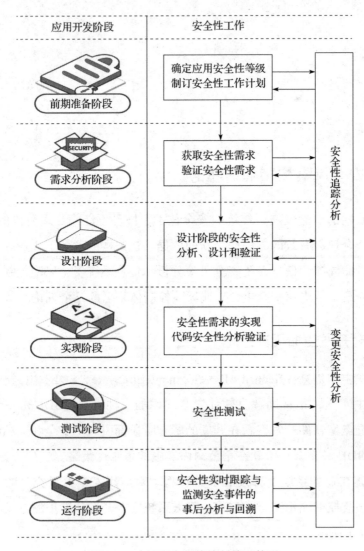

图 4-2　应用安全风险控制管理体系

（1）前期准备阶段。该阶段主要开展确定应用安全性等级和制订安全性工作计划两项工作。安全性等级决定应用在后续的工作中采取的安全性相关技术和管理手段的强弱；安全性工作计划将对后续的所有安全性工作进行有效的规划，并对过程中的工作提出具体要求，因而这两项工作是后续一切应用风险控制的基础。

（2）需求分析阶段。该阶段主要开展获取安全性需求和验证安全性需求两项工作。获取应用安全性需求主要是根据已知的系统信息，如应用风险漏洞等，以及其他一些相似系统的约束条件和通用惯例，来完成通用软件安全性需求的裁剪和特定安全性需求的获取工作；验证安全性需求主要是通过数据流分析、控制流分析、形式化验证等分析方法完成相关验证工作，最终获得相对完整、正确的软件安全性需求集合。安全性需求的确定是整个安全性工作以及风险控制管理工作的关键，它是开展后续安全性设计、实现与测试工作的依据。应用发生安全性问题多数情况是由于安全性需求获取不完全所导致的，如对防御手段失效和各种异常情况的处理考虑不完善等。因此，对该阶段的工作应予以高度重视。

（3）设计阶段。该阶段主要开展设计阶段的安全性分析、设计和验证三项工作。分析工作包括利用更多的设计信息对前一阶段已开展的安全性分析工作进行更新，从而发现新的危险，通过对部件/单元进行关键性分析，来明确安全性关键部件/单元，以提供给后续的设计工作，从而加强该部件/单元的安全性设计；设计工作主要是根据安全性设计准则开展系统概要设计和详细设计，特别是对于分析出的安全性关键部件/单元，要利用各种容错设计以保证其安全性；验证工作主要是采用独立性分析、追踪性分析等方法来确保安全性需求全面地在设计中落实。

（4）实现阶段。该阶段主要包括安全性需求的实现和代码安全性分析验证。对安全性分析和设计阶段中的各种防止风险的措施在应用实现阶段才真正落实，并且要采用恰当的编码标准以保证安全性；代码安全性分析验证是针对代码，对其逻辑、接口、数据、规模、复杂性、资源使用情况等进行深入、细致的分析，以验证代码的安全性。

（5）测试阶段。该阶段主要开展安全性测试工作，安全性测试的重点是验证所有的安全性需求是否都正确实现，确定应用安全性的薄弱环节，发现在极端条件及异常状态下导致安全问题的应用漏洞，为安全性需求的完善提供依据。软件安全性测试不同于常规测试，而是对常规测试的补充。

（6）运行阶段。该阶段主要对已经在线运行的信息系统进行实时跟踪，以监测其安全状态，并对已经发生的安全事件进行分析与回溯。其中实时跟踪、监测工作主要利用现有商业银行部署的入侵防御系统、网络防火墙、应用层防火墙等安全设施的日志，开展日志过滤、去除误报、分析内容、确认安全事件、分析原因等工作。针对已经确认的安全攻击事件立即采取积极的防御措施，并在事后分析与回溯事件的全过程，弥补应用系统出现的漏洞。

（7）面向全过程的安全性相关工作。面向全过程的安全性相关工作主要包括软件安全性追踪分析及软件变更安全性分析。软件安全性追踪分析通常使用追踪矩阵将风险联系到软件生命周期过程的各阶段，并通过分析确保所有安全性需求都得到实现和充分的验证。软件变更安全性分析通常采用变更影响分析等方法，分析需求、设计和运行环境等的变更是否产生新的危险，或对已经消除的危险、尚存的危险、安全性设计等产生的影响。变更分析的结果可能会导致新一轮的安全性设计和验证工作。很多安全性问题都是由于变更产生的，因而对软件变更安全性分析应予以高度重视。

SDL 对于漏洞数量的减少有着积极的意义，可以从安全漏洞产生的根源上解决问题，保证产品的安全性。研究表明如果公司像 Microsoft SDL 这样进行结构化过程管理，就可以在相应的开发阶段系统地处理软件安全问题，更有可能在项目早期发现并修复漏洞，从而降低软件开发的总成本。

SDL 流程能够帮助企业以最小的成本提高产品的安全性。它符合"Secure at the Source"的战略思想。实施好安全开发流程，对企业安全的发展来说，可以起到事半功倍的效果。

4.1.2 信息系统安全风险分析理论

信息系统面临很多风险，而如何进行安全风险分析则是必须要考虑的一个问题。信息系统安全风险分析就是对威胁发生的可能性进行定量或定性测量的步骤，是风险管理的重要组成部分。安全风险分析的目的是为信息系统的风险管理服务，是衡量信息系统风险可能性的一种科学手段，是保障信息系统安全的重要步骤。

1. 风险分析概念

风险分析是进行风险管理的一种科学手段，是风险管理的必经活动。风险分析所提供的风险量（风险概率及其损失量）是决定风险自留或风险转移决策的重要信息来源。它是一门新兴的边缘学科，是处理由于不确定性而产生的各种问题的一整套方法。风险分析主要用于评估威胁发生的可能性以及由于系统易于受到攻击的脆弱性而引起的潜在损失；同时也用于那些不确定事件在一定的时间周期内所引起的潜在损失的定量或定型测量。

2. 风险分析步骤

由风险分析的定义，可以把风险扩展为包括两个向量的函数，一个是破坏事件发生的可能性，另一个是这个事件所产生的影响。而在信息系统中破坏事件发生的可能性与系统的威胁和脆弱性有关，因此破坏事件发生的可能性可通过对系统的威胁和脆弱性的评估来获得。同时，事件发生所产生的影响与资产有关，故影响可以通过对资产的评估来获得。由此，风险可看成是资产、威胁和脆弱性的函数，即风险 $R = f(A, T, V)$，其中，A 为资产值，T 为对信息系统的威胁，V 为信息系统的脆弱性。对信息系统的风险分析应该从系统的设计阶段开始，就明确安全需求，确认潜在损失。

然而，风险与威胁是两个不同的概念。以信息系统为例，威胁是指由计算机、软件及数据等组成的信息系统受到损害而导致系统功能及目标受阻的所有现象，比如地震、火灾、黑客攻击、计算机硬件故障、软件差错和操作错误等。而风险是指对这些威胁信息系统安全的风险及其控制措施造成损失的具体化估算。风险具有不确定性的概率。同一个威胁，由于不同系统的环境差异，造成风险产生的概率不同，因此风险亦不相同。

3. 信息系统安全威胁识别

了解影响计算机信息系统安全的各项安全威胁，对计算机信息系统进行风险分析，找出解决风险的方法，是计算机信息系统安全稳定运行的保障。计算机信息系统的安全威胁种类可以概括为三类。

（1）灾难型，包括自然灾难（包括水灾、火灾、雷电、电力故障以及其他导致信息系统瘫痪的灾难）和人为引起的灾难（包括人类社会的暴力、战争、盗窃、破坏、交通事故等）。它们都不包含任何恶意的企图。灾难型安全威胁可能危及计算机工作环境、设备、通信线路的安全与完整以及计算机程序和数据文件。

（2）固有型。由于人为和自然原因，信息系统的组件在设计、制造和组装过程中可能留下各种隐患：

1）硬件因素。计算机硬件是计算机信息的主要载体，其质量保证与运行的可靠程度直接影响计算机信息的安全性。信息系统的硬件安全隐患多数来源于设计，主要表现在物理安全方面，可通过管理上的强化和人工弥补措施来降低。

2）软件因素。软件层面的安全因素主要来源包括：既有来自计算机信息系统的，也有来自用户的；既有来自软件本身缺陷的，也有来自软件操作不规范造成的。

3）网络因素。基于 TCP/IP 协议栈的互联网及其通信协议是网络安全因素中问题最多的。互联网本身是一种虚拟的网络现实，没有明确的物理界限，其中国与国之间、组织与组织之间、个人与个人之间的网络界限是依靠协议、约定和管理关系进行逻辑划分的；而支撑互联网运行的 TCP/IP 协议栈在设计之初只考虑了互联互通和资源共享，并未考虑也无法兼容解决来自互联网的大量安全问题。

（3）恶意型。恶意型是最为广泛的信息系统风险。一些怀揣恶意的人利用信息数据在介质上存贮和传播的机会，对其进行窃取和破坏。其表现形式包括以下几种。

1）冒充（欺骗）：利用信息系统可能存在的缺陷，冒充一个网络实体与另一个实体通信、窃取信息等。冒充常与其他主动攻击形式一起配合使用，特别是消息的重放与篡改。

2）篡改：非法损害所传输的数据，破坏数据的完整性，数据可能被删除、插入、修改、改变次序、重放或延迟等。

3）非授权接入：违反安全策略，违规接入系统存取数据，比如通过后门、特洛伊木马或其他手段接入信息系统等。

4）拒绝服务：当一个服务不能执行它的正当功能，或它的动作妨碍别的实体执行正当功能的时候，便发生拒绝服务。

5）抵赖：接入信息系统并进行操作而事后却拒绝承认事实。

6）传播病毒：信息系统的任何一个接入方式都可能成为计算机病毒的传播途径，而系统中任何一种激活方式都可能成为病毒发作的条件。

以上各种安全威胁都可能被黑客利用，对信息系统发动攻击。一个潜在的安全威胁对信息系统产生危害是有条件的，这个条件包括两个方面：一是系统中存在某些弱点可被威胁利用；二是在适当的时刻弱点使威胁发作或威胁借助弱点发作。掌握威胁发作的条件是非常重要的，它意味着信息安全管理是动态的，安全评估与安全管理将成为保障信息安全的重要手段。

识别安全威胁的方法主要分为人员访谈和技术摸底。

（1）人员访谈。这里讲的人员包括高层管理人员、中层管理人员、普通员工以及IT员工等组织内的大部分人员。通过对人员的调查可以了解到组织内部最重要的价值资产、最担心的安全事故、对重要资产进行安全保护的需求以及对现存的安全服务和内部控制存在的一些问题的反馈等。

（2）技术摸底。技术摸底工作一般由组织内部专业的技术人员进行。技术摸底的目的是对最终的决策提供直接的技术方面的证据，不需要非常高的精度，对于类似的设备只需要抽查。技术人员主要通过流程调查、技术资料、资料分析、工具分析、现场检查、相关人员问询以及会议等方式，按照系统的层次性，对以下内容进行摸底。

1）网络架构：绘出信息系统的网络拓扑结构图，并标明网络弱点。

2）业务流程：掌握主要业务系统之间的数据流量以及峰值流量出现的时间；

准确地获得目前主要业务系统的数据流向、业务的实现方式、业务的安全需求；总结业务的功能体系，对每个功能进行描述，即形成业务流程现状图；指出各业务流程现状中存在的问题，并结合各问题的解决方案提出业务流程优化的思路。

3）主机系统：包括主机操作系统的漏洞与硬件配置问题、不需要的服务、账号的安全情况、采用的访问控制策略、日志审计情况等。

4）数据库系统：数据库账号、密码的设置情况，数据库的使用情况，存储、备份的方法，与其他系统的交互情况，数据库的漏洞，日志审计情况等。

5）应用的评估：对组织内通用的应用给出评估报告（如 Web 服务器、ftp 服务器等）。在摸底的过程中，技术人员可能会应用多种工具，比较典型的有系统日志分析工具、漏洞扫描工具（网络、数据库、通用应用程序）、完整性检查工具、网管软件和拓扑图等。

4. 信息系统安全风险分析方法

信息系统安全风险分析主要针对不同范畴、不同性质、不同层次的威胁问题，通过归纳、分析、比较、综合最后形成对信息系统风险分析的认识过程。对资产的识别和评估是大多数信息系统风险分析方法首先考虑的，之后采用不同的方法进行损失估算。根据分析对象的集合性质，可以把风险分析方法分为定性分析和定量分析。

不同类型的风险分析方法都有各自的优缺点，主要汇总如下。

（1）定性分析方法。定性分析方法是一种典型的模糊分析方法，它可以快捷地对资源、威胁和脆弱性进行系统评估，并对现有的防范措施进行评价，从主观的角度对风险成分进行排序。由于定性分析方法相对比较简单，利于理解和执行，免去了很多没有必要定量的威胁，所以在实际分析工作中常被优先选用。

（2）定量分析方法。定量分析方法是对风险进行大量的计算与统计工作，比如资产的价值（可用性、保密性、完整性）以货币的形式表示，使人比较容易理解，利于以后的风险管理和跟踪。同时，定量分析方法还提供了进行成本—效益分析的可信基础，使安全预算的决策得到支持。定量分析方法的结果往往使得被分析的目标更加准确、具体，可信度大大增加。

在实际操作中，在对信息系统进行风险分析之前首先要根据组织信息系统的特点和实际情况选择一套定量或定性的信息系统安全分析方法，并选择适合自己的风险评估分析工具，确定整个风险评估的范围，以便在最初阶段收集到需要的信息。

4.1.3　信息系统安全风险控制理论

信息系统安全风险控制是信息安全风险管理的最终目的，依据风险评估的结果，平衡成本与效益，采取合适的安全控制措施，减少风险事件发生的概率和降低风险损失程度，使风险控制在可承受的范围之内。信息系统安全风险控制理论主要包括安全需求分析、安全风险控制策略和安全风险控制措施三方面内容。

1. 安全需求分析

信息系统的安全需求是指对抗和消除风险的必要方法与措施，也是制定和实施安全策略的依据。确定信息系统安全需求的目的是清楚地界定与安全相关的需求，使得包括客户在内的所有参与方之间对安全形成共识，满足法规、策略和组织定义的信息系统基本安全要求。

目前，很多企业单位虽然知道信息安全的重要性，但不知道怎么防护，有的随意买一些安全产品就以为万事大吉了，实际上这是远远不够的。出现这类情况的根本原因是这些企业单位对本企业的安全需求没有进行分析，对总体的安全需求不清楚，安全需求是对企业为了保护其信息系统安全所做的工作的一个全面描述，是一个很详细、全面、系统的工作规划，是需要经过仔细的研究和分析才能得出的一份技术成果。当设计一个安全体系时，对企业的安全需求进行分析是必不可少的工作，安全需求分析是对企业信息财产进行保护的依据。

2. 安全风险控制策略

在进行安全需求分析之后，接下来的工作就是制定安全风险控制策略，然后依据制定好的安全风险控制策略决定采用何种方式和手段来保证系统的安全。

安全风险控制策略是指在一个特定的环境中，为保证提供一定级别的安全保护所必须遵守的规则。安全风险控制策略可以从以下三个层面来制定。

（1）抽象安全策略。它通常表现为一系列的自然语言描述的文档，是企业根据自身的任务、面临的威胁和风险，以及上层的制度、法律等，制定出来限制用户的使用资源和使用方式的一组规定。

（2）全局自动安全策略。它是抽象安全策略的子集和细化，是只能够由计算机、路由器等设备自动实施的安全措施的规则和约束，不能由计算机实施的安全策略由安全管理制度等其他物理环境安全手段实施。全局自动安全策略主要从安全功能的角度考虑，分为标识与认证、授权与访问控制、信息保密与完整性、数字签名与抗抵赖、安全审计、入侵检测、响应与恢复、病毒防范、容错与备份等策略。

（3）局部执行策略。局部可执行的安全策略是由物理组件与逻辑组件所实施的形式化规则，如口令管理策略、防火墙过滤规则、认证系统中的认证策略、访问控制系统中的主体的能力表、资源的访问控制链表、安全标签等。每一条具体的规则都是可以设置与实施的。

3. 安全风险控制措施

对信息系统的安全需求进行分析和制定安全风险控制策略之后，为了满足信息系统安全的基本需求，需要采取针对网络信息系统安全、网络攻击的一系列安全风险控制措施。

安全风险控制措施的主要内容包括安全机制、安全连接和安全协议等能在一定程度上弥补和完善现有操作系统与信息系统的安全漏洞。安全风险控制措施从横向可分为技术类控制措施、运维类控制措施和管理类控制措施。技术类控制措施关注技术实现，保护商业银行的重要数据、信息系统服务等关键信息资产；运维类控制措施关注日常运维、操作和活动，用于确保运维达成商业银行的安全目标；管理类控制措施关注职能部门的运作效率，以及技术类和运维类控制措施符合管理目标的程度，用于提高运维效率和保证管理方针、策略的实施。

安全风险控制措施从纵向可分为预防性控制措施、检查性控制措施和纠正性控制措施。预防性控制措施主要用于提前检测、发现、解决错误、疏漏或蓄意破坏行为等风险的发生；检查性控制措施主要用于检查和报告错误、疏漏或蓄意破坏行为等风险的发生；纠正性控制措施主要用于修复检查性控制措施发现的问题，降低危害影响。

在落实安全风险控制措施时通常组合上述两个维度的控制，具体的控制措施组合举例如表 4-1 所示。

表 4-1 安全风险控制措施举例

	预防性控制措施	检查性控制措施	纠正性控制措施
技术类控制措施	1. 身份识别技术 2. 不可抵赖技术 3. 采用数据加密方法 4. 部署防火墙	1. 部署 IPS 2. 完整性校验 3. 防病毒技术 4. 日志审计 5. 行为审计	部署入侵蜜罐等
运维类控制措施	1. 控制数据介质访问和处置 2. 备份 3. 终端、服务器等硬件设备的防护	1. 提供物理安全 2. 保证环境安全	操作行为审计
管理类控制措施	1. 信息安全职责的分配 2. 实施人员安全控制，包括职责分工、最小权限等 3. 使用标准操作手册 4. 人员安全意识和技能培训	1. 人员安全控制，如背景调查、轮岗等 2. 定期检查安全控制措施的有效性 3. 定期进行安全审计	1. 业务连续性管理流程 2. 信息安全事件应急流程

4.2 银行互联网应用安全生命周期风险管控

互联网应用安全生命周期（Internet Application Security Lifecycle，IASL）是借鉴微软 SDL 和思科 CDSL，依据信息系统安全风险分析理论和风险控制理论，结合商业银行互联网应用实践，解决商业银行互联网应用安全问题的一套风险管控体系。IASL 是一个安全保证的过程，其重点是软件开发，它在开发的所有阶段都引入了安全和隐私的原则。互联网应用信息系统开发的生命周期分为五个阶段：需求分析阶段、安全设计阶段、开发实施阶段、测试评估阶段、运行监控阶段。这五个阶段始终以安全为核心推进项目的实施，可根据需要对整个流程进行循环迭代或跳过某一阶段，从而能够和瀑布模型、螺旋模型等多种软件开发模型进行结合。并且，对应用安全生命周期的每一个阶段，都采取了不同的措施来提高软件的安全性。

IASL 对现有系统开发过程中涉及的安全操作进行了概括、补充和完善，将安全设计、安全编码、安全测试以及安全事件响应的传统安全技术和活动融入产品需求分析、架构设计、开发实现、内部测试、第三方测试、人员知识传递等开发生命周期的典型阶段，系统地识别和消除了各个阶段可能出现的由人员知识和技能、开发环境、业务逻辑所带来的信息安全风险。

IASL 管理过程全面涵盖了系统开发生命周期的各阶段，包括需求分析、安全设计、开发实施、测试评估和运行监控五个阶段（见图 4-3），组织和企业可根据自身实际情况全部采用，或进行相应的裁剪后使用。

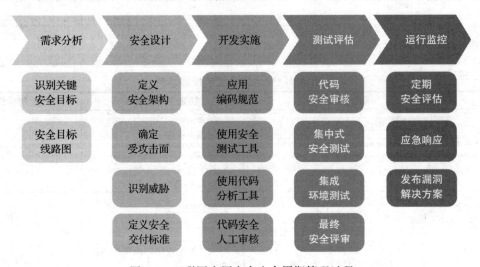

图 4-3　互联网应用安全生命周期管理过程

下面对 IASL 管理过程的每个阶段进行详细描述。

4.2.1 需求分析阶段

任何一个应用软件或者应用系统的核心价值均与其企业使命/业务价值紧密联系。而对来自行业、国家监管机构和资本市场的要求以及该应用承载的业务进行分析，将形成该应用软件或系统的安全需求。需求分析作为生命周期理论中实质性的第一步，是较传统安全实践手段（代码审计、渗透测试等）更为具备业务特色的一个新增安全活动，对系统业务安全性要求的细粒度分析，将为后续业务数据流呈现以及威胁建模过程提供重要的依据和基础。

商业银行可以在考虑自身业务与合规需求的基础上，参考安全行业对安全功能的实现方式，例如参考 ISO15408（GB/T 18336）的评估方法与功能要求，将对应用系统的安全需求以安全功能的方式表现出来。

需求分析工作的目的是分析、提炼出应用系统的安全目标。在此阶段中，商业银行应在描述业务功能需求的基础上，识别关键安全对象，思考如何在开发流程中集成安全性，分析软件风险及评估项目代价，最终形成开发方案，并且在提升软件安全性的同时尽量减少对计划和日常的影响。系统安全需求的形成主要分为两个阶段，即安全需求分析和安全需求方案编制。其过程如图 4-4 所示。

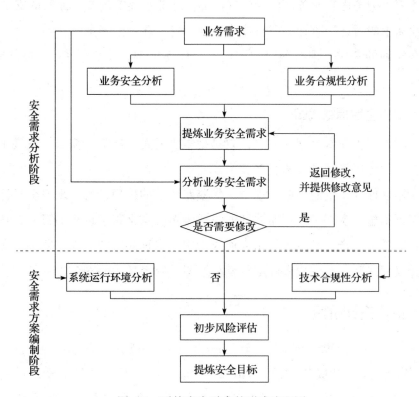

图 4-4 系统安全需求的形成流程图

（1）安全需求分析阶段。业务部门根据业务需求进行业务安全分析和业务合规性分析，形成业务安全需求。项目团队对业务安全需求进行分析，从技术的角度提出修改建议；业务部门根据项目团队的建议对业务安全需求进行确认和修改。通过业务部门和项目团队的多次交互，最终形成包含安全需求的业务需求。

（2）安全需求方案编制阶段。在安全需求确定后，项目团队应对系统运行环境和技术合规性进行分析，提炼系统的安全目标，并在需求方案中加以描述。

以上形成系统安全需求的两个阶段通常采用识别关键安全目标和定义安全目标路线图的方式实现，分别介绍如下。

1. 识别关键安全目标

识别关键安全目标的目的是更好地将业务需求、产品设计和安全保障结合起来。识别关键安全目标的方法可以通过以下两项实践完成。

第一，业务需求整理。对业务部门的最原始需求进行汇总。

第二，业务需求安全分析。通过整理业务需求，将其作为输入，提炼出需求中产品实现的安全关注点，即关键安全目标。对业务需求的关键安全目标分析可从以下三个方面考虑。

业务需求的考虑：业务部门对软件产品的业务功能实现要求涉及的安全。

行业需求的考虑：监管部门对业务的合规要求涉及的安全。

安全实践的考虑：现有国际和国内安全体系框架、等级保护、ISO27002等涉及的安全。

2. 定义安全目标路线图

路线图是一种非常灵活的方法，它是把未来的发展趋势、需求、发展重点、发展策略、相关分析等转换成图表来表示。

在应用软件开发生命周期管理中，借鉴路线图的思想，将实现安全目标的每个条件、保证措施、实现过程用路线图的方式表示，定义每个进程的目标，从提出软件需求到完成最终产品并投入使用，便成为安全目标路线图。在实践中，我们选择不同的开发模式和开发方式来确定开发路线图，制定最优的安全过程。

4.2.2 安全设计阶段

本阶段主要是基于前期的安全需求分析，通过受攻击面分析（Attack surface Analysis）和威胁建模（Threat Modeling）两个主要手段，对业务进行数据流层的呈现和分析，利用STRIDE威胁模型将数据流及其要素转化成威胁在应用系统上的立足点，最终在此基础上形成明确的基于业务流程的安全设计方案。

1. 受攻击面分析

受攻击面是指应用软件的任何可被人或其他程序访问的部分，而对它进行分析的目的是减少应用和数据暴露在不可信用户面前的数量。受攻击面将会定位各类数据的进入点，如网络输入/输出、文件输入/输出等，同时更进一步地针对进入点的数据类型、信道和协议、访问方法和权限进行尽可能完备的分析，为后续的威胁建模奠定基础。以下是典型的受攻击面分析对象。

文件格式：如 PDF、JPG。

协议：如 HTTP、SSL。

方法和动作：针对 HTTP，如 GET、POST、PUT、HEAD、OPTIONS、TRACE。

受攻击面分析的工作内容主要包括以下几方面：

- 通过系统目前的状况分析安全需求和安全目标。
- 分析业务需求、保护重要数据、防护系统边界等，并将这些内容整理成安全威胁列表。
- 分析当前已有的安全防护措施，识别应用系统的风险脆弱性，并判断可能存在的威胁。
- 影响性分析，整理当前面临的风险，并根据风险等级和紧迫程度进行优先级排序，制定相应的整改措施。

2. 威胁建模

威胁建模的核心是根据业务功能确定和了解各项业务功能的风险，详细了解每个业务功能实现背后的威胁和可能的攻击，在推进开发团队业务实现的基础上融入安全功能，使风险管理的决策更加与业务过程相协调。图 4-5 为某业务在威胁建模过程中的数据流图呈现示例。

威胁建模是基于 STRIDE 威胁模型进行威胁分析的结构化方法。与传统针对资产的风险评估不同的是，威胁建模不仅可以对已上线系统进行威胁评估，同时更适用于处于设计阶段的软件与系统。而相对渗透测试式的威胁呈现方式，威胁建模在参与人员广泛度、完备性和成本控制上更具优势，三者的比较如表 4-2 所示。

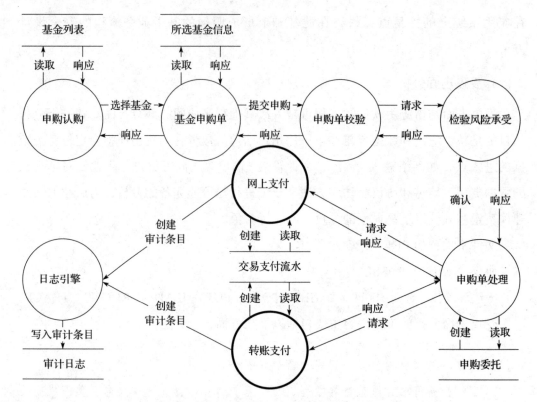

图 4-5 某业务在威胁建模过程中的数据流图呈现示例

表 4-2 威胁分析方式的优劣势分析

威胁分析方式	核心思想	优势/劣势
风险评估	以资产为核心，考虑攻击者可能危及这些资产安全的方式	不适用于软件或者系统的需求和设计阶段，导致改进成本大幅提升，甚至难以操作
渗透测试	以攻击者为核心，通过对攻击者能力的了解推演出对他们可能的攻击方式	以点代面的分析方式，对安全状态的改进效果有限
威胁建模	以结构化建模的方式，从组件的环境和功能出发，定位攻击者的立足点	基于设计的分析方法，对威胁进行全面、成本可控的分析

3. 定义安全交付标准

通过受攻击面分析和威胁建模两个主要安全识别手段，形成明确的基于业务流程的安全设计方案，包括安全控制措施和技术实现。

（1）安全控制措施。根据详细的风险评估结果，综合考虑安全成本和系统可以接受的剩余风险，从而确定系统安全控制措施。设计人员应该从应用设计的角度选择安全控制措施，从成本、安全性、用户体验方面进行对比，选择最佳的安全控制措施，同时应该重新评估系统面临的剩余风险。

（2）技术实现。根据相关的系统安全设计规范和技术指引，对安全需求方案确定的安全目标和风险评估确定的控制措施进行具体的技术实现，包括系统结构设计、模块设计和详细设计。在详细设计中应考虑以下安全因素：接口安全性、算法安全性、程序异常处理。

4.2.3 开发实施阶段

本阶段主要是基于前期的安全需求分析和安全设计，通过安全编码和代码合规性审计两个主要手段，对业务功能需求和安全设计方案进行代码实现。

1. 安全编码

开发阶段的安全编码服务主要针对以下方面进行：

- 应用系统安全功能，如验证要求。
- 应用系统安全策略，如加密方法。
- 常见高危漏洞编码解决方案，如 XSS 开发解决方案。
- 不推荐使用的开发函数列表。
- 最佳安全编码实践。

安全编码服务主要面向 Web 应用，可以提供 ASP、ASP.NET（VB/C#）、JAVA、PHP 等主流语言所编写代码的安全指导，不仅提供包括基本安全功能、基本安全开发要求、规避高危漏洞的编码方案、不推荐的开发函数列表、最佳安全编码实践在内的通用的安全开发策略，还可根据应用系统的功能需求、行业标准、公司策略、数据敏感级别、误用和滥用案例等具体信息，为应用开发提供具体的安全开发指导。

2. 代码合规性审查

在软件代码编写时，要注意编码过程中是否会引入安全风险。除了要求编码人员遵循安全编码规范外，还可以使用代码合规性审查工具提高编码阶段的安全水平。安全的编码策略应遵循以下最佳实践：

（1）使用专门的审查工具，加强代码合规性审查。

（2）切勿使用违禁函数。在调用某些函数时，如果使用不当，会导致不可预知的安全隐患。可以通过使用头文件、代码扫描工具或者更新后的编译器等发现违禁函数。

（3）减少潜在可被利用的编码结构和设计。

4.2.4 测试评估阶段

安全测试是对软件是否符合安全需求、设计和开发阶段的各项要求的复审，是软件质量保证的关键步骤。安全测试应在银行安全团队的参与下进行，主要包括系统所在环境的软件代码静态测试和系统渗透测试，同时对前期建立的威胁模型重新进行审核评估。

1. 代码审计

代码审计属于软件代码静态测试，是源代码级别的安全测试，通过将软件安全规则、开发规范融入检查列表中进行匹配，从代码实现的源头遏制安全风险。

代码审计的应用已非常广泛，它的主要特点是无须动态运行程序。其主要检测方法包括词法分析、语义分析、控制流分析、数据流分析、类型推导、规则检查等。

（1）词法分析。词法分析是一种基于令牌的最简单的静态分析方法，类似于 C 编译器，一般仅仅进行语法上的检查。该分析方法首先把程序划分为小的程序片断，再把每个片断与一个"嫌疑数据库"进行对比，当有潜在危险符合嫌疑库时，就会发出警告。

（2）语义分析。语义分析的任务是对语法和结构上正确的源程序，扫描由源代码构建的抽象语法树，在抽象语法树的基础上进行分析，在分析时考虑被检查程序的基本语义，根据上下文环境检测源代码中是否存在语义错误。语义分析在编译程序的组成中占据了举足轻重的地位。它的输入是词法分析器的输出，它对词法分析器输出的串进行语义分析，包括文法生成、符号验证等，最终的输出为代码的中间表示。

（3）控制流分析。控制流分析器是基于过程内的，主要是在代码解析的基础上，分析过程内语句之间的控制依赖关系，提取程序的控制流信息。源代码的控制流图描述了程序的执行路径情况，图中的节点往往是一组顺序执行的指令序列。在对源代码的安全缺陷进行静态检测时，大多会涉及程序的执行路径。

（4）数据流分析。程序在执行时，其数据信息沿控制路径流动。数据流分析的基础是控制流图，因其通常需要遍历源代码生成的控制流图，从中收集某些数据信息，如变量的数值产生位置及使用情况等，程序的控制流图被用来确定对变量的一次赋值可能传播到程序中的哪些部分。

（5）类型推导。将安全属性看成一种类型，自动推导代码中函数和变量的类型，通过类型检测判断函数和变量的访问是否符合类型规则。这种方法利用定型规则确定代码中部件的类型，不考虑代码执行条件和顺序，适用于与控制流无关的分析。类型推导检测方法由定型断言、推导规则和检查规则三部分组成。定型断言首先定义了变量最初始的类型，推导规则提供了相应的规则集合，检查规则判断推论的结果是否属于"良行为"。

（6）规则检查。程序自身的安全性可以通过安全规则来描述，规则检查是指使用已建立的安全规则对程序自身进行安全规则检查。程序在设计时的一些通用安全规则，例如特权用户在权限下调用 exec 函数，将可能产生安全风险。规则检查方法通过特定语法描述这些规则，并使用规则处理器接收，将其转换为分析器能够理解的规则，然后进行对比检测。

2. 渗透测试

渗透测试是指安全服务人员模拟黑客对目标应用系统进行模拟入侵，发现系统中的未知风险脆弱点。渗透测试的目的是挖掘和暴露应用系统存在的安全漏洞，使应用系统管理人员了解该系统面临的风险。

目前，渗透测试对象的范围涵盖了各主流操作系统、应用服务器、数据库、应用程序和网络设备。渗透测试根据测试的位置和方法进行分类，如表 4-3 所示。

表 4-3　渗透测试分类

测试分类	测试方式	测试条件	特点	测试重点
位置分类	内部测试	用户的办公网络甚至业务网络	绕过防火墙、入侵保护等安全设备	检测内部威胁源和路径
	外部测试	直接从互联网访问用户的某个接入互联网的系统并进行测试	可以测试外部防护中存在的风险	检测外部威胁源和路径
方法分类	白盒测试	在用户授权获取了部分信息的情况下进行的测试，如目标系统的账号、配置甚至源代码	主要通过代码审计实现，无须动态运行程序	对源代码进行审查，关注系统的控制流和数据流
	黑盒测试	目标系统的 IP 或域名	模拟黑客行为	模拟外部恶意用户可能为系统带来的威胁

4.2.5　运行监控阶段

系统运行监控是为了保持银行信息系统而在安全运行的过程中所发生的一切与安全相关的管理与维护行为。此阶段使用网络流量分析设备、Web 应用防火墙设备、漏洞扫描设备等安全监控工具对互联网应用资产进行监控，实现 Web 运行、业务行为、网络流量、设备运行、安全漏洞、应用性能和 App 渠道监测，为商业银行的核心业务提供一个持续、安全、健康的信息系统运行环境。

一个良好、全面、完善的运行监控体系能够帮助准确、及时、完善地了解系统各个层面的状况，并最终实现对系统的量化管理。

运行监控的核心作用是对系统具有诊断能力，通过掌握生产环境下多个维度的数据，按照一定的监控模型，对影响运营质量的诸多要素和运营过程的各个环节进行监控、采集、建模、展现，通过监控来量化产品运营状况和确保最佳用户体验。

第 5 章

应用安全需求分析

5.1 应用安全需求总体框架

5.1.1 应用安全需求概念

安全需求分析是指在需求分析阶段加入安全考量，重点从系统的敏感信息或数据保护、面临的安全威胁、系统健壮性、系统基础环境安全性等角度入手，对用户身份鉴别、认证与授权、输入和输出验证、敏感数据安全、会话管理、通信加密、异常管理、日志管理、业务流程管理等方面的安全因素，结合功能性需求，逐一落实。在软件开发生命周期内，需求分析是软件开发的起点，需要对所要解决的问题进行详细的分析，明确问题的要求，包括输入数据、输出数据以及最终结果。只有在确定了需求之后，才能够分析和寻求问题的解决方法。安全需求分析有效地将安全风险前移，前瞻性地落实在系统总体设计中，既为后续的安全测试打下基础，也是防止安全问题最经济的方式。

毫无疑问，需求工程对任何开发来说都是重要的。一些研究表明，需求工程的缺陷如果在系统交付运作之后才被更正，那么它的耗费将是在需求分析时修复耗费的 10～200 倍；其他研究表明，在大部分软件开发项目中，重新做需求分析、设计和修改代码漏洞的耗费占整个项目耗费的 40%～50%；在需求工程中产生的漏洞占全部漏洞的 50% 以上；在需求分析缺陷上的项目预算占总预算 25%～40%。上述这些数据表明，在需求方面的安全投入将节省大量人力、财力。在一个应用系统被安装到实际的操作平台上后再解决它的安全问题将变得十分困难和昂贵。互联网应用系统的安全运行关系到业务的安全,其上线后暴露的漏洞将不仅给系统所在机构带来资金的损失,还可能造成用户对产品信心的丧失,所以应建立完善的安全功能设计用于保障整体系统的安全性。

我们一般可以参考传统的软件开发生命周期各阶段的分组,通过在每个分组中嵌入针对安全保障的各类手段和技术措施,以确保应用系统在最终的需求、设计、开发、测试、运行各阶段均能满足下列业务系统安全目标:

(1)登录过程防假冒以及信息泄漏。

(2)交易过程防篡改、防抵赖以及防止信息泄漏。

(3)保障系统可用性。

5.1.2 应用安全需求分析过程管理

下面我们主要讲一讲应用系统在需求阶段如何进行安全需求分析。安全需求分析一般通过以下活动展开。

(1)安全需求收集:从应用系统安全体系建设标准、业务安全保障要求以及安全防护要求等方面收集安全需求。

(2)安全需求框架设计形成:参考安全需求分析方法梳理多方面的安全需求,以形成满足行业要求、安全体系框架以及业内最佳实践的关键特征,并在此基础上形成安全需求框架设计。

(3)安全需求检查表生成:对满足部分指定安全目的的功能和保证要求依据安全框架结构形成安全需求检查表,检查表内容用来定义那些公认有用的、对满足特定安全目的有效的要求,具备通用性,可重复使用,帮助需求分析环节快速明确安全要求。

形成的安全需求检查表,要求囊括从需求和设计的角度分析应用系统在设计阶段前需要明确的各类安全要求,并可以融入统一的系统功能规范框架;在实际应用系统安全需求分析阶段,可以依据系统主体功能情况,由系统架构师或安全工程师对检查表内容进行合理的选择,形成贴合自身系统的安全要求;后续通过在设计阶段对每一条具体功能需求的满足,以确保其在概要设计和具体设计细则时能够依据安全需求出发进行考虑,减少可被威胁利用的脆弱点,从而全面有效地控制应用系统可能面临的风险。

5.1.3 应用安全需求框架设计原理

1. 安全需求框架设计原理

在安全需求开始的时候,首先要考虑的问题是确定:需要保护什么,是谁的事情,需要保护多久。在三个问题中又以需要保护什么作为核心问题,针对该问题的回答也是安全需求框架设计最核心的部分,例如,我们都知道应用系统必然会产生业务数据,其中部分业务数据作为重要数据应得到充分的保护,且在数据的传输、保存、调用等不同场景下都需要考虑对数据的安全保护,所以数据安全应作为安全需求框架设计的一部分,继而考虑不同场景下的数据安全问题,从而在框架设计中衍生出数据传输安全、数据存储安全、数据访问控制等内容。我们一般在安全需求收集阶段就应该体系化地明确保护目标以及涉及的相关场景,即形成安全需求。

为确保能够通过体系化的方式充分考虑系统需要保护的内容,在安全需求收集阶段应通过如图 5-1 所示的方式获取相关安全需求内容。通过参考多种系统建设安全合规要求,例如安全体系建设的主要依据 ISO27002,国内信息系统建设合规要求——《信息安全技术信息系统等级保护安全设计技术要求》的相关内容,再结合系统的业务安全保障要求,以及对主要威胁来源分析形成安全防护要求,最终形成安全需求相应内容。

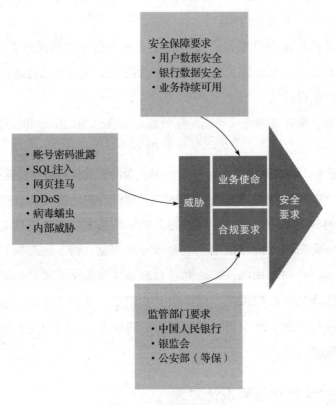

图 5-1 安全需求内容

以下摘取 ISO27002 以及《信息安全技术信息系统等级保护安全设计技术要求》

对信息系统建设的相关安全要求项。

（1）ISO27002"系统的获取、开发和维护"部分。

1）信息系统的正确处理：

- 输入数据验证。
- 对内部处理的控制。
- 消息完整性。
- 输出数据验证。

2）加密控制：

- 使用密码控制的策略。
- 密钥管理。

3）系统义件安全

- 运行软件的控制。
- 系统测试数据的保护。
- 源代码访问控制。

4）开发和支持过程安全：

- 信息防泄漏。

5）技术脆弱点管理：

- 软件补丁管理。

（2）信息安全技术信息系统等级保护第三级安全计算环境设计技术要求。

1）用户身份鉴别。

2）自主访问控制。

3）标记和强制访问控制。

4）系统安全审计。

5）用户数据完整性保护。

6）用户数据保密性保护。

7）客体安全重用。

8）程序可信执行保护。

参考 ISO27002 开发安全要求、等级保护计算机设计技术等内容形成的安全需求分类更偏向于信息系统的应用层和数据层，也就是说更偏向于业务安全需求分类，为满足业务可用性保障及安全防护需求，还应对物理层、网络层、系统层安全要求进行分类和收集。

1）物理层安全需求分类：防盗窃和防破坏、防雷击、防火、防水和防潮、防静电、温湿度控制、电力供应和电磁防护、灾备机房建设。

2）网络层安全需求分类：网络结构安全设计、边界隔离控制、网段划分和 IP 规划、网络访问控制、网络准入控制、通信加密。

3）系统层安全需求分类：系统安全配置、漏洞扫描和补丁升级、病毒防护、系统备份和恢复、日志审计。

以上通过对行业合规要求的收集，参考 ISO27002、等级保护等体系框架，并与业务安全保障要求、安全防护要求等相结合，最终形成适用于系统的安全需求项。

针对如何梳理多方面的安全需求项形成满足行业保障要求、安全体系框架以及安全防护要求的安全需求框架设计，可以参考 GB/T 18336/ISO/IEC 15408 第 2 部分——"安全功能要求的相关组件"进行适用性选择，最终形成满足系统业务安全需求的安全需求框架设计。GB/T 18336/ISO/IEC 15408 提出"信息技术安全性认证通用标准"（CC 标准），该标准将安全需求划分成安全功能需求和安全保证需求两个独立的范畴，前者描述的是安全系统应该提供的安全功能，后者描述的是系统的安全可信度以及为获取一定的可信度而应该采取的措施。我们需要对安全要求依据安全功能需求和安全功能强度保证需求进行导出操作，从而形成安全需求框架，导出方式如图 5-2 所示。

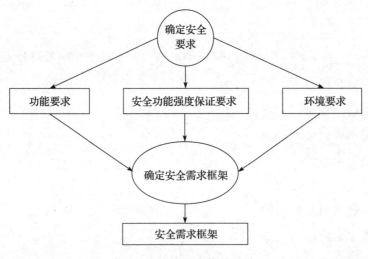

图 5-2　安全需求框架设计

通过在不同应用系统的种类功能要求以及功能强度保证要求和环境要求下进一步细化安全要求。

IT 环境安全要求是指应用系统的 IT 环境应满足的 IT 安全要求，包括物理、网络、依赖 IT 环境等方面的安全要求。

安全需求框架是应用系统定义的一系列结构，这些结构将已知有效的安全要求构成有意义的组合体，这些组合体可用来为预期的产品和系统实现安全保障。组合体不同结构之间的关系如图 5-3 所示。

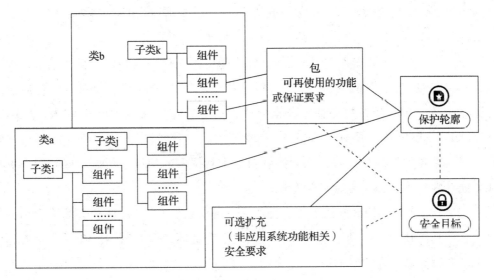

图 5-3　安全需求框架 – 相关组合体结构关系

1）类。类是安全要求的最高层次组合。一个类中所有成员关注同一个安全焦点，但覆盖的安全目的范围不同。

类的成员被称为子类。

2）子类。子类是若干组安全要求的组合，这些要求共享同样的安全目的，但在侧重点和严格性上有所区别。

子类的成员被称为组件。

3）组件。组件描述一个特定的安全要求集，它是应用系统结构中最小的可选安全要求集。子类内具有相同目的的组件，部分以安全要求强度或能力递增的顺序排列，部分以相关的非层次关系的方式组织。在某些实例中，一个子类只有一个组件，因而是不可能排序的。

组件由单个元素组成，元素是安全要求最低层次的表达，并且是能被测试验证的不可分割的安全要求。

通过对功能要求、安全功能强度保证要求的细化及环境要求的描述工作（安全需求分析），得到我们需要的安全需求关键特征，再依据图 5-3 中的结构形成安全需求框架。该安全需求框架是我们最后输出安全需求检查表的主体依据和来源。

2. 互联网应用安全需求框架设计原理

互联网应用开发的安全要求除安全需求框架设计的相关安全内容外，还应在收集阶段着重考虑 Web 应用及移动应用特有的安全要求——用于解决互联网应用常见威胁的安全防护要求。本节以常见 Web 类应用为例，从 Web 应用常见威胁——OWASP Top 10 的角度，描述威胁成因和危害，并明确相应安全要求，以下是 OWASP 2017 Top 10 的相关内容和安全要求分类。

（1）Top 1 注入（输入输出验证）。注入是应用程序缺少相应的输入输出检查机制，攻击者通过这些漏洞把一些包含特殊指令的数据发送给解释器，解释器会执行正常流程，把收到的数据转换成指令执行。常见的注入包括 SQL 注入、LDAP、OS Shell、Xpath 等，而其中 SQL 注入最为常见，一般通过 SQL 注入成功后，能获取最高数据库管理员权限，从而能够对整个数据库的信息进行读取或篡改，更有甚者能导致攻击者完全接管目标主机。

（2）Top 2 失效的身份认证和会话管理（身份认证）。与认证和会话管理相关的应用程序功能往往得不到正确实施，导致攻击者破坏口令、密钥、会话令牌或利用实施漏洞冒充其他用户身份。

（3）Top 3 跨站（输入输出验证）。在应用程序发送给的浏览器页面中包含用户提供的数据，缺乏适当的验证或转义，导致跨站脚本漏洞。

（4）Top 4 失效的访问控制（访问授权）。对于通过认证的用户所能够执行的操作，缺乏有效的限制。攻击者就可以利用这些缺陷来访问未经授权的功能和 / 或数据，例如访问其他用户的账户，查看敏感文件，修改其他用户的数据，更改访问权限等。

（5）Top 5 安全误配置（安全配置）。安全配置错误可能发生在一个应用程序堆栈的任何层面，包括平台、Web 服务器、应用服务器、数据库、架构和自定义代码。攻击者通过访问默认账户、未使用的网页、未安装补丁的漏洞、未被保护的文件和目录等，以获得对系统未授权的访问。

（6）Top 6 敏感信息暴露（数据安全）。许多 Web 应用程序没有采用正确、合理的方式来保护自身的敏感数据，给攻击者提供窃取或篡改这些弱保护数据的机会，从而导致电信诈骗、个人信息窃取、邮件钓鱼等其他犯罪。对于这些敏感数据需要进行额外的保护，比如通过 SSH 或加密机等在传输过程中进行加密，以及在与浏览器交换信息时提供友好界面等特殊的预防措施。

- 个人信息，如姓名、身份证 ID、电话号码、银行账户、驾驶证号码、社保卡号、护照号码等都是敏感数据。
- 网站登录的用户名/密码、SSL 证书、会话 ID、加密使用的密钥等都属于敏感信息。这些信息一旦泄露，攻击者就可以以合法用户的身份访问 Web 系统，随意进行各种攻击操作。
- Web 服务器的 OS 类型、版本信息、Web 容器的名称、数据库类型、应用软件使用开源软件信息都属于敏感信息，且攻击者知道这些软件信息，就会利用这些软件存在的公开漏洞进行专门攻击，这提升了系统被攻破的可能性。

（7）Top 7 攻击检测与防护不足（应用安全检测及漏洞修复）。大多数应用和 API 缺乏检测、预防和响应手动或自动化攻击的能力。攻击保护措施不限于基本输入验证，还应具备自动检测、记录和响应，甚至阻止攻击的能力。应用所有者还应能够快速部署安全补丁以防御攻击。

（8）Top 8 伪造跨站请求（输入、输出验证）。跨站请求伪造 CSRF，是利用了网站允许攻击者预测特定操作的所有细节这一特点。由于浏览器自动发送会话 cookie 等认证凭证，导致攻击者能够创建恶意的 Web 页面来产生伪造请求。这些伪造的请求很难和合法的请求区分开。CSRF 听起来像跨站脚本（XSS），但它与 XSS 不同，并且攻击方式几乎相左。XSS 利用站点内的信任用户，而 CSRF 则通过伪装来自受信任用户的请求来利用受信任的网站。攻击者能够让受害用户修改任何允许修改的数据，执行任何用户允许的操作。

系统可能在未知的情况下被完全攻破，用户数据可能随着时间的推移而被全部盗走或者篡改，有时甚至会导致整个系统被破坏。

（9）Top 9 应用已知脆弱性的组件（组件安全）。应用程序使用带有已知漏洞的组件会破坏应用程序防御系统，并使一系列可能的攻击和影响成为可能。

（10）Top 10 未受有效保护的 API（接口安全）。现代应用程序通常涉及丰富的客户端应用程序和 API，如浏览器和移动 App 中的 JavaScript，其与某类 API（SOAP/XML、REST/JSON、RPC、GWT 等）连接。这些 API 通常是不受保护的，并且包含许多漏洞。

参考以上安全威胁和应用安全需求框架设计原理，即可以形成安全需求的分类：身份认证、输入输出验证、应用访问授权、安全配置、组件安全、数据安全等，同时相应的威胁也提供了安全需求子级的分类。

与 Web 应用类似，移动应用除了要考虑通用安全要求外，还需要考虑移动客户端环境特有的安全要求，与传统应用系统服务器端相比，客户端特有安全要求集中在应用本身和手机环境中。例如，客户端应用本身未进行加壳防护时易被攻击者进行代码反编译，导致源码泄露，攻击者通过对泄露源码的分析，定位关键位置修改绕过，以静态代码注入后二次打包重新发布到各大发布平台，此时，该移动App虽然性能、用户体验、外观都与正规App一模一样，但背后却在悄悄地窃取用户信息、劫持界面、偷窥隐私、广告骚扰等。这类威胁对应的就是移动App客户端应用安全类的代码反编译防范子类和App二次打包完整性校验子类安全要求。除了客户端源码安全外，使用的安卓组件、手机应用各类文件的访问权限、本地日志存储内容等都是移动应用特有的安全要求内容。

从上述安全需求框架设计原理可以看出，互联网应用安全需求框架设计与安全需求框架设计原理是一致的，只是在安全需求收集阶段，互联网应用有其特有的安全威胁需要考虑，并在此基础上，总结出相应安全防护要求，作为互联网应用安全需求框架设计的类、子类及组件内容补充至互联网应用安全需求框架内。

5.1.4 基于安全需求检查表的工作方法

以前一节形成的安全需求框架为蓝本，对那些公认有用的、对满足特定安全目的有效的资产保护要求（功能要求和保证要求）归纳形成包——可再使用的功能或保证要求，并结合可选扩充安全要求（非应用系统功能相关的安全要求），最终组成应用系统的保护轮廓（PP），一个PP为一类应用系统定义一组与实现无关的IT安全要求，用于满足一般用户对IT安全的需求，因而用户可以不必参考特定的应用系统就能建立或引用PP来表示他们对IT安全的需求。保护轮廓为开发团队提供了一套引用一组特定安全要求的方法，并有助于将来对这些要求进行检查，通常我们称之为安全需求检查表（见图5-4）。

在日常应用系统开发项目中，在需求分析阶段，我们通过对比应用系统主体功能模块与安全需求检查表内容，保留相关安全功能要求和保证要求，剔除不涉及的安全功能要求和保证要求，并对应用系统特有业务安全保障要求进行分析，补充相关安全要求，最终形成安全需求说明书（专项安全需求检查表），并在后续的软件开发生命周期中紧扣生成的专项安全需求检查表，用以指导项目安全控制管理，检查表的工作方式如图5-5所示。

从图5-5中我们可以看出，形成的安全需求说明书会成为安全设计的主体依据，用于指导我们开展安全设计的相关工作。在测试阶段，安全设计内容又会作为我们开展安全测试相关测试用例的编写依据，通过安全测试验证我们的安全需求分析及设计是否合理、有效，对新增的合理、有效的安全功能要求和保证要求应补充至安全需求检查表中，用于指导其他应用系统的安全需求分析阶段工作。

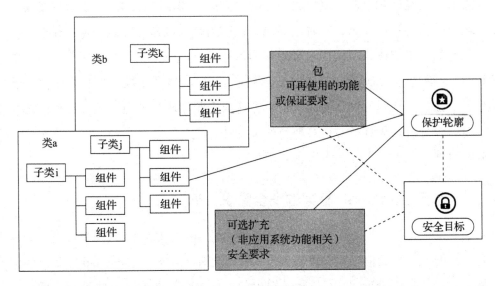

图 5-4　从安全需求框架中提取的保护轮廓——安全需求检查表

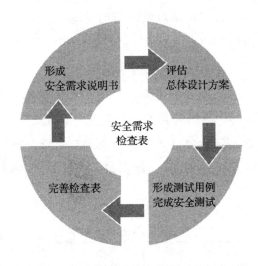

图 5-5　安全需求检查表的工作方式

5.2　应用安全需求分析方法

在上一个节中，我们已经系统地分析了通用信息系统安全需求框架设计原理及互联网应用系统安全需求框架设计原理，从框架设计原理可以看出，收集信息系统安全要求只是第一步，安全工程师应该确保安全需求描述的正确性。例如，"此应用在必要时应对敏感数据使用加密技术"这一安全要求是苍白无力的，虽然它明确了保护目标（敏感数据）、场景（应用在必要时）及保障措施（加密技术），但是这个安全需求是未经问题分析就得出的一个解决方案。需求文档的目标不仅仅是说明系统必须做什么和不做什么，同时还要说明系统为什么以这种方式工作。在这个例子中，较好的需求描述是"信用卡号码作为敏感信息应在传输时受到保护，防止潜在的窃取"，而如何保护信息的相关防范措施，可以在后续阶段的信息系统进一步明确后进行选择。选择一种安全需求分析方法对安全要求项进行收集和分析描述，以便安全需求分析结果具备对后续环节的指导性，这是安全需求环节的重点工作。本节就针对安全需求分析方法进行具体阐释。

5.2.1 基于 Zachman 框架的安全需求分析方法

企业架构是许多大公司用来理解、表述企业信息基础设施的一个直观模型，为企业现在的及未来的信息基础设施建设提供了蓝图和架构。Zachman 框架作为企业架构的一种，是由 John A. Zachman 提出的，作为最经典的企业体系结构框架，在它的基础上发展了很多企业体系框架。Zachman 框架是"通过确定、分类、描述复杂对象的逻辑关系来帮助理解复杂对象的通用环境"。Zachman 框架提出了一些通用性很强的观点用来描述复杂系统架构，并且提供了一些方法用于对组织架构的构建和维护。

表 5-1 是七行七列的二维关系矩阵，目的是保证信息系统的开发方式是明确的、完整的和易于理解的。行代表着不同视角提出的观点，列表示系统的多种抽象描述。每个矩阵元素都表示抽象描述和观点的交叉。后六列包含 5W1H，5W 表示 What，Where，Who，When，Why；1H 表示 How。后六行代表了从六种相关人员的角度提出的观点。

表 5-1　Zachman 框架

	什么（What）	如何（How）	哪里（Where）	谁（Who）	何时（When）	为什么（Why）
范围 规划者（Planner）						
业务模型 规划者（Planner）						
系统模型 设计师（Designer）						
技术模型 建造者（Builder）						
详细表述 分包者（Subcontractor）						
功能系统						

复杂信息系统安全需求架构可以参考 Zachman 框架并结合《信息安全技术信息系统安全保障评估框架》（GB/T 20274—2008），建立安全架构二维关系矩阵，其中行代表复杂信息系统的固有结构层次，列代表复杂信息系统的安全框架所提出的基本问题。参照 Zachman 框架的 5W1H 的六个基本问题模型，建立系统资产（What）、安全边界（Where）、互联关系（How）、安全保障（Why）、相关人员（Who）、生命周期（When）六个安全架构问题模型，这六个问题同时符合信息系统安全保障要素的要求，及管理、工程、技术、人员的要求，建立了完整的复杂信息系统安全架构，如图 5-6 所示。

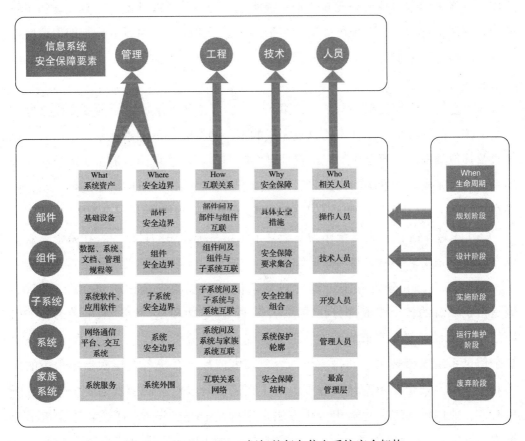

图 5-6　基于 Zachman 框架的复杂信息系统安全架构

复杂信息系统的系统安全架构的主要内容是：将风险和策略作为基础和出发点制定组织机构的复杂信息系统的安全架构。在信息系统生命周期内对技术、管理、工程和人员等几个方面实施保障措施，确保信息的完整性、可用性和保密性特征，以实现和贯彻组织机构策略，并将风险值降低到预期的范围，从而达到对复杂信息系统资产和组织机构信息进行保护，保证组织履行其使命的最终目标。

复杂信息系统被划分为五个层次。分别为部件、组件、子系统、系统和家族系统。

（1）部件：作为复杂信息系统的最底层，部件包含的都是复杂信息系统组成的最基本单元，即各种所需设备，不可再进行划分。

（2）组件：组件作为部件的上一级，可由部件按照组成法则形成。各组成部件根据各自的角色，与角色有关的组织和社会规则、规范以及约定等形成组件。组件是对数据和方法的简单封装。

（3）子系统：子系统具有类（行为）和包（可能含有其他模型元素）的语义，所以可以将其看作一种模型元素。子系统所包含的各种类或其他与之有关联的子系统为其提供了行为。子系统可以实现多个接口，子系统可以执行的行为即由这些接口定义。组件可依据行为法则构成子系统。因此子系统行为依赖于组件及组件的组成机制。

（4）系统：系统泛指由一群有关联的个体（子系统）组成，根据预先编排好的规则工作，能完成个别元件不能单独完成的工作的群体。信息系统是一个由人、计算机及其他外围设备等组成的能进行信息的收集、传递、存储、加工、维护和使用的系统。在完成了子系统的构建之后，可由子系统之间按照组成机制进行互联，构成系统。

（5）家族系统：家族系统作为整个复杂信息系统建模的最顶层，在系统有效集成之后即可完成整个顶层架构的设计。

虽然 Zachman 分析方法可以针对复杂信息系统的安全架构进行全面剖析，但是由于系统的各个组成部分在需求阶段的不确定性和复杂性，如果考虑各个层次的互联关系对安全要求的影响，那么在安全需求分析实践中，是否能正确分析复杂信息系统安全架构中的每一个内容，高度依赖于系统各个层次参与角色的人员对不同层次安全要求的认知程度。为了在需求阶段对不同层次的安全要求分析更有效，业内借鉴工艺化需求分析方法来进行安全需求分析。工艺化安全需求分析方法在 Zachman 框架安全需求分析方法的基础上，不要求在资产安全需求分析中加入互联关系作为影响安全保障措施的参考因子，仅要求不同层次参与角色人员关注相应资产在该层次的保障要求。在安全需求分析实践中，工艺化安全需求分析方法可以更高效地完成安全需求分析。例如，业务人员提出信息系统要满足的并发性能要求，系统开发人员依据性能要求进行相应的安全需求分析，分别在网络层面、主机层面、应用层面给出相应的安全保障措施，共同满足性能要求。

5.2.2 基于 SRAM 的安全需求分析方法

在前一节中，我们讨论的 Zachman 框架安全需求分析方法和工艺化安全需求分析方法，均为先验方法，是通过对系统各个层次组成部分进行分析找出相应资产，然后讨论在这个层次的相应资产应采取何种程度的安全保障措施。

本节介绍另一种安全需求分析方法——基于安全风险分析模型（SRAM）的安全需求分析方法，在安全需求分析过程中，基于 SRAM 的安全需求分析方法依据安全危险性分析模型和安全风险分析模型，提取安全要求并进行细化描述，以及相应的保障措施。SRAM 安全需求分析方法首先采用安全危险性分析模型对应用系统存在的各种危险信息进行全面的收集和充分的分析，使安全工程师能够进一步地明确系统的脆弱点和可能遭受的安全威胁，从而能够提出详细、准确的安全需求。通过安全危险性分析可以确定可能受到损害的资产，以及相应资产的脆弱点和安全威胁，之后通过安全风险分析确定系统资产目前与未来的风险所在，采用适当的、有成本效益的安全措施，将信息系统遗留的安全风险控制在可接受的程度之内。

基于 SRAM 的安全需求分析过程如下：

（1）对系统安全及脆弱性进行风险评估。了解并分析信息系统所处的安全环境（系统边界之外潜在的所有直接或间接影响因素）及其他与安全相关的信息，例如运行机制、组成部件、用户因素及与其他系统的关联度等。在此基础上确定需要如何保护资产（资产可以明确细致），包括软硬件、数据、文档和服务等，并综合评价各个资产的相对价值。

（2）定性地分析系统可能会遭受的安全威胁以及脆弱点。该步骤的分析工作较为困难，它不光需要数据支撑，还需要一定程度的抽象思维，大致地预测资产可能受到的损害及判定损害来源，该步骤较依赖于分析人员的经验，分析得是否全面和准确全看技术和经验。系统安全威胁和脆弱点这两者是相依相存的关系，没有直接威胁就没有脆弱点，同样没有脆弱点，威胁也就不能称为"威胁"。所以当一个系统被确定脆弱点后，就需要针对每个脆弱点进行联动分析，大致合计出可能引发的安全威胁及其对资产可能造成损害的程度。

（3）安全威胁和脆弱点的定量分析。定量分析的最终结果是确定系统暴露各种脆弱点及面临安全威胁的可能性大小。这种可能性大小与系统当前所处的安全环境和采用的安全措施有关。对安全威胁和脆弱点的可能性进行大致估算的方法是采用概率统计的方法，分析的数据源主要依赖操作系统日志、高危安全漏洞的统计及用户的投诉建议等，由此分析得到的结果可以进一步推算出系统承受的安全风险值。

（4）明确需求。该阶段的主要工作是将定性分析和定量分析的结果结合起来定义信息系统的安全需求，再由开发人员结合这些需求来确定相应的安全措施，为信息系统提供有效且合理的安全保障。

安全风险是由于某种不希望事件的发生，从而对系统造成影响的可能性。根据系统安全工程能力成熟模型中的理论，能够成为风险的事件有三个重要的因素：安全威胁、系统脆弱点和事件造成的影响。一般而言，这三个因素必须同时存在才能构成安全风险。信息系统面临的安全风险值是确定系统安全需求的一个重要依据，也是评价系统安全可信度的一个重要的量化指标。图 5-7 给出了安全风险分析的全过程。

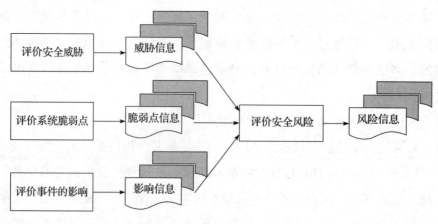

图 5-7　安全风险分析的全过程

不同安全风险的资产应该采取不同的安全措施和安全策略。例如简单地将安全风险划分为高、中、低三个等级，对于高安全风险等级的资产，应当采取严格措施进行保护，或者进行物理隔离，这时需要实现的安全功能和安全保障措施可能不需要太关注成本效益；对于安全风险等级为中的资产，实现适当的符合成本效益的安全功能和保障措施对其进行保护即可；对于低安全风险等级的资产视情况而定，有的资产完全置于目前的安全措施之下即可。

图 5-8 是在安全风险分析的基础上，对业务安全要求分类进行安全需求分析后的输出产物，主要对业务应用识别到的身份假冒、篡改、抵赖、信息泄露、拒绝服务、权限提升等风险采取相应的安全控制措施，满足资产业务的安全要求。图 5-8 最后涉及的业务安全要求分类包括身份认证、应用访问控制、数据访问控制、数据安全、授权管理、通信安全、资源控制、系统安全审计等。

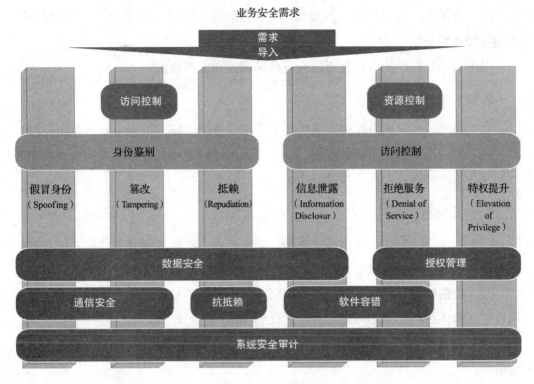

图 5-8 业务安全需求分析后的输出产物

5.3 应用安全需求框架

5.3.1 Web 应用安全需求关键特征

在前面的章节中我们对安全需求分类和安全需求分析方法进行了具体的阐述，依据对 Web 应用系统的安全要求分类，并通过风险分析方法确定主要风险点，在此基础上整理完成 Web 应用安全需求的关键特征。

1. 身份鉴别

（1）标识和鉴别。应支持用户标识和用户鉴别；采用用户名、用户标识符（用户 ID）标识用户的身份，确保用户标识在整个生存周期内的唯一性。

（2）鉴别机制。在每次连接系统或登录时，使用受安全管理中心控制的口令、数字证书（USBKey 或动态令牌）、基于生物特征的识别方式（指纹、虹膜等）及其他具备安全强度的两种或两种以上的组合机制，要求其中一种鉴别方式是不可伪造的，若采用密码作为鉴别方式，需要考虑密码长度、复杂性、定期修改以及登录失败次数限定等增强措施。

（3）重鉴别。在用户发生重要操作（密码修改、转账交易等）时，需提供进一步的身份鉴别确认。

（4）鉴别数据保护。对鉴别数据进行保密性和完整性保护。

2. 授权管理

（1）访问授权。应用软件应提供基于菜单、查询功能、报表功能的访问授权。

（2）授权清单。应用软件应能自动生成访问授权清单，以方便应用管理员对账户和其访问授权清单进行检查或清理。

3. 访问控制

（1）自主访问控制。应在安全策略控制范围内，使用户对其创建的客体具有相应的访问操作权限，并能将这些权限部分或全部地授予其他用户。

（2）控制粒度。应确定自主访问控制主体和客体的粒度，如主体的粒度可以为用户级，客体的粒度为文件或数据库表级和（或）记录或字段级。

（3）特权管理。各种访问操作应尽可能地使用执行该过程所需的最小用户权限。

（4）目录权限。应对用户上传文件存放路径进行权限控制，尽量不赋予文件执行权限。

4. 系统安全审计

（1）安全事件记录。应记录系统相关安全事件。内容应包括安全事件的主体、客体、时间、类型和结果等信息。

（2）用户操作记录。应在保障业务系统性能的前提下尽量详细记录用户登录后的主要操作，至少包括用户名、操作时间、操作内容和操作结果。

（3）特定安全事件告警。能对特定安全事件进行报警，终止违例进程等。

（4）审计记录使用。应提供审计记录分类、查询和分析功能。

（5）审计记录保护。确保审计记录不被破坏或非授权访问及防止审计记录丢失等。

5. 通信安全

（1）密码技术。应采用密码技术保证通信过程中数据的完整性，以确保传送或接收的通信数据不发生篡改、删除、插入等情况。在通信双方建立连接之前，应利用密码技术进行会话初始化验证。

（2）通信加密。应对通信过程中的整个报文或会话过程进行加密。

（3）加密技术和强度。应采用国家信息安全机构认可的加密技术和加密强度，并最低达到 SSL 协议 128 位的加密强度。

（4）数字加密技术使用。应使用数字加密技术（如数字证书方式）进行严格的数据加密处理防止数据被篡改。

6. 网络安全

架构安全。合理划分网络区域，在各个区域之间部署防火墙进行区域隔离，合理部署安全防护产品，隐藏内部 IP，互联网接入线路冗余，核心链路和设备冗余，带宽满足业务需求。

7. 数据安全

（1）完整性机制。应采用密码机制支持的完整性校验机制或其他具有相应安全强度的完整性校验机制，以防止非授权情况下的非法修改。

（2）完整性校验。应对存储和处理的用户数据的完整性进行校验，以发现其完整性是否被破坏。

（3）异常恢复。在数据完整性受到破坏时能对重要数据进行恢复。

（4）数据加密。数据存储采用密码技术支持的保密性保护机制或其他具有相应安全强度的手段提供保密性保护。

（5）加密技术和强度。应采用国家信息安全机构认可的加密技术和加密强度。

8. 抗抵赖

（1）数据原发抗抵赖。应具有在请求的情况下为数据原发者或接收者提供数据原发证据的功能。

（2）数据接收抗抵赖。应具有在请求的情况下为数据原发者或接收者提供数据接收证据的功能。

9. 软件容错

（1）输入验证。应提供数据输入有效性检验功能，保证输入的数据长度或格式符合系统的要求。

（2）自动保护。应提供自动保护功能，当软件发生故障时可以自动保护当前所处的状态。

（3）自动恢复。应提供自动恢复功能，当软件发生故障时会立即自动开启新的进程，恢复原来的工作状态。

（4）输出验证。用户产生的数据必须在服务器端进行校验；数据在输出到客户端前必须先进行 HTML 编码。

10. 资源控制

（1）空闲会话限制。当应用系统中的通信双方中的一方在一段时间内未做任何响应时，另一方应能够自动结束会话，防止维持长时间不活动的会话。

（2）会话限制。应提供系统最大并发会话连接数限制功能，可限制单个账户的多重并发会话请求，可限制一段时间内可能的并发会话连接数。

（3）资源配额。可分配一个账户或一个请求进程所占用的最大限额和最小限额资源；应提供对系统服务水平降低到最小阈值的检测和报警功能；应可自行设定服务优先级别，并在安装后根据优先级分配系统资源。

（4）防止暴力破解。应限制单个账户的登录频率，防止暴力破解。当登录频率超出阈值时，应采取相应锁定措施。

5.3.2　Web 应用安全需求框架设计

以上对 Web 应用安全需求关键特征的梳理，涵盖了从网络层、系统层、应用层和数据层等多个维度开展的 Web 应用安全需求框架设计，如果涉及数据中心的建设，则还需要对数据中心物理层面的安全需求进行分析，最终得到如图 5-9 所示的安全需求框架设计。

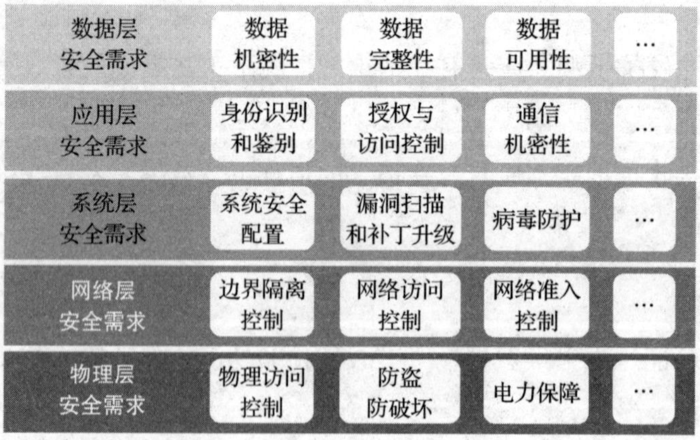

图 5-9　安全需求框架设计

（1）物理层安全需求。从环境安全设备和介质的防盗、防窃、防破坏等方面做重点分析，可以从物理访问控制、防盗窃和防破坏、防雷击、防火、防水和防潮、防静电、温湿度控制、电力供应和电磁防护等方面做安全需求设计。

（2）网络层安全需求。从网络结构安全设计、边界隔离控制、网段划分和 IP 规划、网络访问控制、网络准入控制、通信加密等方面做重点分析，从网络架构的合理性、网络边界的隔离性、网络设备的冗余性、通信传输的安全性、安全域控制等方面做安全需求设计。

（3）系统层安全需求。从系统安全配置、漏洞扫描和补丁升级、病毒防护、系统备份和恢复、日志审计等方面做重点分析，重点保障支撑应用系统运行的操作系统、数据库、通用组件、用户管理、目录服务和交换组件等通用应用服务和系统组件自身的安全性，从防范物理攻击、网络攻击、软硬件故障、管理不到位、恶意代码等面临的威胁上做安全需求设计。

（4）应用层安全需求。从身份识别和鉴别、授权与访问控制、密钥管理、操作抗抵赖、资源控制、软件容错、安全审计、通信机密性、通信完整性等方面做重点分析，包括减少入口对于系统的攻击可能性。对于指定的接入和入口可以通过建立可信机制进行保护，对于非指定的接口可以通过控制权限进行防护，确保系统展示信息的完整性，降低被篡改的风险，加强系统自身的安全性和软件编码的安全性，减少系统自身的脆弱性等。

另外，还需要在应用层考虑业务流程的安全需求，包括发布信息的准确性、采集信息的可控性和服务平台的可用性。应用系统面对的攻击威胁包括网络层攻击、越权访问或操作、权限滥用、数据篡改、抗抵赖和物理层攻击，需要加强对应的防护能力。

（5）数据层安全需求。从数据机密性、数据完整性、数据可用性等方面做重点分析，从数据信息的读取、录入、管理、审核，以及前中后台的信息交互、信息交换等角度提出安全需求。其中读取过程要结合信息的敏感性和重要程度进行访问控制、防止越权访问或操作、权限滥用等攻击威胁的发生；数据信息的录入过程需关注信息完整性和合法性，防止恶意代码对应用系统造成的威胁；数据信息的管理和审核过程需关注系统关键敏感信息；数据信息的信息交互和交换过程需通过系统本身的安全保障机制，抵抗网络层攻击，并加强数据抗抵赖机制。

5.3.3 移动应用安全需求关键特征

在应用安全需求框架设计原理中，我们已经对移动应用安全需求进行过简单的描述，移动应用主要的安全要求与 Web 应用相比，在应用服务器端与 Web 应用的安全要求类似，新增的主要安全要求来自移动应用 App 客户端本身和手机环境安全方面，通过风险分析方法对移动应用安全需求进行综合分析，总结出特有安全需求关键特征涉及业务安全、应用安全、数据安全、系统安全、通信安全等方面。

1. 业务安全

（1）身份鉴别。应有密码强度要求，具备账号锁定策略，账号登录时应有复杂图形验证码校验。

（2）App 权限最小化。只应授予应用程序必需的功能和权限。不必要的权限不应在 AndroidManifest.xml 文件中添加。

（3）业务逻辑防绕过。应充分考虑用户身份鉴别、校验等重要业务功能的合理性，避免逻辑漏洞的出现，确保业务流程无法被绕过。

2. 应用安全

（1）反编译。需要对程序代码进行混淆保护防止反编译。

（2）防二次打包。应对应用程序完整性进行校验，确保 App 未被篡改。

（3）安装包签名校验。应对客户端进行签名，标识客户端程序的来源和发布者，保证用户所下载的客户端程序来源于所信任的机构。

（4）组件安全。安卓应用组件应合理设置访问权限。

（5）Activity 保护要求。Activity 组件在显示窗口时应禁止第三方程序探知。

3. 数据安全

（1）本地文件敏感信息要求。App 本地文件不应明文存储敏感信息。

（2）Log 日志要求。在 logcat 中不应存储敏感信息。

（3）内存数据要求。严格控制内存访问权限，且尽量避免将敏感信息存放在内存中，若无可避免，需要使用内存来保存信息，则应该对信息进行加密处理，并且使用完后要立刻释放，减少信息在内存中的存放时间。

4. 系统安全

ROOT 环境检测。对应用运行的系统环境进行监测，若系统处于 ROOT 或已越狱等不安全环境中，则向用户进行提示或终止程序运行。

5. 通信安全

（1）通信加密要求。客户端使用 TLS/SSL 通信协议进行加密通信传输。

（2）通信证书校验。App 对远程服务器端证书进行校验。

（3）硬编码要求。客户端中不允许将通信数据加密密钥硬编码在代码中。

5.3.4 移动应用安全需求框架设计

以上对移动应用安全需求关键特征的梳理，涵盖了业务安全、数据安全、应用安全、系统安全、通信安全等移动应用特有安全要求,移动应用服务器端安全需求与传统 Web 应用安全需求类似。整理移动应用安全需求框架设计如图 5-10 所示。

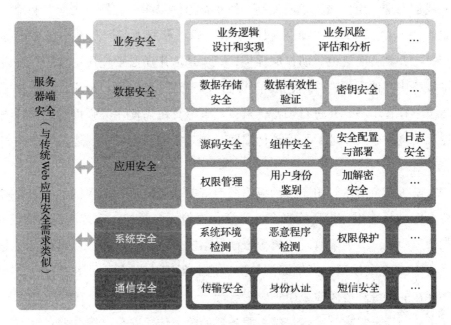

图 5-10　移动应用安全需求框架设计

（1）业务安全需求。从业务逻辑和业务风险等方面设计安全需求,分析业务流程与业务逻辑,评估风险点,严格控制业务流程中的各个环节,包括信息采集、分析、汇总、发布等过程中的访问人员身份鉴别、访问控制、审批审核、交易限额控制等需求,防御越权、滥用、篡改等攻击。

（2）数据安全需求。从数据生成、数据存储、数据传输、数据有效性、密钥安全、文件安全等方面重点分析：移动应用是否明文存储敏感数据,导致被攻击者复制或篡改；不恰当存储登录凭证或密钥信息,导致攻击者利用这些数据窃取用户隐私数据；在数据传输过程中是否未使用加密传输或未验证证书的有效性；任何接收外部输入数据的地方都是潜在的攻击点,过滤检查来自网页的参数（采用白名单机制过滤网页端传过来的数据）；禁止通过网页传输敏感信息。因此,需要从保障数据存储的保密性、完整性、可用性,数据 HTTPS 传输的可靠性,外部输入数据的检查过滤,存储在移动设备的密钥、证书、文件的安全性等方面做数据安全需求设计。

（3）应用安全需求。从移动应用源代码安全、组件安全、权限管理、用户身份鉴别、加解密安全、日志安全、安全配置与部署等方面做安全需求设计,加强移动应用自身的安全性和应用源代码的安全性，减少系统自身的脆弱性等。这其中包括移动应用程序的源码保护、代码混淆、加壳加固、文件加密保护；组件调用安全、组件间通信安全、组件访问权限控制、最小化组件暴露；应用安全配置和部署包括官方最新版本第三方组件、最小权限申请、病毒和恶意代码检测、防截屏等；记录应用日志并具备防篡改、防窃取保护；只申请应用所必要使用的权限，并谨慎授予移动设备中其他应用的访问权限；使用多因素认证鉴别用户身份，用户相关敏感信息尽量不存在本地，并进行加密传输；加解密算法需使用高强度的成熟算法，不要将密钥明文存放在本地；不应该依靠客户端来实现任何安全、逻辑、业务相关的控制。

（4）系统安全需求。由于移动应用客户端的系统具有复杂多样、不受控制等特点，主要考虑从应用运行环境安全、恶意程序检测与防护、系统漏洞检测与防护、应用运行风险提示、权限管理隔离等方面做系统安全需求设计，可以通过检测操作系统是否 ROOT 或越狱、系统漏洞检测、恶意程序检测等提示用户当前使用的应用程序存在的系统环境风险或中止应用运行。

（5）通信安全需求。从客户端与服务器的数据传输安全、服务器对客户端的身份认证、短信传输安全等方面做安全需求设计。客户端与服务器的通信应采用基于 TLS1.2 以上版本的 HTTPS 进行传输，并采用证书锁定方式更精确地验证服务器是否拥有某张特定的证书；在用户登录时采用口令加密、动态密码、图片验证码等验证用户身份是否真实、有效；短信验证码应限制发送次数，并在服务器端校验有效性。

（6）服务器端安全需求。移动互联网应用通常采用端对端系统架构，其中服务器端安全需求与传统 Web 应用安全需求类似，主要包括物理层安全、网络层安全、系统层安全、应用层安全和数据安全等维度的内容。

5.4 应用安全需求实例

5.4.1 Web 应用安全需求检查表

依据 Web 应用关键特征的分类和内容，结合银行项目开发、安全渗透测试、安全运维、安全评估、漏洞隐患控制等经验教训，提出切合实际、行之有效的通用 Web 应用安全需求检查表（见表 5-2），其中部分内容需要依据系统是否有此功能或安全要求进行选择。

表 5-2　Web 应用安全需求检查表

需求分类	需求子类	安全需求描述	选项要求
用户安全	身份认证	应用系统应对登录用户进行身份标识和鉴别，严禁匿名登录，并保证身份标识唯一性	必选
		应用系统应具备对账号口令安全管理功能，包括对口令的设置（口令强度检测）、更新等操作的技术管控	必选
		应支持账号锁定功能，限制连续登录失败次数	必选
		应对重要操作（例如支付功能）进行双因子认证	必选
		业务应用的用户身份鉴别信息（包括用户登录信息及身份凭证）应采用加密存储与加密传输	必选
		提供用户预留信息	可选
数据安全	数据机密性	对于承载了客户信息/核心商业秘密的业务应用，必须在数据存储及使用过程中对客户信息/核心商业敏感数据的机密性提供保护	必选
		业务涉及与客户间敏感信息的交互，应确保通信机密性及数据存储机密性，防止窃听与篡改	可选
	数据合理性	应对输入数据进行验证，对输入内容进行标准化处理	必选
		应对输出数据进行验证，并确保日志/消息/页面显示中未记录密码或其他敏感数据	必选
	数据完整性	应实现重要数据在传输过程中不被窃取或篡改，保证其完整性和一致性	必选
	数据可用性	业务应用应根据其业务重要性、用户及规模服务范围等，设计相应的容灾备份技术方案，以满足业务应用的相关可用性要求	必选
	敏感数据屏蔽	应用程序中的客户敏感信息或密码等信息在显示时应屏蔽部分关键字段	必选
访问授权	访问控制	应能够根据访问控制策略对受限资源实施访问控制，限制用户访问未授权的功能及数据	必选
	会话认证授权	应用系统在会话过程中应维持认证状态，在进行所有操作前验证当前用户是否正常进行了登录，防止用户通过直接输入登录后的地址访问登录后的页面	必选
日志审计	日志记录	应具备应用层用户安全审计功能，能够记录并保存用户访问资源行为及关键业务操作，保证操作过程可追溯、可审计；保证日志记录的安全管理	必选
	交易日志完备	根据具体业务情况，分析日志对应交易行为的日志记录内容。例如： 1. 货币操作详细记录，包括日期、时间、金额、发款与收款账户，以及交易类型（借方/信贷） 2. 对于交易的详细信息，需要屏蔽借记卡密码等敏感信息 3. 针对涉及客户资金安全的高风险交易提供数字签名或抗抵赖交易日志记录功能	可选
应用安全	应用	应具有异常处理机制并有统一错误提示	必选
		应具有安全编码规范或安全编码要求，避免因为编码缺陷给应用系统引入安全漏洞	必选
		应正确设计 Web 应用系统中的会话管理，防止会话劫持、会话固定攻击和会话数据的篡改、盗取或滥用	必选
	配置管理	应安全使用配置文件，并确保加密形式保存	必选
	应用框架	使用外部应用框架时，应该考虑框架安全性问题	必选
	第三方组件	如业务应用将引入第三方组件，则应在合同中明确开发商或者提供维保服务的厂商引入第三方组件所承担的信息安全责任及后续服务要求	必选

（续）

需求分类	需求子类	安全需求描述	选项要求
资源控制	会话超时	提供会话超时机制，在一定空闲时间（由业务人员综合考虑业务所需、客户体验而定）后，客户再次接入应强制其重新登录	必选
	并发控制	应对系统的最大并发会话连接数进行限制，避免因并发量过大，导致系统瘫痪	必选
	单个会话限制	应合理限制单个用户同时登录多个终端	可选
业务安全	密码重置	密码重置功能应充分考虑密码重置方式、密码重置逻辑安全等安全控制	必选
	密码修改	修改密码功能应充分考虑身份认证、原密码认证、新密码强度强制要求等安全控制，避免发生密码被获取或爆破等风险	必选
	批量密码重置监测	通过数据分析用户重置密码趋势，在发生批量用户密码重置时及时响应	必选
	业务绕过	应充分考虑用户身份鉴别、校验等重要业务功能的合理性，避免逻辑绕过	必选
系统网络安全	安全域	应用系统架构应符合《网上银行系统信息安全通用规范》安全域框架	必选

5.4.2 移动应用安全需求检查表

依据移动应用关键特征分类和内容，结合银行项目开发、移动安全检查、安全运维、安全评估、漏洞隐患控制等经验教训，提出了通用移动应用安全需求检查表，根据移动应用的特点，重点列举了与 Web 应用有所区别的安全需求检查项，其中部分内容需要依据系统是否有此功能或安全要求进行选择。

表 5-3 移动应用安全需求检查表

编号	检查项	选项要求	备注
1. 业务安全			
1.1 身份鉴别			
1.1.1	账号的注册应通过图片验证码、短信验证码等进行身份验证	必选	
1.1.2	收集注册用户数据，分析用户行为，冻结长时间没有行为的账户	可选	
1.1.3	对于用户信息修改等重要业务操作，应进行二次鉴权，避免用户身份被冒用	必选	
1.1.4	应用程序从后台唤醒时应重新鉴别用户身份	必选	
1.1.5	对于敏感信息修改或转账、支付等重要业务，应使用除密码以外的其他认证方式共同认证	必选	
1.1.6	登录入口统一，增加图片验证码等人机识别方式防止撞库攻击	可选	
1.1.7	限制账号登录频率与次数以防止撞库攻击	可选	
1.1.8	进行账户风险分析，提示高危账号修改密码	必选	
1.1.9	优化密码找回的业务逻辑，防止逻辑绕过	必选	
1.1.10	进行身份证号码、手机号码、短信验证码、密码提示问题等多因素身份认证时，应在服务器端校验有效性	必选	
1.1.11	通过数据分析用户重置密码趋势，在发生批量用户密码重置时及时响应	必选	
1.1.12	应用程序中的客户敏感信息或密码等信息在显示时应屏蔽部分关键字段	必选	

(续)

编号	检查项	选项要求	备注
1.1.13	应用程序在用户鉴别失败时应采取结束会话、限制非法登录次数、自动退出等方式处理	必选	
1.1.14	鉴别失败时应显示通用的错误提示信息,避免提示信息被攻击者利用	必选	
1.2 访问控制			
1.2.1	应用程序应严格限制用户的访问权限,遵循最小权限原则控制用户对业务功能、用户数据等对象的访问	必选	
1.2.2	应用程序在向系统申请权限时,也应遵循最小权限原则	必选	
1.3 业务逻辑安全			
1.3.1	在支付业务交易中,限制一段时间内支付次数与交易限额	必选	
1.3.2	支付业务交易中后台校验账号、金额等重要信息	必选	
1.3.3	优惠券等信息与账号、银行卡、身份证等绑定,并限制单个账号获取的数量	必选	
1.3.5	应充分考虑用户身份鉴别、校验等重要业务功能的合理性,避免逻辑漏洞出现,确保业务流程无法被绕过	必选	
1.3.6	应避免涉及重要业务信息或用户敏感信息的业务流程存在逻辑漏洞,防止敏感信息泄露	必选	
1.4 恶意行为监测			
1.4.1	增加检测机制,通过账号、手机号、身份证号、地址、IP地址等不同维度检测恶意交易行为账号	必选	
1.4.2	增加反爬虫机制,对访问来源进行限制	可选	
1.4.3	严格设置登录策略,具备防范账户暴力破解攻击的能力,包括密码重置、密码找回等重要业务	必选	
2. 数据安全			
2.1 数据获取			
2.1.1	用户输入敏感信息时使用经过第三方机构检测认证的安全软键盘,确保用户敏感信息不被移动终端的其他应用程序获取或篡改	必选	
2.1.2	保护内存中的敏感信息,敏感信息输入后应进行加密,不允许出现完整的明文敏感信息	必选	
2.1.3	应用程序的Cookie、本地临时文件、本地数据库文件等文件中不允许出现明文敏感信息	必选	
2.1.4	敏感信息使用完成后应及时删除,不允许存储在本地,以防止敏感信息泄露	必选	
2.1.5	应用程序对输入数据的有效性校验应在服务器端进行	必选	
增强要求			
2.1.6	应采取一定技术手段防止内存中的加密敏感数据被窃取还原为明文	可选	
2.2 数据传输			
2.2.1	移动应用程序客户端与服务器端间应使用加密的信息传输通道进行传输,且所采用的安全协议不应有已知的安全漏洞	必选	
2.2.2	应用程序应使用数字证书验证服务器的身份,以防止中间人攻击	必选	
2.2.3	敏感数据在本地组件间或通过公共网络与服务器进行传输时均应进行加密	必选	
2.2.4	对应用配置等文件或敏感数据,应该在每次使用前验证数据的完整性,防止被攻击者篡改	必选	
2.2.5	通过移动应用程序发起的交易,应使用数字签名保证其真实性与不可抵赖性	必选	
增强要求			
2.2.6	应用程序与服务器进行双向认证	可选	

（续）

编号	检查项	选项要求	备注
2.3 数据存储			
2.3.1	应用程序不应在本地存储用户密码、身份信息等敏感数据	必选	
2.3.2	应用程序在存储业务所必需的数据时，应采用加密等手段确保数据的保密性	必选	
2.3.3	应用程序应对密钥进行保护，确保无法通过逆向分析等手段获取完整的密钥明文	必选	
2.3.4	应用程序不应在配置文件中存储数据库连接密码、ftp 密码等敏感信息	必选	
2.4 数据销毁			
2.4.1	敏感信息使用完成后，应立刻删除销毁	必选	
2.4.2	应用程序退出时除业务需要所必须保留的数据外其余数据应全部删除，确保用户信息的安全	必选	
2.4.3	应用程序卸载删除后，系统中不应保留任何与用户相关的数据与敏感信息	必选	
增强要求			
2.4.4	应用程序应确保删除的数据或敏感信息无法通过技术手段恢复	可选	
2.4.5	应用程序后台运行时，对应用程序的预览界面进行模糊处理等保护	可选	
3. 应用安全			
3.1 应用安全配置			
3.1.1	应用程序应关闭应用调试、数据备份等功能	必选	
3.2 组件安全			
3.2.1	使用系统组件时应限制对组件的访问与操作，避免组件暴露	必选	
3.2.2	避免使用有漏洞的开源第三方应用组件与代码	必选	
3.2.3	限制组件的数据收集功能，避免用户信息泄露	必选	
3.3 接口安全			
3.3.1	应用程序应对软件接口进行保护，防止其他应用对接口的非授权调用	必选	
3.3.2	应用程序应对传入的 URI（统一资源标识符）进行校验与安全处理，防止程序运行异常或操作异常	必选	
3.4 抗攻击能力			
3.4.1	使用代码混淆技术，通过对代码类名、函数名做替换以及简单的逻辑分支混淆实现，增加代码阅读的难度，使攻击者难以掌控应用程序内部实现逻辑，增加逆向工程和破解的难度	必选	
3.4.2	使用 APK 签名校验，应用程序在发布时需要开发人员对其进行签名，通过签名标识验证用户所下载的应用程序来源于可信机构	必选	
3.4.3	dex 文件校验，重编译 APK 其实是重编译了 classes.dex 文件，重编译后所生成的 classes.dex 文件的哈希值改变，因此可以通过检测 classes.dex 文件的哈希值判断 APK 是否被重打包过	必选	
3.4.4	为防止被破解篡改，应用程序发布时的 classes.dex 文件的哈希值应存放在服务器端	必选	
3.4.5	so 文件保护，通过编译器优化技术、剥离二进制文件、使用 so 加固壳 upx 等方式进行加固	必选	
3.4.6	资源文件保护，涉及用户信息的资源文件尽量不打包在 APK 中，在首次运行或需要使用时下载，并不保存在设备中	必选	
3.4.7	对应用保存在本地的图片、音频等资源文件进行加密保护，防止被复制和窃取	必选	
3.4.8	调试器检测，如果发现有调试器连接，可以直接退出程序	必选	
3.4.9	使用应用加固技术，对应用程序加固加壳	必选	

（续）

编号	检查项	选项要求	备注
增强要求			
3.4.10	由于逆向 C/C++ 代码比逆向 java 代码困难，所以关键代码部位应该使用 Native C/C++ 编写	可选	
3.5 会话安全			
3.5.1	采取会话保护措施，确保应用程序与服务器之间的会话不可被窃听、篡改、伪造、重放等	必选	
3.5.2	应用程序应确保在用户注销或登出后会话被安全终止	必选	
3.5.3	应设置用户登录超时控制策略，用户闲置在线超出时限时自动登出用户账号	必选	
3.5.4	限制会话并发连接数，对同一用户的会话并发连接数进行控制，避免攻击者恶意创建大量会话，影响业务的可用性	必选	
4 系统安全			
4.1 系统环境检测			
4.1.1	对应用运行的系统环境进行监测，若检测到运行环境处于 ROOT 或已越狱等不安全环境时，向用户进行提示或终止程序运行	必选	
4.2 恶意程序检测			
4.2.1	对系统运行环境进行监测，若检测运行环境未有安全软件时，向用户进行提示或终止程序运行	可选	
5 通信安全			
5.1 密码算法			
5.1.1	在不需要还原用户明文密码的场景使用哈希算法，在需要还原用户明文密码的场景下使用对称加密算法，优先选择使用哈希算法	必选	
5.1.2	密码算法应符合国家密码管理局的有关要求，不使用安全强度低的算法，不使用自定义的加密算法，应支持国产密码算法	必选	
5.1.3	密码算法应使用官方 SDK 中自带算法库，若使用第三方算法库应对其安全性进行验证	必选	
5.2 密钥管理			
5.2.1	会话密钥应采用一次一密的方式	必选	
5.2.2	不能将密钥直接明文存在 sharedprefs 文件中	必选	
5.2.3	不要将密钥直接硬编码在 java 代码中，dex 文件很容易被逆向成 java 代码	必选	
5.2.4	不要将密钥分成不同的几段，分别存储在文件与代码中，最后将他们拼接起来，虽然可以将整个操作写得很复杂，但由于还是在 java 层，容易被逆向分析	必选	
5.2.5	不要将密钥放在 so 文件，可能被使用 IDA 破解	必选	
5.2.6	密文和密钥不要存放在同一文件或同一目录内	必选	

第 6 章

应用安全设计与开发

6.1 应用安全设计理论

在上一章中我们讨论了互联网应用和移动应用的安全需求分类,并通过风险分析方法确定主要风险点,形成了安全需求的关键特征(安全功能规范),在本章中,我们需要将安全需求转变为应用系统的具体实现。从功能的角度来看,从要求到实现形式的这一转变对于最终可交付系统的整体质量来说,其贡献仅次于需求阶段。而从安全的角度出发,软件架构和设计被很多专家认为是软件开发周期中最为关键的一个阶段。在本阶段中做出好的决策,不仅会使软件形成更好地抵御攻击并从中恢复的方法和结构,而且有助于在后面的阶段(如代码实现和测试阶段)制定出好的决策。若在该阶段做出坏的决策,则会导致设计缺陷,这些缺陷甚至会让最有才智、最训练有素的编程人员和测试人员都无法克服与解决。

6.1.1 应用安全设计的基本原则

安全设计原则用于指导软件开发者(特别是软件架构师和设计师)构建更为安全的软件,其定义了有效的条例,主要是架构层面的软件决策和建议,与软件平台和开发语言无关。不管是构建新的软件还是评估已有的软件,都应该始终把这些设计原则作为保证软件安全的指南和标准。

以下所列出的要点,是一组核心的安全设计原则,开发团队的每一个成员(从编写代码的人到项目经理)都应该注意并且熟悉这些原则。尽管这种信息大多数都是由软件架构师和设计师主动引入的,但整个团队对这些基本考核点的认识,才是减少由安全问题引发的软件威胁的强大力量。在此对每一条原则进行简要的描述，以便理解各个原则。

（1）最低权限原则。应该把最低的必要权限分配给请求存取资源的主体，而且保证赋权分配的必要时间最短（不要忘记权限回收）。赋予每一个合法动作最小的权限，以保护数据及功能避免受到错误或者恶意行为的破坏。如果授予用户超过其行为的必要权限范围的许可，那么该用户就能以任意方式获得或修改信息。简而言之，对存取权限的谨慎分配能够限制攻击者破坏系统的能力。

（2）容错保护原则。当程序出现故障、系统异常或系统失败时，可以进入一个失败保护的状态。如果用户请求失败，系统仍可保障安全。这一过程通常包括几个要素：安全缺省值（默认为拒绝存取）；对故障撤销更改并恢复到安全状态；始终检查故障的返回值；在有条件的代码/过滤器中，保证缺省情况能正常工作。即使丧失可用性，也应该保证系统的保密性和完整性未受损害。在故障中，必须阻止攻击者获得通常无法得到的存取权限。往往在故障之后，系统会向潜在的攻击者透露与故障相关的附加敏感信息，随后这些信息被威胁参与者用于攻击。所以，确定在什么情况下系统会发生故障，并确认这种情况不会威胁到系统很重要。

（3）单点异常终止原则。当用户提交数据超出预期时，应立即终止程序的执行，不要试图加以修正并继续执行下去。

（4）保障最弱环节安全原则。比起安全性被加强的组件，攻击者更乐于攻击软件系统的缺陷。例如，破解一些加密算法可能需要很多年的时间，因此攻击者不可能攻击一个网络中传输的加密信息。然而，通信端点（如服务器）可能非常容易攻击。安全从业人员指出，安全是一条链，且这条链的强度等同于其最脆弱的一环的强度。软件安全亦同，整个系统的安全性等同于最弱元件的安全性。

（5）深入防御原则。应用程序对业务数据进行处理的每个阶段都要考虑安全性问题，不能仅在某个阶段做安全防御，这样单点防御一旦被突破将造成安全风险。

在软件常有的安全机制中，就含有纵深防御的考量。一些例子如下：

- 身份认证机制，为避免账号密码被获取，采取多因素认证机制，例如使用OTP令牌机制。
- 输入验证机制，在客户端和服务器端均应对使用者输入数据进行检查。
- 错误处理，在程序源码中，使用捕捉错误的标准做法（例如 Try Catch），另外，为避免程序设计人员人为疏漏，应在服务器设定错误显示特定页面，不显示详细错误信息给使用者。

（6）权限分离原则。对业务的操作、管理和审计权限应该由软件中的不同角色的用户分别承担；普通用户和管理员用户信息应该存放在不同的数据表中。另外，系统应该保证在向个体授予权限之前检查多重条件是否满足。只检查存取权限的某一项条件很可能不足以维持健壮的安全性。也许攻击者只得到一项权限而无法得到另一项，则将不能发起一次有效的攻击。

（7）机制节约原则。复杂性是评估一个系统安全性的因素之一。如果设计、实现安全机制是非常复杂的，那么系统存在安全漏洞的可能性将大大增加。微妙的问题在复杂的系统中可能很难被发现，尤其是在大量的代码中。例如，对负责日常运行的源代码进行分析是一项非常困难的任务，而且在其他能够完成同样功能的代码中检查其他行为被证明更为困难。简化设计或代码往往不是那么简单，但开发者还是应该尽可能实现更简单的系统。

（8）通用机制最少化原则。避免多个主体共享某个资源权限的机制。例如，在互联网上的一个应用程序可能同时允许攻击者和用户存取权限。在这一例子中，敏感的信息可能通过相同的机制潜在地在这些主体间共享。每个（或每类）主体都应该拥有不同的机制（或机制的实例），能够提供多用户存取控制的灵活性，并防止那些在单一机制情况下可能发生的、潜在的违背安全性的行为。

（9）不信任原则。开发者应该假设系统环境是不安全的。信任（不管是扩展到外部系统、代码还是人）应该始终是严格的，决不轻率地做决定。当构建一个应用程序时，软件工程师应该预计到来自未知用户的不合法输入。即使软件的用户是已知的，他们也容易受到社会工程的攻击，而成为系统的潜在威胁。同时，没有任何系统是百分之百安全的。因此保护两个系统之间的接口，对系统的信任降至最低，能够提升应用程序的安全性。

（10）不信任隐私安全原则。依赖于含糊的设计或实现，无法保证系统的安全性。应始终假设攻击者能够得到系统的足够信息而发起攻击。例如，反编译器和反汇编程序这样的工具能够使攻击者获得二进制文件的敏感信息。同时，意外的或恶意的内部攻击会引起安全性的侵害。使用实际的保护机制来保护敏感信息应该是保护隐私安全的终极手段。

（11）完全中立原则。一个软件系统如果在每次主体请求存取时都执行检查，特别是对与安全相关的内容，那么系统错误地赋予主体过高权限的可能性就减少了。相反，如果系统对主体的权限检查次数不够，那么很容易被攻击者入侵。如果一个主体的存取控制权限在第一次被授予之后降低了，并且系统不检查其后的存取内容，那么有可能发生违背权限许可的情况。缓存权限能够提升系统的性能，但是所付出的代价往往是受保护的内容被修改。

（12）心理可接受原则。不应该使用限制资源访问的安全机制阻止攻击。如果安全机制妨碍了资源的可用性或使得资源不易获取，那么用户很可能会关闭这些机制。安全机制应该尽可能对系统用户透明，或者引入少量的资源使用阻碍。安全机制应该和用户是友好的，在应用程序中能方便地理解和使用。

（13）数据保护原则。对用户数据的保护功能应涵盖用户数据存储的完整性、用户数据传输的保密性、数据传输的访问控制、剩余信息的保护、数据反转操作等内容；对系统中的关键数据（如用户密码等）进行存储和网络传输时应采用加密保护，使用的加密算法应该符合国际标准、国家标准和业界标准。

（14）抗抵赖原则。对于涉及支付交易等重要的业务场景，系统设计应有效地防止通信双方抵赖，如采用电子证书签名等方式。

（15）可审计原则。在应用系统中设计审计日志记录的功能，并对应用系统产生的日志增加完备的审计功能。

（16）开放设计原则。与"不开放即安全"的原则相比，开放设计原则认为应用设计本身不应具有私密性和神秘感，开放设计可以提高系统的可扩展性和兼容性。

（17）规范性原则。系统设计所采用的安全技术和安全产品应符合国际标准、国家标准和业界标准，为系统的扩展升级、与其他系统的互联提供良好的基础。

6.1.2 应用安全设计方法

根据以上应用安全设计原理，对应用系统开展安全设计工作，主要步骤包括攻击面分析、威胁建模、控制措施、安全设计审查。下面对上述步骤进行详细描述。

1. 攻击面分析

攻击面分析让开发人员注意到应用程序的哪些部分有可能遭受攻击，找出需要审查和测试的安全漏洞。攻击面分析通常由安全架构师和测试人员进行，但开发人员也应了解及监控那些由他们设计或修改的系统所产生的攻击面。进行攻击面分析所带来的好处如下：

1）识别出系统的哪些部分需要检视/测试安全漏洞。

2）识别需要进行深层防御的高风险程序代码，亦即系统所需要保护的部分。

3）识别出当攻击面改变后，需要做哪些风险评估。

（1）定义攻击面。攻击面是描述攻击者可以进入系统并取得所需信息的各种不同的进入点，应用程序的攻击面包含以下几方面：

1）应用程序中的数据/命令进出的所有路径。

2）保护系统资源路径的系统功能（包括数据链路和认证、授权、活动记录和验证等）。

3）所有在应用程序中有价值的资产，包含密钥、关键业务资料和个人资料等。

4）保护数据的系统功能（包括加密验证、数据完整性和安全控制等）。

可以使用角色和权限的关系来看系统的攻击面，不同类型的用户的数量会增加其复杂性。此外，拥有用户权力最多与最少的用户角色在系统中特别需要探讨：

1）未经身份验证的匿名用户。可被此角色所存取到的情境皆需预防与控制。

2）权限过高的管理者（如数据库管理员、系统管理者）。任何使用此角色进行的行为皆需验证并记录，以避免遭误用与滥用。

（2）攻击面的识别和对应。开始建立攻击面基线（Baseline）描述图，从攻击者的角度审查设计和架构文件。透过源码识别出攻击者各种进入/离开的点，例如用户接口的表格和输入字段、HTTP标头和Cookie、档案、数据库、邮件及执行时期的参数等。

这些不同的攻击点可能总数相当庞大。为了管理上的方便，可以依照功能、设计和技术的不同分类，例如登录/验证、管理界面、查询和搜索功能、业务流程及API的传输接口等。

除此之外，还需要通过访谈系统开发者和业务方，识别出系统中有价值的数据（如保密、敏感数据）。

一旦分析完攻击面后，就必须识别出高风险区域，并专注在远程进入的攻击点，也就是与外部系统和网络的接口，特别是当系统允许匿名、公开存取时，例如Web表单、来自外部网络的文件、旧的通信协议及函数库等。

这些通常是最容易遭受到攻击的地方，故须了解可以导入何种合适的控制措施来保护应用系统，例如网络防火墙和应用程序防火墙等。

此外，当部署多个版本的应用程序，或是留下旧的、备份和未使用的程序代码时都会增加其攻击面。因此加入源码管控和稳健的变更管理/配置的做法，是目前最有可能用来确保实际部署后的攻击面的方式之一。

2. 威胁建模

微软提出威胁建模的方法论，整个威胁建模的流程如图6-1所示。

整个威胁建模流程分为以下 6 个步骤：

（1）识别资产。识别出哪些才是系统必须保护的重要资产。

（2）建立架构概观。利用简单的图表来记录应用程序的整体架构，包含子系统、信任边界和数据流。

（3）分解应用程序。将应用程序进行架构分解，包含基础网络和基础架构设计，目的在于为应用程序建立一个安全配置文件。这份文件的目的就是在应用程序设计、实现及部署时能够发现弱点。

图 6-1　威胁建模

（4）识别威胁。留意攻击者的目标及应用程序的潜在漏洞，找出可能影响应用程序的威胁。

（5）归档并分类威胁。对识别出的威胁使用威胁的属性定义和一般常见的威胁样板归档并分类。

（6）评估威胁。评估所面临的威胁，针对严重程度进行排序，并且优先处理优先级别最高的。

对流程的具体操作简要说明如下：

（1）系统架构图与数据流分析。一般的应用程序最基本可分为输入、输出与处理三个部分，数据流程图（Data Flow Diagram，DFD）描述数据在系统内的子系统间、系统与外部之间，资料来源、目的与储存之间的相互关系，数据流程图为结构化的系统分析与设计所使用的标准描述工具之一，故使用数据流程图可清楚地识别与了解系统的所有资产、处理流程与相关内外部接口的互动关系。而在数据流分析中，可以把数据流分为以下元素，代表符号如表 6-1 所示。

表 6-1　对数据流相关符号的说明

形　状	数据流图元素类型	描　述
<同心圆>	复杂过程（即复杂进程）	一个过程在进行多个不同操作时的逻辑表示。如一次服务或者 Daemon、一次 Assembly、一个调用动态链接库（DLL）的可执行文件（.exe.file）
<圆>	过程（即进程）	一个过程执行一个单一任务时的逻辑表示。某些数据流图使用一个圆角矩形来表示一个过程
<矩形>	交互方（又称外部实体）	推动应用但却无法控制的某人或事物。例如系统用户、异步事件和外部过程
<平行线>	数据存储	如文件和数据库类的永久数据存储，可能包含缓冲信息、某些数据流图用一个未闭合的矩形来代表数据存储

（续）

形 状	数据流图元素类型	描 述
<箭形线>	数据流	意味着数据在系统中的移动防线。如网络通信、共享内存以及函数调用等
<点形线>	特权边界（即信任边界）	针对威胁建模过程，特权边界界定了数据是从低信任区域向高信任区域移动，反之亦然。如机器与机器之间边界、过程边界（低特权用户与高特权进程进行通信）以及内核态与用户态应用二者之间的分界线

- 外部实体：由人员和其他外部系统所组成。
- 程序：包含 DLLs、组件、服务、Web Services 和 Com 对象等。
- 数据流：包含函数调用、网络流量、远程过程调用等。
- 数据储存库：包含数据库、档案和共享内存等。
- 信任边界：包含程序边界和文件系统等。

图 6-2 为数据流图范例。

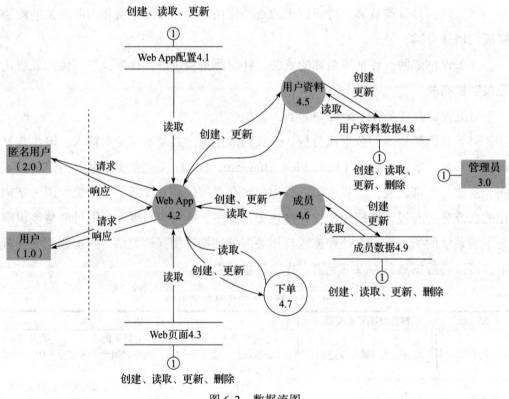

图 6-2 数据流图

（2）威胁建模识别威胁。主要威胁识别方法如下：

- 主题-对象矩阵。通过分析出来的系统架构图与数据流来识别出主体、物体与存取行为，再通过矩阵反转找出系统的潜在风险。
- STRIDE 模型。将分析出来的数据流和主题-对象矩阵所找出的潜在风险套用 STRIDE 模型得出系统会产生哪些风险。
- 攻击树。将 STRIDE 模型所得到的风险通过攻击树分析取得有可能的相关攻击路径。
- DREAD 评鉴标准公式。将得到的风险透过 DREAD 评鉴标准公式进行风险排序。
- 缓解计划。根据 STRIDE 模型所得到的风险对应对策、DREAD 评鉴标准公式得到的风险排序以及攻击树得到的相关攻击路径，选择相关的控制措施，制订符合的缓解计划。
- 报告与追踪。根据 DREAD 评鉴标准公式得到的风险排序制定追踪报告，风险最高的列为重点追踪项目。

以下为采用 STRIDE 模型识别威胁的方式。

主要种类的威胁包括假冒（Spoofing）、篡改（Tampering）、抵赖（Repudiation）、信息泄露（Information disclosure）、拒绝服务（DoS）、提升权限（EoP）。

利用"威胁与对策"的 STRIDE 模型，提出与应用程序体系结构和设计的各个方面相关的问题。这是一种基于目标的方法，这里我们考虑的是攻击者的目标。

步骤一，绘制各个应用程序的业务功能数据流图。

步骤二，将业务功能数据流图元素类型与 STRIDE 模型进行映射。

数据流图元素与 STRIDE 模型的映射关系如表 6-2 所示。

表 6-2　数据流图元素与 STRIDE 模型的映射关系

元素	假冒	篡改	否认	信息泄漏	拒绝服务	提升权限
数据流		×		×	×	
数据存储		×	(×)	×	×	
过程	×	×	×	×	×	×
交互方	×		×			

步骤三，根据映射关系整理详细威胁列表和系统潜在威胁的完整清单。

3. 控制措施

在设计阶段通过威胁建模评估整体系统风险，并且经过风险排序之后，接下来就要针对这些风险来制定相关的控制措施，一般来讲，控制措施可依照需求类型的不同分为 14 类。

（1）安全架构文件需求。必须针对所有应用程序所使用到的组件，包含商业或自行开发的相关组件，即使它们不属于应用程序的一部分。

（2）身份认证需求。除了公开信息外，所有取得的信息都必须通过验证，而且所有认证信息都必须经过加密存放，认证的行为必须被记录下来。

（3）会谈管理需求。应用程序所使用到的相关 Session 都必须经过管理，而且要设定有效时间及通过认证。

（4）访问控制验证需求。确认使用者在未通过认证前不能进行任何需要认证的存取相关动作，而且只能访问权限内的服务及所有动作都必须被记录。

（5）输入确认验证需求。确保所有输入都必须经过验证而且输入错误都必须被记录下来。

（6）输出编码验证需求。确认所有输出都有经过编码，而且都必须由服务器端进行相关控制措施。

（7）加解密验证需求。确保所有机敏数据都需要加密，而且要建立完善的加解密机制。

（8）错误处理与记录验证需求。所有事件的发生都必须被完整地记录下来且不可包含任何机密信息在内。

（9）数据保护验证需求。所有传送到客户端机密数据的存取或暂存都必须受到保护，而且数据一定要放在 HTTP 信息文本内才可传送并规定明确的保护政策。

（10）通信安全验证需求。所有和机密数据或功能有关的对外联机都必须要经过验证而且设为最小权限。

（11）HTTP 安全验证需求。所有导向指令都不可以包含未经验证的资料，而且只能接收事先定义好的 HTTP 要求指令。

（12）安全设定验证需求。所有敏感信息都必须存在受保护的地方，避免未授权的存取，而且所有存取行为都必须依照安全设定。

（13）恶意代码检查需求。源码在任何时候都不能包含恶意代码。

（14）内部安全验证需求。禁止所有未授权的内部读写动作。

4. 安全设计审查

进行一连串安全软件设计的实务活动之后，为确保安全设计能符合需求阶段提出的相关安全需求，保证安全设计满足软件安全基线，在设计阶段结束前需要开展安全设计审查工作，安全设计审查流程如图 6-3 所示。

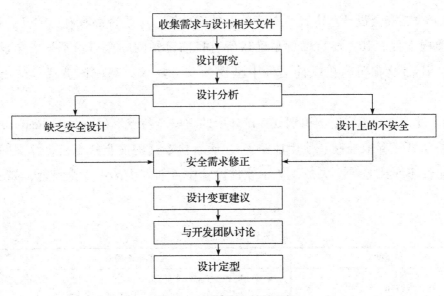

图 6-3 安全设计审查流程

流程的主要阶段分别为收集需求与设计相关文件、设计研究、设计分析、安全需求修正、设计变更建议、与开发团队讨论及设计定型七个阶段。

（1）收集需求与设计相关文件。取得需求阶段产生出的所有安全需求，收集开发团队在设计时产出的所有种类的设计文件，可能包含使用案例图、活动图、类别图等。

（2）设计研究。研究系统设计是通过研读系统文件后，完整地了解系统数据流、系统中组件的属性及如何交互作用、系统数据处理的方式等。这些都必须通过手动的分析并与设计或架构团队进行讨论来达成，对整个系统的设计与架构必须在此时完整地了解，才有办法辨别出可能产生脆弱性的弱点区域，系统设计若有下列功能，就一定要被视为关键区域重点关注：

1）数据流。
2）访问控制。
3）现存框架内建的安全控制措施。
4）与外部服务的整合。
5）数据源与配置文件的位置。
6）附加组件。

这些有助于鉴别系统的信任边界并帮助判断弱点及风险层级。

（3）设计分析。在了解设计后下一个步骤就是分析设计中潜在的威胁，主要有以下两个方向：

1）缺乏安全设计。审查所有清单上的安全需求，是否都有对应的安全设计、安全架构文件。其主要目标就是确认所有目前已知的安全需求都被安全设计所解决。任何没有明确在设计文件中呈现的安全需求，都应该被视作缺乏安全设计。

2）设计上的不安全。识别软件设计中的"安全特点"（Security Feature）（例如身份认证、存取控制、使用加密等），然后检查这些安全特点是否存在问题使得安全性不足或是完全失效，关于软件设计中可能发生的不安全设计，如表6-3所示。

表6-3 设计上的不安全

类型	不安全设计
机密性	• 采用SSL加密却未停用SSLv2、v3等相关具有弱点的版本 • 采用具有弱点的OpenSSL版本进行线上服务
完整性	• 使用页面隐藏栏位作为网站资料传输方式 • 将输入验证视作在客户端执行的JavaScript进行检查
可用性	• 采用不具可靠度的传输协议，如UDP • 未对资料进行完整性验证即输入
身份认证	• 自行开发不严密的会话管理机制 • 通过明文传输使用者敏感信息
授权	• 通过隐藏栏位进行权限管控
稽核	• 在log日志中记录敏感信息 • 将使用者输入作为log内容来源
会话管理	• 错误的会话逾期时间设定
错误及例外管理	• 使用系统预设的例外处理机制
组态管理	• 使用预设组态设定

（4）安全需求修正。在分析设计中不安全的部分与缺乏的安全设计后，对相对应的安全需求列表应该进行修正。安全需求列表中的安全需求应是高阶的、与设计可对应的需求。

（5）设计变更建议。在此步骤中，所有通过前述步骤找到的安全需求，应关联到相对应的控制措施，并且提出对目前设计的变更建议。设计的变更建议应采用明确的方式进行说明，以"针对输入验证的变更建议"举例如下：

1）识别软件中正确的组件。

2）安置检查点。

3）实现验证机制。

4）验证机制采用第三方API或者采用软件框架本身的功能。

（6）与开发团队讨论。与开发团队讨论设计变更建议，开发团队对变更建议的疑问必须加以处理，并确保变更建议的可行性。如果有的话，必须考虑例外情况，以提出替代方案或修正原先的建议做法。在此步骤的最后，将达成并产生一致同意的控制措施。

（7）设计定型。由开发团队将设计变更建议纳入最终设计规格后，必须重新审查并确定进一步开发的程序。

6.2 应用安全设计

6.2.1 基于"木桶原理"的应用安全架构及特点

银行互联网应用在对安全考虑的早期是针对应用的不同阶段容易遭受到的风险进行层次性安全防御，互联网应用安全风险分析如下。

常见的安全威胁有：

1）服务器应用漏洞入侵。

2）拒绝服务攻击（DOS）。

3）恶意代码（如病毒蠕虫）。

4）越权访问（如非授权接入）。

5）钓鱼攻击。

6）网络传输信息泄露。

7）网络传输数据篡改。

8）数据库篡改数据。

9）Web应用漏洞攻击。

以上威胁分布在互联网应用浏览器端、传输层、服务器端，如图6-4所示。

针对以上安全问题，传统安全架构会在客户端、传输层、服务器端建立安全控制措施（安全组件），以实现其安全架构设计。例如，我们在客户端使用密码控件和自定义键盘等方式保护账号密码，网站预留信息防止钓鱼，客户端安全组件进行客户端环境安全检查，防止客户端恶意程序；在进行交易操作时要求使用UKEY进行签名以防止抵赖；传输过程要求采用加密协议，敏感数据需要二次数据加密传输，以防止数据机密性被破坏；服务器端则一般采用会话认证、访问控制、数据输入输出校验、数据加密存储、日志审计、交易监控等相应安全控制组件，以防止各类服务器端安全问题，我们一般称此种安全架构为基于"木桶原理"的应用安全架构，因为在该安全架构中，针对每个层面的安全控制措施均已按照最高安全要求进行罗列，安全架构人员或系统架构师仅需要选取认为与应用系统相匹配的安全控制措施即可。常见的应用安全架构如图6-5所示。

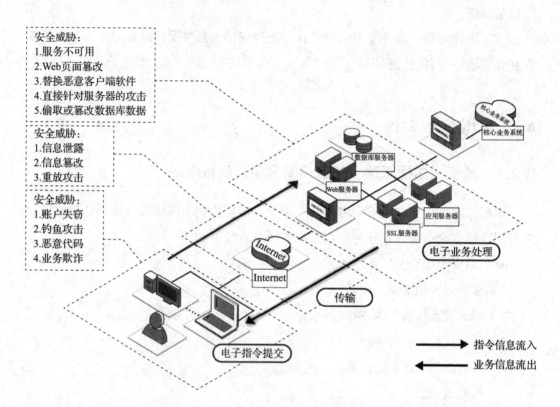

图6-4 互联网应用安全威胁

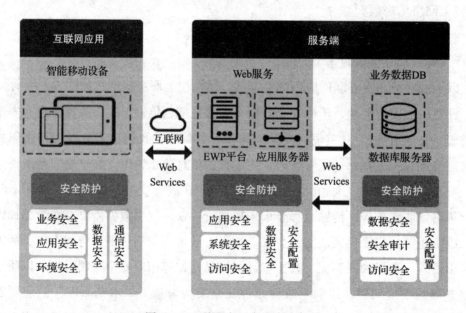

图6-5 互联网应用常见安全架构

6.2.2　基于多层自适应防御体系的应用安全架构

近年来，随着"互联网+"时代的到来，各大商业银行正在积极加快互联网应用的业务拓展，随着互联网应用的发展，如何平衡安全与客户体验的问题越来越引起业务部门与科技部门的重视。为了实现较好的客户体验，提升应用竞争力，并保证较高的安全防护能力，各大商业银行都在积极推进应用系统安全架构改革。目前，国内某国有商业银行提出基于面向服务理念的安全架构。架构图如图 6-6 所示。

虚线框标出的部分涵盖了与应用系统相关的应用客户端安全、应用服务器端安全、数据安全等内容，这些安全组件内容在传统安全架构中其实也是存在的，只是在传统的安全架构中，选取何种安全组件或控制措施早在设计阶段就已经明确，而本小节提及的安全架构在基于面向服务理念的安全架构的基础上，将安全组件的调用通过更智能、更合理的方式实现，可以有效地缓解较高安全措施带来的用户体验下降的问题。我们将其定义为"基于多层自适应防御体系的应用安全架构"，这类安全架构贯彻"安全与客户体验平衡"的建设理念，依托安全策略管理中心，实现多层自适应防御，其最基本的要素是安全策略动态调整，如图 6-7 所示。

通过标准模块接入的方式，将应用安全策略统一到应用安全代理中，再由安全策略管理中心依据等级化的账户风险分级策略在交易前对风险进行预判，在交易过程中主动采取相关的安全管控措施，针对不用安全风险的账户采取不同的安全防控措施，实现主动式的风险管控，以拦截高风险交易，保护客户资金安全，具体过程如图 6-8 所示。

基于多层自适应防御体系的应用安全架构通过针对不同风险等级的账户采取差异化的安全管控策略：对于高风险账户严格控制，加强风险防范；对于低风险账户，提供最便捷的交易服务，最大化地提升客户体验，由此实现安全与客户体验的平衡。

6.2.3　应用安全设计内容

结合安全需求内容，通过绘制应用系统数据流图，分析攻击面及威胁建模，细化安全控制措施，形成应用系统安全设计，以下是银行常见的互联网应用安全设计内容。

1. 系统安全功能设计

（1）身份鉴别。身份鉴别类主要提出建立和验证所声称的用户身份的功能要求。

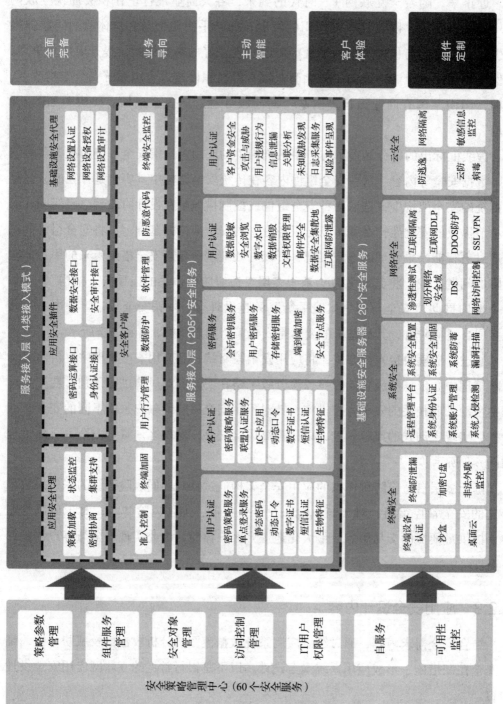

图 6-6 基于面向服务理念的安全架构

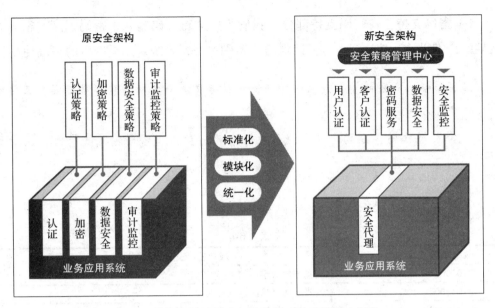

图 6-7　基于多层自适应防御体系的应用安全架构

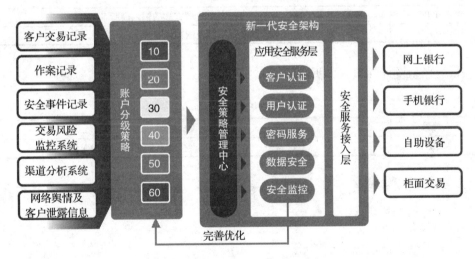

图 6-8　新应用安全架构实现过程

需要通过身份鉴别确保用户与正确的安全属性（如身份、组、角色、安全性或完整性等级）相关联。

授权用户的明确身份标识及安全属性与用户和主体的正确关联是实施预定安全策略的关键。本部分负责处理用户身份的确定和验证、确定他们与系统交互的权限，以及每个授权用户安全属性的正确关联。

其他类如"系统安全审计""数据安全"的有效性都是建立在对用户进行正确的身份鉴别的基础上的。

1)密码支持。在密码支持部分,我们主要进行密码输入、密码强度、密码有效期的详细设计。从这三个方面确保身份鉴别过程,系统对用户密码的正确使用。

☐ 密码输入。密码输入提供两种系统设计方案。一为动态软键盘方案,二为密码安全控件方案。

- 动态软键盘方案。当系统采用动态软键盘作为密码输入支持时,应满足下列要求:

A. 基本型设计如表 6-4 所示。

表 6-4

规则编号	规则设计说明
B1010001	软键盘上的数字应随机排列
B1010002	软键盘上的字母应随机排列
B1010003	软键盘提供切换至键盘输入状态的功能
B1010004	软键盘输入后,密码应使用相同位数显示
B1010005	软键盘输入后密码于屏幕显示应为隐藏显示,例如 *、# 等
B1010006	软键盘输入后应防止表单枚举方式的输入窃听
B1010007	软键盘输入密码进行不可逆的加密处理

B. 增强型设计如表 6-5 所示。

表 6-5

规则编号	规则设计说明
E1010001	软键盘被点击过程,每个被点击键无明显状态变化

- 密码安全控件方案。当系统采用密码安全控件作为密码输入支持时,应满足下列要求:

A. 基本型设计如表 6-6 所示。

表 6-6

规则编号	规则设计说明
B1010008	使用密码安全控件输入后,密码应使用相同位数显示
B1010009	使用密码安全控件输入后,密码于屏幕显示应为隐藏显示,例如 *、# 等
B1010010	密码安全控件应防止消息伪造方式的键盘窃听
B1010011	密码安全控件应防止应用层 API 函数(PostMessage)hook 方式的键盘窃听
B1010012	密码安全控件应防止 GetAsynKeyState 方式的键盘窃听
B1010013	密码安全控件应防止调用 SetWindwosHookEx 函数 WH_KEYBOARD_LL(低级钩子)方式的键盘窃听
B1010014	密码安全控件应防止表单枚举方式的键盘窃听

（续）

规则编号	规则设计说明
B1010015	密码安全控件应防止内核设备过滤技术的键盘窃听
B1010016	密码安全控件应防止键盘驱动 DeviceAttach 技术的键盘窃听
B1010017	密码安全控件应防止键盘中断（hook IDT）截取技术的键盘窃听
B1010018	密码安全控件应防止键盘设备（轮询 i8042）端口访问技术的键盘窃听
B1010019	密码安全控件输入密码进行不可逆的加密处理

B. 增强型设计如表 6-7 所示。

表 6-7

规则编号	规则设计说明
E1010002	密码安全控件程序应能够进行自身的完整性校验
E1010003	密码安全控件程序应能够防范调试、跟踪等黑客行为

❑ 密码强度。系统在密码强度的检验时，需考虑密码长度、密码复杂度、密码相似性、密码历史等方面的检测，具体要求如下：

A. 基本型设计如表 6-8 所示。

表 6-8

规则编号	规则设计说明
B1010020	密码长度至少 8 位，最多不超过 20 位
B1010021	应用各级管理员的口令至少在 12 位以上
B1010022	密码不能为连续的数字，如 123456
B1010023	密码不能为相同的数字或字母，如 111111
B1010024	更改密码时，要求新密码与原密码不相同
B1010025	密码不能使用个人信息，如生日、身份证的某几位

B. 增强型设计如表 6-9 所示。

表 6-9

规则编号	规则设计说明
E1010004	密码复杂度，应有大写字母、小写字母、数字、特殊字符这四类中的至少两类
E1010005	密码不能是等差数字
E1010006	修改密码时，新密码不能是旧密码的回文
E1010007	修改密码时，新密码不能是旧密码改了大小写
E1010008	修改密码时，新密码不能是旧密码的一个循环
E1010009	不容许重复使用相同密码，对密码历史进行检测

❑ 密码有效期。系统在密码有效期的检验时，要进行密码使用有效周期方面的检测。具体要求如下：

A. 基本型设计如表 6-10 所示。

表 6-10

规则编号	规则设计说明
B1010026	密码最长有效期半年，半年提示更改一次

B. 增强型设计如表 6-11 所示。

表 6-11

规则编号	规则设计说明
E1010010	密码的最长有效期为三个月，三个月强制更改一次

2）账户策略。在账户策略部分，主要从账号管理和账号锁定两方面进行详细设计。系统的账户管理和账户锁定应满足以下要求：

A. 基本型设计如表 6-12 所示。

表 6-12

规则编号	规则设计说明
B1020001	管理员用户只能通过系统后台修改、重置密码
B1020002	不容许客户端浏览器启用缓存用户名、密码等账户信息
B1020003	限制连续登录失败次数，在 2 分钟内登录失败 5 次以上则锁定登录用户
B1020004	当日锁定账号次日 0 点自动解锁

B. 增强型设计如表 6-13 所示。

表 6-13

规则编号	规则设计说明
E1020001	限制每日修改密码次数，每日最多修改两次，两小时内不能连续修改密码
E1020002	当日锁定账户只能由柜台实时解锁
E1020003	系统强制用户区分账号登录密码和交易密码

3）辅助安全设备。在辅助安全设备部分，我们主要进行数字证书、OTP 令牌、手机短信动态密码的详细设计。从这三个方面确保身份鉴别过程，系统能够正确利用辅助安全设备鉴别用户身份。

□ 数字证书。系统使用数字证书作为身份鉴别的辅助设备时，具体的安全设计应满足以下要求：

基本型设计如表 6-14 所示。

表 6-14

规则编号	规则设计说明
B1030001	系统应强制使用密码保护证书私钥，防止证书私钥受到非授权访问
B1030002	证书导出时客户端应对用户进行身份认证，如验证访问密码等
B1030003	应支持证书私钥不可导出选项
B1030004	证书私钥备份时提示或强制放在移动设备内，备份的证书私钥应加密保存，备份时可通知用户证书私钥被导出

☐ OTP令牌。系统使用OTP令牌作为身份鉴别的辅助设备时，具体的安全设计应满足下列要求：

A. 基本型设计如表6-15所示。

表 6-15

规则编号	规则设计说明
B1030005	OTP令牌设备需要经由第三方中立测试机构检测
B1030006	应保证无法通过物理攻击的手段获取或复制设备内的敏感信息，物理攻击手段包括但不限于开盖、搭线、复制等
B1030007	生成的动态口令的长度不少于6位
B1030008	OTP令牌应具有抵抗旁路攻击的能力，包括但不限于SPA/DPA攻击、SEMA/DEMA攻击
B1030009	在外部环境发生变化时，OTP令牌不应泄漏敏感信息或发生功能紊乱，包括但不限于高低温、强光干扰、电磁干扰、紫外线干扰、静电干扰

B. 增强型设计如表6-16所示。

表 6-16

规则编号	规则设计说明
E1030001	采用基于挑战/应答的动态口令
E1030002	OTP令牌具有PIN码等保护措施，只有授权用户允许使用
E1030003	PIN码和种子存储在OTP令牌设备的安全区域内或使用其他的措施进行保护
E1030004	PIN码连续输入失败次数达到6次，OTP令牌锁定

☐ 手机短信动态密码。系统使用手机短信动态密码作为身份鉴别的辅助通道时，具体的安全设计应满足下列要求：

A. 基本型设计如表6-17所示。

表 6-17

规则编号	规则设计说明
B1030010	开通手机动态密码时，系统应验证用户身份并登记手机号码
B1030011	更改手机号码时，系统应对用户的身份进行验证
B1030012	手机动态密码应随机产生
B1030013	手机动态密码长度应不少于4位，由数字和字母组成

（续）

规则编号	规则设计说明
B1030014	手机动态密码应具有有效时间，最长不超过 5 分钟，超过有效时间未使用应立即作废
B1030015	在交易过程中使用手机动态密码时，关键交易信息与动态密码应一同发给用户，并提示用户确认

B. 增强型设计如表 6-18 所示。

表 6-18

规则编号	规则设计说明
E1030005	应限定手机动态密码作为身份校验的资金交易场景，限定单笔额度在 1000 元以下且当日交易额度在 5000 元以下允许使用手机动态密码作为身份校验

（2）授权管理。授权管理为每个系统软件使用者提供不同的授权方案，并根据需要进行维护和升级。系统需要一个完整的授权系统将授权保护与设计、发放、升级、统计等内容进行集成。本次我们在系统软件开发安全设计中主要针对账户功能授权进行设计。

在功能授权方面，具体的安全设计应满足下列要求：

基本型设计如表 6-19 所示。

表 6-19

规则编号	规则设计说明
B2010001	系统账号需要分级管理时，应该通过授权的方式分配不同账号可以使用的系统功能
B2010002	系统账号需要分级管理时，应可以通过"组"的方式对一类具有相同授权的账号进行划分
B2010003	当系统账号需要分级管理时，应可以对账号的授权范围提供查询、修改等维护方式
B2010004	系统应使用同一授权功能组件进行授权控制

（3）访问控制。

1）系统内访问控制。用户会话的建立通常包括一个或多个主体的创建，这个（些）主体在系统中代表用户执行操作。在会话建立过程的最后，倘若系统的访问要求都已满足，所创建的主体则具有由身份鉴别决定的属性。本部分规定了控制一个用户会话建立的功能要求。

一个用户会话被定义为一个周期，它开始于身份鉴别时间，更恰当地说是开始于用户和系统之间进行交互时，止于所有与会话相关的主体（资源和属性）都已撤销分配时。

❑ 会话管理。在会话管理部分，包括会话的建立、复用、超时、终止过程的设计，具体的安全设计应满足下列要求：

A. 基本型设计如表 6-20 所示。

表 6-20

规则编号	规则设计说明
B3010001	系统应通过身份鉴别方式实现会话的建立
B3010002	系统身份鉴别过程会话标识验证仅在服务器端实现
B3010003	系统在通过身份鉴别后必须分配新的会话标识,不能使用未认证前的标识,即会话不能被复用
B3010004	系统应不容许使用相同的 user ID 进行同时重复的登录,即用户账号不能被复用
B3010005	系统应指定用户会话的空闲时间,当超出此时间,用户的所有操作必须重新由系统进行身份鉴别,否则自动终止会话,空闲时间建议为 10 分钟
B3010006	会话标识应当采用随机且唯一的不可预测的散列值
B3010007	会话标识字符串推荐 128 位长,避免暴力散列攻击
B3010008	系统应禁止通过 Get 参数传递会话标识值,即使是在客户端 Cookie 被禁止的情况下也应如此
B3010009	系统验证客户端数据同时应对会话标识进行验证
B3010010	系统应对页面来源进行检测,严格限制页面间的前后访问继承关系,对于重要过程可通过标识的方法进行控制
B3010011	系统限制页面访问来源时,通过 Referer 信息进行判断,也可通过设置页面令牌散列的方式判断
B3010012	系统使用 Cookie 时,应设置 Cookie 的 Secure 属性,不在非 SSL 通道中传输 cookie 值
B3010013	系统中对于关键交易(如转账)应确保适用浏览器"后退"功能无法回到上一部操作界面
B3010014	会话中使用的认证证书应以加密形式保存
B3010015	系统应具有"退出"功能,容许用户注销或终止当前的会话

B. 增强型设计如表 6-21 所示。

表 6-21

规则编号	规则设计说明
E3010001	系统应限制整体的并发会话最大数目
E3010002	系统应限制单用户并发会话的最大数目
E3010003	系统应能够对一个访问时间段内可能的并发会话连接数进行限制
E3010004	系统从 HTTP 与 HTTPS 之间切换时,应更新会话标识
E3010005	系统应显示用户上一次成功的会话建立的日期、时间、方法
E3010006	系统应显示用户上一次不成功的会话建立的日期、时间、方法
E3010007	系统不应删除未经用户回顾的会话历史信息

2)系统外访问控制。在系统外访问控制方面,主要指系统与系统"前端"和"后端"的访问控制,包括系统与其后台数据库或数据文件的访问控制、系统与后台其他关联的支持系统的访问控制、系统与前端的非认证的访问控制三部分。

❑ 数据库和数据文件。系统在使用数据库或读取/写入数据文件时,应满足下列要求:

A. 基本型设计如表 6-22 所示。

表 6-22

规则编号	规则设计说明
B3020001	系统使用数据库存储数据时，应授予不同用户为完成各自承担任务所需的最小权限，并在它们之间形成互相制约关系
B3020002	系统使用数据库存储数据时，操作系统和数据库特权用户需进行权限分离
B3020003	系统使用数据库存储数据时，应限制默认账户的访问权限，重命名默认账户，修改默认账号口令
B3020004	系统使用数据库存储数据时，应及时删除多余的、过期的账户，避免共享账户的存在
B3020005	系统使用数据文件存储数据时，应对数据文件的权限进行严格限制

B. 增强型设计如表 6-23 所示。

表 6-23

规则编号	规则设计说明
E3020001	系统使用数据库或数据文件存储数据时，应通过网络层、操作系统层的方式限制访问端 IP 地址

□ 系统之间访问。在系统之间访问部分，具体的安全设计应满足下列要求：

A. 基本型设计如表 6-24 所示。

表 6-24

规则编号	规则设计说明
B3020006	系统之间相互访问时，应适用安全的加密传输方式进行通信，例如 HTTPS 方式、SFTP 方式
B3020007	系统之间使用专属通道访问时，应采用非默认的自定义协议或端口

B. 增强型设计如表 6-25 所示。

表 6-25

规则编号	规则设计说明
E3020002	系统之间相互访问时，应通过网络层、操作系统层或系统应用层的方式限制访问端 IP 地址

□ 客户端非认证访问。在客户端非认证访问部分，具体的安全设计应满足下列要求：

A. 基本型设计如有 6-26 所示。

表 6-26

规则编号	规则设计说明
B3020008	系统应能够识别非认证的地址访问并拒绝访问
B3020009	系统应避免残留垃圾页面面向普通用户
B3020010	系统应避免 Web 目录残留可下载文件，并对外提供访问
B3020011	系统应避免管理功能页面面向普通用户

B. 增强型设计如表 6-27 所示。

表 6-27

规则编号	规则设计说明
E3020003	系统应对非认证的地址访问请求提示警告
E3020004	系统应对非认证访问的请求进行次数限制，超出次数应进行 IP 锁定

（4）系统日志管理。系统日志管理包括识别、记录、存储和分析那些与安全相关活动有关的信息。检查日志分析结果能判断出发生了哪些安全相关活动以及哪个用户要对这些活动负责。

下面我们主要对系统日志管理过程中日志记录和日志存储进行详细设计。

1）Web 应用访问日志完备性。在 Web 应用访问日志方面，管理员需要配置 Web 容器在对外提供应用访问时的详细记录。系统的 Web 容器产生日志应满足下列要求：

基本型设计如表 6-28 所示。

表 6-28

规则编号	规则设计说明
B4010001	日志中应记录客户端的 IP 地址或主机名
B4010002	日志中应记录服务器完成对请求的处理时的日期和时间
B4010003	日志中应记录用户发出的包含了许多有用信息的请求内容，包含 HTTP（S）请求类型 GET/POST 等
B4010004	日志中应记录服务器返回给客户端的状态码
B4010005	日志中应记录该请求是从被个网页提交过来的，即 Referer 信息
B4010006	日志中应记录客户浏览器提供的浏览器识别信息，即 User-Agent 信息

2）用户认证日志完备性。在用户认证日志方面，系统需要具有认证事件的日期和时间、事件类型、主体身份、事件的结果的详细记录。系统产生日志应满足下列要求：

A. 基本型设计如表 6-29 所示。

表 6-29

规则编号	规则设计说明
B4020001	系统用户认证日志应记录认证的日期和详细时间，需要精确到秒
B4020002	系统用户认证日志应分类记录认证的类型，例如登录认证、交易认证
B4020003	系统用户认证日志应记录发起认证者的身份信息，可以是用户名、账号 ID 信息等
B4020004	系统用户认证日志应记录认证的结果，即成功或失效

B. 增强型设计如表 6-30 所示。

表 6-30

规则编号	规则设计说明
E4020001	系统用户认证日志应记录客户端 IP 地址信息
E4020002	系统用户认证日志应记录客户端 MAC 信息
E4020003	系统用户认证日志应记录客户端其他安全标识符（SID）信息，例如磁盘 ID 号、芯片 ID 号等

3）应用操作日志完备性。在应用操作日志方面，系统需要具有应用操作事件的日期和时间、事件类型、主体身份、事件的结果的详细记录。系统产生日志应满足下列要求：

A. 基本型设计如表 6-31 所示。

表 6-31

规则编号	规则设计说明
B4030001	系统应用操作日志应记录操作的日期和详细时间，需要精确到秒
B4030002	系统应用操作日志应分类记录操作的类型，例如签约操作、修改操作、注销操作等
B4030003	系统应用操作日志应详细记录操作的详细内容
B4030004	系统应用操作日志应记录发起操作者的身份信息，可以是基金账号、交易账号、用户名等
B4030005	系统应用操作日志应记录操作的结果，即成功或失效

B. 增强型设计如表 6-32 所示。

表 6-32

规则编号	规则设计说明
E4030001	系统交易操作日志应记录客户端 IP 地址信息
E4030002	系统交易操作日志应记录客户端 MAC 信息
E4030003	系统交易操作日志应记录客户端其他安全标识符（SID）信息，例如磁盘 ID 号、芯片 ID 号等

4）后台日志完备性。在后台日志方面，系统需要具有对错误日志和访问日志进行区分和详细记录。系统产生两类日志应满足下列要求：

基本型设计如表 6-33 所示。

表 6-33

规则编号	规则设计说明
B4040001	系统错误日志应区别于用户访问日志单独记录
B4040002	系统错误日志应记录错误产生的日期和详细时间，需要精确到秒
B4040003	系统错误日志应记录错误编号或错误标示码

5）日志信息安全存储。在日志信息存储方面，要求保护审计避免未授权的删除或修改。系统日志存储应满足下列要求：

A. 基本型设计如表 6-34 所示。

表 6-34

规则编号	规则设计说明
B4050001	用户身份鉴别数据需进行加密处理后，存储于系统日志中
B4050002	用户访问日志和系统错误日志需区分进行存储
B4050003	日志信息存储于文件中时，应对该文件权限进行安全策略的控制

B. 增强型设计如表 6-35 所示。

表 6-35

规则编号	规则设计说明
E4050001	日志信息存储于特定类型的文件中，以专有的形式进行读、写等记录操作
E4050002	日志信息全部加密处理存储
E4050003	部署专门的日志采集、备份、管理中心

（5）通信安全。通信安全是指在网络传输过程中采用的通信协议安全和通信安全认证。下面我们主要进行这两方面的详细设计。

1）通信协议。通信协议安全具体的安全设计内容应满足下列要求：

基本型设计如表 6-36 所示。

表 6-36

规则编号	规则设计说明
B5010001	客户端与服务器之间所有经过认证的连接都需要使用不低于 SSL 安全级别的加密通信方式
B5010002	使用 SSL 协议时，其版本应为 3.0 或以上版本
B5010003	使用 SSL 协议时，应取消对低版本 SSL 协议的支持

2）通信安全认证。通信安全认证具体的安全设计内容应满足下列要求：

基本型设计如表 6-37 所示。

表 6-37

规则编号	规则设计说明
B5020001	在通信双方建立连接之前，应利用密码技术进行会话初始化验证
B5020002	应对通信过程中的整个报文或会话过程进行加密，例如采用 HTTPS 方式
B5020003	系统应进行完整性校验，如 SHA1。完整性校验码密钥长度不低于 128 位
B5020004	使用 SSL 协议时，SSL 加密密钥长度不应低于 128 位
B5020005	使用 SSL 协议时，用于产生签名的 RSA 密钥长度不应低于 1024 位
B5020006	使用 SSL 协议时，确保 SSL 证书使用正确的 domain name
B5020007	使用 SSL 协议时，确保 SSL 证书时间没有过期

（6）数据安全。数据安全规定了一些与用户数据保护相关的系统安全功能和系统安全功能策略要求。数据安全的设计主要负责在输入、输出和存储阶段，处理系

统内部的用户数据和与用户数据直接相关的保密性、完整性属性，这些详细设计可分成如下四组。

1）用户数据的输入与输出。在用户数据的输入与输出部分，具体的安全设计应满足下列要求：

基本型设计如表 6-38 所示。

表 6-38

规则编号	规则设计说明
B6010001	系统接受用户数据输入时，应对客户信息在客户端进行格式和类型的检测
B6010002	系统接受用户数据输入时，应对关键客户信息在服务器端进行格式和类型的检测
B6010003	系统应确保对输入的用户数据的安全属性的解释与用户数据源的解释是一致的
B6010004	系统输出用户数据到用户客户端时，应验证用户身份后进行输出

2）用户数据保密性。在用户数据保密性部分，具体的安全设计应满足下列要求：

基本型设计如表 6-39 所示。

表 6-39

规则编号	规则设计说明
B6020001	系统中应采用密码技术支持的保密性保护机制或其他具有相应安全强度的手段提供保密性保护
B6020002	系统中不得使用已经被证明为不安全的算法或者自定义不安全算法进行用户数据加密
B6020003	系统中涉及的用户功能页面，不应使用用户 ID 等易猜测的明文作为页面的 URL 信息

3）用户数据完整性鉴别。在用户数据完整性鉴别部分，具体的安全设计应满足下列要求：

A. 基本型设计如表 6-40 所示。

表 6-40

规则编号	规则设计说明
B6030001	系统中应采用密码机制支持的完整性校验机制或其他具有相应安全强度的完整性校验机制
B6030002	系统中应对用户关键数据进行完整性鉴别时，可采用从服务器端读取用户初次产生数据的方法，例如读取有效的会话中初次产生的数据进行鉴别
B6030003	系统中进行"静态"数据鉴别时，即数据被标记但不传送时，可由单向散列函数（密码校验和、指纹、信息摘要）来满足，通过对一个确定的文件产生一个散列值，可用于验证文件信息内容的有效性或真实性
B6030004	系统中当"动态"数据鉴别时，应依赖其他安全设计功能实现，如身份鉴别、访问控制、软件容错、资源控制等方面

B. 增强型设计如表 6-41 所示。

表 6-41

规则编号	规则设计说明
E6030001	系统中应指定必须检测的错误类型，包括数据篡改、数据替换、数据不可恢复的排序改变、数据重放、不完全的数据以及其他完整性错误
E6030002	系统中检测到一个失败后，应采取一些动作，包括忽略用户数据、重新请求数据、告知授权管理员、从其他线路重新路由

4）用户数据的存储。在用户数据的存储部分，具体的安全设计应满足下列要求：

A. 基本型设计如表 6-42 所示。

表 6-42

规则编号	规则设计说明
B6040001	在用户数据存储时，身份属性信息必须进行不可逆的加密存储，例如 MD5_32
B6040002	在用户数据存储时，对于关键数据可存储于服务器端会话中，以便后续数据鉴别使用
B6040003	在用户数据存储时，时间属性、位置属性信息应该使用通用编码方式存储，例如 Base64 编码、ASC 编码、HEX 编码
B6040004	在用户数据存储期间，应具有适用的备份机制避免数据失效或错误
B6040005	在用户数据存储期间，应具有适用的回退机制避免数据失效或错误

B. 增强型设计如表 6-43 所示。

表 6-43

规则编号	规则设计说明
E6040001	在用户数据存储时，身份属性、时间属性、位置属性信息均进行加密存储
E6040002	针对用户数据存储的访问，应该制订基于时间、基于原发端、基于属主控制和访问控制表（ACL）的访问控制机制

（7）抗抵赖。抗抵赖特别关心的是，如何确信在数据交换中参与方的身份。它与确信信息传送的原发者身份（系统的使用用户）和确信信息传送的接收者身份（系统自身）相关。抗抵赖要确保系统的使用用户不能否认发送过信息，系统自身也不能否认收到过信息。

抗抵赖部分主要包括原发抗抵赖、接收抗抵赖、数字证书三部分内容。

1）原发抗抵赖。在原发抗抵赖部分，具体的安全设计应满足下列要求：

基本型设计如表 6-44 所示。

表 6-44

规则编号	规则设计说明
B7010001	系统中由用户一次性提交产生的数据应使用数字签名作为原发证据
B7010002	系统中作数据签名的私钥应由公正的机构产生，建议第三方机构进行发放
B7010003	接受者系统应保存接收到的消息，系统应具有利用数字签名验证原发者的功能

2）接收抗抵赖。在接收抗抵赖部分，具体的安全设计应满足下列要求：
基本型设计如表 6-45 所示。

表 6-45

规则编号	规则设计说明
B7020001	用户发送数据应生成消息摘要，系统应使用数字签名将消息摘要回发
B7020002	系统中做数据签名的私钥应由公正的机构产生，建议第三方机构进行发放
B7020003	用户客户端应保存接收到的回发消息摘要，应具有利用密钥验证接收者的功能

3）数字证书。在数字证书部分，具体的安全设计应满足下列要求：

A. 基本型设计如表 6-46 所示。

表 6-46

规则编号	规则设计说明
B7030001	系统应采用由可信第三方颁发的数字证书
B7030002	用户私钥应由用户自己产生以保证其唯一性
B7030003	系统应正确实现对证书撤销单的查验，防止使用失效证书

B. 增强型设计如表 6-47 所示。

表 6-47

规则编号	规则设计说明
E7030001	系统中与银行有关的支付接口应使用数字证书方式进行加密

（8）软件容错。软件容错要求确保即便发生失效，系统仍然能够在一定程度上完成预期的功能，也能维持正常运转。在软件容错方面我们主要考虑降级容错和受限容错两项内容。

降级容错指对确定的错误事件，系统能在错误发生后通过降低能力使子系统保持一个安全的状态；受限容错指对标识的错误事件，系统能通过采取有效措施进行对抗，继续正确运行原有功能。

1）降级容错。我们在降级容错方面主要考虑认证过程的降级容错。

❏ 认证类容错。认证过程的降级容错，具体的安全设计应满足下列要求：

A. 基本型设计如表 6-48 所示。

表 6-48

规则编号	规则设计说明
B8010001	系统认证过程应采取随机验证码防止认证过程的暴力攻击
B8010002	系统采取随机验证码应设置验证码有效时间，建议 30 秒
B8010003	系统认证过程应按照账户策略进行功能限制的降级处理

B. 增强型设计如表 6-49 所示。

表 6-49

规则编号	规则设计说明
E8010001	系统应对随机验证码进行隐藏设计，当检测到首次认证失败后，再次认证时应强制要求输入随机验证码

2）受限容错。我们在受限容错方面主要考虑命令类、逻辑攻击类、信息泄露类的受限容错。

☐ 命令类容错。命令类的受限容错，具体的安全设计应满足下列要求：

A. 基本型设计如表 6-50 所示。

表 6-50

规则编号	规则设计说明
B8020001	系统应对所有录入信息非空校验，含校验码验证
B8020002	系统应对用户输入的字段进行长度校验，并限制输入长度
B8020003	系统应对用户输入的各类信息进行类型校验，并限制输入类型
B8020004	系统应防止将用户输入（广义：客户端递交的任何参数）未经检查就用于构造数据库查询语句
B8020005	系统查询数据库操作时，应尽量使用存储过程和参数化查询，并严格定义数据库用户角色权限
B8020006	客户端检测发现用户输入不符合要求时进行提示和警告
B8020007	服务器端检测发现用户输入不符合要求时进行重新返回输入界面
B8020008	系统支持上传文件时，应通过白名单方式限制容许上传的文件类型
B8020009	系统支持上传文件时，应校验文件扩展名、文件头部信息以及文件尾部信息是否正确
B8020010	系统支持上传文件时，应设置文件上传目录不容许具有执行权限
B8020011	系统应具备防范 SQL 注入或其他类型注入的能力
B8020012	系统应具备防范跨站伪造请求攻击的能力
B8020013	系统应具备防范跨站点脚本编制攻击的能力
B8020014	系统应具备防范缓冲区溢出攻击的能力

B. 增强型设计如表 6-51 所示。

表 6-51

规则编号	规则设计说明
E8020001	系统检测到非法输入或攻击行为应能够进行警告
E8020002	系统检测到非法输入或攻击行为应能够对攻击者进行限制，如限制 IP、限制时间等

☐ 逻辑攻击类容错。逻辑攻击类的受限容错，具体的安全设计应满足下列要求：

A. 基本型设计如表 6-52 所示。

表 6-52

规则编号	规则设计说明
B8020015	系统关键操作页面应使用随机图片验证码防止功能滥用

B. 增强型设计如表 6-53 所示。

表 6-53

规则编号	规则设计说明
E8020003	系统关键操作页面应要求用户进行第二信道的确认作为身份鉴别的补充

❏ 信息泄露类容错。信息泄露类的受限容错，具体的安全设计应满足下列要求：

A. 基本型设计如表 6-54 所示。

表 6-54

规则编号	规则设计说明
B8020016	系统应当避免向用户提示过多的技术细节，特别是错误信息
B8020017	系统应避免于页面中，如 HTML 中包含技术性的注释语句，功能说明解释等信息
B8020018	系统应避免通过构造文件路径的方式直接查看文件
B8020019	系统应避免向客户端暴露服务器端绝对路径
B8020020	系统发生异常、错误时，应采取统一的错误提示页面
B8020021	系统应合理设置 robots.txt，防止来自于搜索引擎的信息泄漏

B. 增强型设计如表 6-55 所示。

表 6-55

规则编号	规则设计说明
E8020004	系统应屏蔽浏览器功能菜单
E8020005	系统应屏蔽浏览器右键查看源文件信息
E8020006	系统应屏蔽操作系统的快捷键功能

（9）资源管理。在资源管理方面，主要包括系统软件内部和系统软件外部的资源管理。内部资源主要指软件自身的资源配置和软件使用中自身产生的资源。外部资源包括软件系统外支撑的操作系统环境、软件运行环境、数据库资源和其他为维持系统正常使用所需的由系统外输入到系统的资源。

下面我们主要进行系统内部资源和系统外部资源这两方面的详细设计。

1）内部资源管理。内部资源主要指软件自身的资源配置和软件使用中自身产生的资源。

□ 软件资源管理。在软件资源管理方面，具体的安全设计应满足下列要求：

A. 基本型设计如表 6-56 所示。

表 6-56

规则编号	规则设计说明
B9010001	系统的软件配置文件中，认证信息需采用加密方式存储，如认证用户名、密码等信息
B9010002	系统的软件配置文件中，应删除所有的信息注释、配置选项说明、解释信息
B9010003	系统的软件代码中应移除所有测试代码
B9010004	系统的软件源代码应存储于安全的介质中，通过安全策略保证源代码安全
B9010005	系统的软件源代码版本控制过程，应保证采用最新的稳定版本

B. 增强型设计如表 6-57 所示。

表 6-57

规则编号	规则设计说明
E9010001	系统的软件配置文件应采用整体加密的方式储存，由系统对配置文件进行解密，不允许明文显示配置信息
E9010002	系统的软件源代码应存储于只读介质中，如光盘
E9010003	系统的软件源代码版本控制过程，应保证系统采用最新的稳定版本，并可随时查询历史版本代码

□ 资源建立与释放。在资源建立与释放方面，具体的安全设计应满足下列要求：

A. 基本型设计如表 6-58 所示。

表 6-58

规则编号	规则设计说明
B9010006	系统使用过程中的资源建立，应通过身份鉴别后方可创建
B9010007	系统使用过程中的资源建立，应避免使用有规律的、简单的规则，如资源命名的顺序排列
B9010008	系统使用过程中的资源建立，应避免冲突（重复）、用尽等情况，例如流水号
B9010009	系统使用过程中的资源释放，应提供正确的释放方式，例如账户退出按钮、页面关闭按钮
B9010010	系统使用过程中的资源建立与释放，应适用于所有用户操作流程

B. 增强型设计如表 6-59 所示。

表 6-59

规则编号	规则设计说明
E9010004	系统资源释放时，当采取非正确的释放方式时，系统应能够识别出相关操作并达到正确释放的同样效果，例如账户的退出、文件的关闭等
E9010005	系统应能够对一个访问账户或一个请求进程占用的资源分配最大限额和最小限额

□ 敏感资源的信息保护。在敏感资源的信息保护方面，具体的安全设计应满足下列要求：

A. 基本型设计如表 6-60 所示。

表 6-60

规则编号	规则设计说明
B9010011	系统中涉及关键用户信息的敏感资源，需要进行"部分隐藏显示"的方式处理。如银行卡号的倒数第 5 位到第 9 位用星号代替
B9010012	系统内审计日志中需要进行"部分隐藏显示"的方式处理客户相关敏感信息，如身份证号、银行卡号
B9010013	系统中涉及关键用户信息的敏感资源，应避免作为身份鉴别参数使用。若必须使用应加密处理
B9010014	系统中涉及关键用户信息的敏感资源，应使用强加密算法，例如 SHA-256、AES 等
B9010015	系统不应在客户端保存任何用户相关敏感信息

B. 增强型设计如表 6-61 所示。

表 6-61

规则编号	规则设计说明
E9010006	对于系统中涉及关键用户信息的敏感资源，应禁止通过复制、粘贴等方式输出或输入系统
E9010007	对于系统中涉及关键用户信息的敏感资源，应禁止被复制、粘贴等方式保存于客户端内存中

2）外部资源管理。外部资源包括软件系统外支撑的操作系统环境、软件运行环境、数据库资源和其他为维持系统正常使用所需的由系统外输入到系统的资源。

❏ 支撑资源配置。在支撑资源配置方面，具体的安全设计应满足下列要求：

基本型设计如表 6-62 所示。

表 6-62

规则编号	规则设计说明
B9020001	系统软件所需支撑的 Web 容器环境应禁止除 GET 和 POST 外其他 HTTP(S) 方法
B9020002	系统软件所需支撑的所有外部环境当存在缺省账号时，需要修改用户名和密码
B9020003	系统软件所需支撑的操作系统环境，应保证符合安全策略要求
B9020004	系统软件所需支撑的 Web 容器环境，应保证符合安全策略要求

❏ 数据库资源。在数据库资源方面，具体的安全设计应满足下列要求：

基本型设计如表 6-63 所示。

表 6-63

规则编号	规则设计说明
B9020005	系统内数据使用强类型变量进行传递，如数字字段使用整数数据类型
B9020006	系统确保不对客户端直接暴露任何数据库连接字符串信息
B9020007	系统应使用低权限的数据库账户来进行 SQL 查询

（续）

规则编号	规则设计说明
B9020008	管理员应删除或停用不需要的数据库功能扩展，如不需要的存储过程或服务等
B9020009	管理员应停止数据库中不需要的缺省账号

- 输入到系统的资源。在输入到系统的资源方面，具体的安全设计应满足下列要求：

A. 基本型设计如表 6-64 所示。

表 6-64

规则编号	规则设计说明
B9020010	系统中需要由外部系统输入到本系统的资源，应严格定义资源的类型和数据内容、格式
B9020011	系统中需要由外部系统输入到本系统的资源，应遵守授权管理和访问控制策略的安全要求

B. 增强型设计如表 6-65 所示。

表 6-65

规则编号	规则设计说明
E9020001	系统中需要由外部系统输入到本系统的资源，应指定特定的操作地址，如特定的 IP/MAC 地址的主机

2. 业务安全功能设计

（1）开通和撤销。在开通和撤销过程中，系统应主要满足系统安全功能设计中的身份鉴别、授权管理、访问控制、安全审计四项内容，其中身份鉴别是重点中的重点。撤销方面除安全考虑之外，在业务逻辑上应考虑撤销条件和限制撤销次数。

在开通过程中，除满足系统安全功能设计外，还应具有证件有效期校验功能。证件有效期校验的安全设计应满足下列要求（见表 6-66）。

表 6-66

编号	设计说明
01	客户的证件类型为身份证时，才允许进行申购交易
02	客户证件必须有有效期（有效期可能为长期有效）
03	客户证件必须在有效期内，才能交易
04	经办人证件必须有有效期（有效期可能为长期有效）
05	经办人证件必须在有效期内，才能交易

（2）登录和退出过程。在登录和退出过程中，系统应主要满足系统安全功能设计中的身份鉴别、授权管理、访问控制、通信安全、安全审计五项内容，其中身份鉴别和通信安全是重点中的重点。在登录和退出过程中，除上述考虑之外，我们还

增加设计了下面安全辅助功能。

1）登录密码保护。在登录过程的登录密码保护方面，系统应满足系统安全功能设计中的身份鉴别 – 密码强度设计要求。除上述考虑之外，我们根据业务特征，还对该处进行了更细的调整，增加了详细的设计（见表 6-67）。

表 6-67

编 号	设计说明
01	密码不能是身份证的片段信息
02	密码和用户名必须不同
03	密码不能是等差数字
04	网上交易的密码位数设定在 6 到 8 位数

2）登录附加码。在登录过程中，系统应满足系统安全功能设计中的软件容错 – 认证类容错的要求。除上述考虑之外，我们对验证码进行了更细的调整，增加了详细的设计（见表 6-68）。

表 6-68

编 号	设计说明
01	校验码长度至少 4 位
02	校验码的实现和版本避免使用已知的漏洞版本，详细参考 http://osvdb.org/search?request=captcha
03	输入正确的词组后，应用删除当前校验码的会话，避免重放攻击；参考 http://www.puremango.co.uk/cm_breaking_captcha_115.php
04	通过开源工具：PWNtcha captcha decoder、The Captcha Breaker 等来测试校验码是否能防止自动识别

3）不允许保存登录。根据业务特征，系统不应具有保存登录的功能，因此我们增加了下列详细设计（见表 6-69）。

表 6-69

编 号	设计说明
01	不能提供"保存登录"功能
02	避免在客户端 Cookie 中保存用户资金号

4）登录账户失败锁定。在账户失败锁定方面，按照系统安全功能设计中的身份鉴别 – 账户策略的设计要求。我们根据业务需求进行了调整，设计锁定策略，如表 6-70 所示。

表 6-70

编 号	设计说明
01	如果连续 6 次登录均失败，账户将被锁定半小时，超过该时间后账户自动解锁，账户恢复正常

5）忘记密码重置功能。在用户忘记密码需要重置时，我们根据业务需求增加了详细的设计（见表6-71）。

表 6-71

编 号	设计说明
01	系统密码找回或重置时，必须通过开户预留的手机号和邮件信息找回或重置
02	系统禁止对管理员账户进行密码找回

6）登录防钓鱼功能。防钓鱼功能的安全设计应满足下列要求（见表6-72）。

表 6-72

编 号	设计说明
01	系统应提供用户预留信息设置、修改、查看的功能
02	用户首次登录系统后，系统应提示用户设置预留验证信息
03	当用户登录时输入用户名后，系统应提示显示对应的预留信息
04	预留信息允许为用户输入的文字描述，也可为系统内置的图标、图像资源

7）登录账户风险提示功能。在用户登录账号后，系统应具备风险提示的功能，我们根据业务需求增加了详细的设计（见表6-73）。

表 6-73

编 号	设计说明
01	用户登录系统后，首页面应以明显的方式提示该用户最近的一次成功或不成功的登录日期、时间和IP地址

（3）查询和交易。在查询和交易过程中，系统应主要满足系统安全功能设计中的身份鉴别、安全审计、抗抵赖、软件容错四项内容，其中身份鉴别和抗抵赖是重点中的重点。对于查询和交易过程，除上述考虑之外，我们还增加了以下安全辅助功能。

1）关键操作时间控制。根据业务特征，系统应具有关键操作的时间控制的能力，因此我们增加了详细的设计（见表6-74）。

表 6-74

编 号	设计说明
01	网上不能撤销账户类委托，投资人仅能在交易日结束（15：00）前撤销属于该交易日的交易申请
02	在终止定期定额中，如果协议终止日期恰好是扣款日期，仍然扣款
03	在终止定期定额中，如果扣款日期因非工作日原因顺延，超过了协议终止日期，要先扣款再终止

2）相同交易风险提示。在用户交易时，包括申购、认购、基金转换、赎回等方面，系统应具有提示当前交易风险的功能。因此我们增加设计了这项内容，提供

以下提示效果样例（见图 6-9）。

3）信息变动提醒功能。在用户交易过程中，提高账号安全保障，系统应具有信息变动提醒功能。因此我们增加了详细的设计（见表 6-75）。

图 6-9　相同交易风险提示效果样例

表　6-75

编号	设计说明
01	当用户账户发生资金类变动时，应适用第二信道进行信息提醒
02	信息变动提醒可通过邮件、手机短信等方式实现，建议使用手机短信提醒方式

（4）交易限额管理。银行在为客户开通交易业务时，应当与客户签订协议，约定通过各类渠道进行交易操作的日累计限额、笔数和年累计限额等。

在用户交易过程中，为保障客户资金安全，系统应该考虑交易限额的额管理。因此我们增加了详细的设计（见表 6-76）。

表　6-76

编号	设计说明
01	个人非柜面转账业务，单日累计金额超过 5 万元的，除向本人同行账户转账外，应采用数字证书或者电子签名等安全可靠的支付指令验证方式
02	单位非柜面转账单日累计金额超过 100 万元或个人非柜面转账单日累计金额 30 万元的，银行需作大额交易提醒，用户确认后方可作转账业务
03	Ⅰ类账户使用手机动态密码登录的，每日最高转账限额为 10 万元，使用令牌动态密码登录的，每日最高转账限额为 500 万元；用手机动态密码登录的，每日支付最高限额为 5000 元，用令牌动态密码登录的，每日最高限额为 50 万元 Ⅱ类账户单日支付最高不超过 1 万元，购买理财除外 Ⅲ类账户最高不超过 1000 元

（5）系统自维护过程。

1）密码强度检测。在用户设置密码或修改时，系统应具有提示当前设置或修改密码的安全程度的功能。安全强度的表述方式很多，我们提供两种提示效果样例（见图 6-10）。

 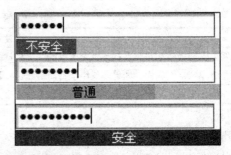

图 6-10　密码设置提示效果

2)账户有效性检测。账户有效性检测的安全设计应满足以下要求(见表 6-77)。

表 6-77

编号	设计说明
01	银行账号字符长度不能大于 28
02	证件号码字符长度不能大于 30
03	验证用户证件号的输入必须符合指定证件的类型。例如身份证,只容许最后一位为大写 X,其余均为数字
04	客户姓名字符长度不能大于 60
05	农行借记卡卡号不能为 16 位
06	交行卡验证,卡号必须不小于 8 位
07	账户认购金额必须是数字,认购金额必须大于 0,且最多 2 位小数

6.3 应用安全开发

6.3.1 应用安全开发框架

开发框架相当于应用程序的操作系统,它决定了一个应用程序的模型结构和编程风格。互联网 Web 应用程序为设计架构师、设计人员和开发人员提出了一系列复杂的安全问题。最安全、最有能力抵御攻击的 Web 应用程序是那些基于安全开发框架构建的应用程序。

面对 Web 应用系统中复杂的安全问题,仅仅利用 MVC 内建的安全机制并不能有效地解决各种问题,为了防范安全方面设计和实施中产生的缺陷,同时使开发过程更为简单、有效,针对商业银行的实际情况,制定了一套安全开发应用程序接口(Security Development API,SDAPI)。它的实质是一个安全函数接口的集合,这些类封装了大多数应用程序所需的关键安全操作。SDAPI 被设计来使程序员能够更容易地在现有的程序中引入安全因素。旨在提高现有应用程序的安全性,使程序员能够更容易写出低风险的程序,为安全开发打下坚实的基础。图 6-11 展示了在开发过程中运用 SDAPI 设计程序,以保证安全。

SDAPI 包含了一系列安全控件接口。这些接口定义了传入各种安全控件的参数类型,同时在这些接口中不包含针对某种应用的私有信息或逻辑控制。SDAPI 对于每个安全控件都有一个示例实现。这些示例实现中的处理逻辑并不是单独针对某种应用的。但是在实际编程中,开发人员可以有选择地为自己定制对这些安全控件的实现,或者在这些控件的实现类中加入自己的应用逻辑,以满足各种实际的应用开发。

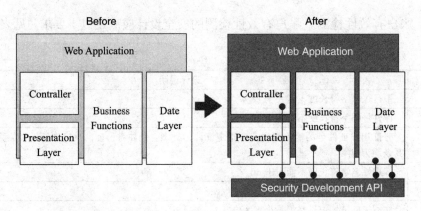

图 6-11　运用 SDAPI 设计程序

以验证输入和编码输入为例，图 6-12 和图 6-13 展示了安全开发函数 SDAPI 调用的逻辑过程。在实际情况中，很多 Web 应用的安全问题，如 XSS 跨站脚本、注入的发生等，都是未对输入和输出进行有效的控制。如果输入和输出得到有效的控制，就可以杜绝很多安全问题。

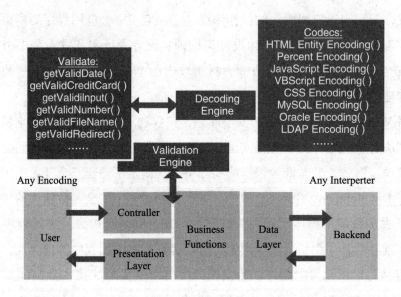

图 6-12　验证输入

图 6-14 中的例子则展示了在输入验证和输出编码时防止 SQL 注入的代码实现。通过图中代码可以看出使用 SDAPI 非常容易，在进行变量赋值时，调用 SDAPI：getValidator()->getValidInput() 对输入验证和输出转义，然后对 SQL 语句进行过滤，这一步由 SDAPI::getEncoder()->encodeForSQL() 完成。整个过程交给 SDAPI 函数库，就可以处理 SQL 注入问题。

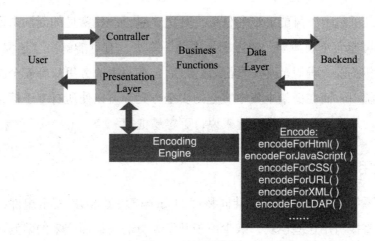

图 6-13　编码输出

```
$data_clean = array( );
$data_sql_clean = array( );
$data_clean['id']=SDAPI:getValidator( )->getValidInput(…);
$data_sql_clean['id']=SDAPI..getEncoder( )->encodeForSQL(new MySQLCodec( ),
                      $data_clean['id']);
```

图 6-14　用 SDAPI 验证输入、输出，防止 SQL 注入

经过实践的积累，SDAPI 对常见安全问题都提供了对应的安全控制实现方法，如表 6-78 所示。编程语言主要针对 java 和 HTML。

表 6-78　常见安全问题与 SDAPI

常见安全问题	SDAPI
注入	Validator, Encoder
XSS	Encoder
失效的身份验证和会话管理	HTTPUtilities(Safe Upload)
不安全的直接对象引用	AccessReferenceMap, AccessController
跨站请求伪造 CSRF	User(CSRF Token)
安全配置错误	EnterpriseSecurityException, HTTPUtils
敏感信息泄露	Authenticator, User, HTTPUtils
功能级访问控制缺失	Access Control
使用含有已知漏洞的组件	ComponentPractices
未验证的重定向和转发	AccessController

在框架中实施安全方案，比由程序员在业务中修复一个个具体的 Bug，有着更多的优势。首先，有些安全问题在框架中统一解决，能够节省程序员的工作量，节约人力成本。当代码的规模大到一定程度时，在业务的压力下，专门花时间去一个

个修补漏洞几乎成为不可能完成的任务。其次，对于一些常见的漏洞来说，由程序员逐一修补可能会出现遗漏，而在框架内统一解决，有可能解决"遗漏"的问题。这需要制定相关的代码规范和工具配合。最后，在每个业务里修补安全漏洞，补丁的标准难以统一，而在框架中集中实施的安全方案，可以使所有基于框架开发的业务都能受益，从安全方案的有效性来说，更容易把握。

6.3.2 应用安全开发内容

对应用系统安全公共的、有共同特性的安全模块做 SDK 安全组件，让开发人员在编码时直接引用这些模块，减少由于开发人员的失误而带来的漏洞风险。针对银行业务应用系统，依据应用安全开发实践，分别从用户鉴别信息、传输安全、服务器端数据过滤、客户端安全和业务安全五方面进行 SDK 安全组件分类。详细介绍如下。

1. 用户鉴别信息安全保护

（1）用户鉴别信息强度检查 SDK：为防护用户输入弱口令，导致口令被轻易猜解，客户端配合服务器端对密码强度进行校验。提供基于密码长度、复杂度等的基本检测策略，以及对有规律的键盘字符、用户名加简单字符等常见弱密码的增强检测策略，支持不同检测强度级别配置，支持常见弱密码检测策略规则配置。

（2）用户鉴别信息哈希处理 SDK：基于国密 SM3 以及 SHA256 哈希算法，提供对用户鉴别信息进行带 salt 多轮哈希处理。哈希后的数据 salt 值一半在前，一半在后。

（3）用户鉴别信息加解密处理 SDK：为保证数据存储以及数据传输的安全，防止敏感信息泄露导致的一系列安全风险，提供用户鉴别信息加解密方法，提供 3DES 和国密 SM4 对称加解密算法，并提供 keyTool 工具，用来在外部使用加密和生成密钥。

2. 传输安全加固

（1）通信协议保护 SDK：针对通信过程中的通信数据的加密保护，防止应用通信协议被逆向分析导致通信数据泄露。

（2）证书加密 SDK：对通信加密证书提供安全保护。

（3）加解密算法 SDK：提供各类应用需要使用的加解密算法，并对其进行强化。

3. 服务器端数据安全过滤 SDK

（1）统一安全过滤 SDK：对主要的 SQL 注入、XSS、XML 注入等通用性安全问题进行分析，整理漏洞利用所涉及的主要特殊字符，通过安全构件对其进行统一过滤，保护系统的安全性。

（2）富文本过滤 SDK：对用户提交的富文本数据进行过滤。采用白名单的方式过滤用户可以使用的标签和属性。

（3）数据输出转义 SDK：服务器端根据字符输出的 HTML、CSS、JS 和 URL 等不同的上下文环境，对字符进行输出转义。返回对特殊字符编码后的字符。

（4）文件上传安全检查 SDK：对上传文件进行安全检查，以控制用户上传恶意文件所带来的安全风险，检查内容包括文件大小、类型（扩展名）、文件截断字符等。用户需要参考已有配置文件模板在 Web-INF 下创建文件夹 ext，然后把配置文件放入此文件夹下。

4. 客户端安全加固

（1）清场保护 SDK：针对客户端运行前出现的运行环境问题提供提前检测手段，包括病毒扫描、短信监听扫描、内存修改器扫描和钓鱼应用扫描。

（2）安全软键盘 SDK：针对客户端运行时需要用户输入个人关键交易数据时提供安全输入保护，可定制界面且支持乱序无回显的执行模式。

（3）反外挂 SDK：针对 App 运行时被外挂篡改的情况，提供针对设备已安装或已运行外挂程序的检测，防止应用被外挂破解。

（4）用户识别 SDK：对操作发起用户的类型进行识别，提供兼顾用户体验和安全性两者平衡的图形验证码构件，并规范正确的校验逻辑。

（5）内存核心数据加密 SDK：针对客户端内存中的敏感数据进行全程加密，在服务器端进行解密，有效防护黑客利用系统漏洞，从内存中获取敏感信息。

（6）关键逻辑混淆 SDK：针对重要业务的逻辑函数前端 App 进行高强度混淆，对核心逻辑进行有效的保护。

（7）so 文件格式化 SDK：在逻辑混淆的基础上，进一步对重要业务的关键逻辑函数点进行隐藏，把 so 文件转换成畸形的私有格式，防止被攻击者解析。

（8）白盒加密 SDK：针对 App 中关键数据加密所用的主流对称加密算法的密钥的白盒保护，防止密钥被破解、获取。

（9）防界面劫持 SDK：针对 App 运行时被恶意程序劫持关键页面窃取用户信息的攻击行为提供反制防护。

（10）防系统库劫持 SDK：针对 App 运行时关键核心组件被劫持提供安全保护。

（11）cookie 使用安全 SDK：对 cookie 存储的数据使用统一的加密标准进行加密，在 cookie 中设定 session 参数，以防 cookie 长时间生效。

5. 业务安全防护 SDK

（1）交易操作 SDK：在进行资金交易操作时，提供基于国密/国际通用密码算法的数字证书，对输入用户身份进行双因素认证。客户端和服务器端经过两次握手，协商出一个安全密钥。业务系统通过这个密钥处理各种业务。

（2）防短信轰炸 SDK：针对客户端中需要使用短信发送的接口进行保护，预防出现短信轰炸风险。

（3）数据合理性验证 SDK：对用户提交数据的格式进行格式校验，如校验手机号、邮编、邮箱、URL、身份证号码、命令注入、自定义数据格式。其中命令注入是通过命令白名单设置可允许的命令，先检测命令是否在白名单中，再检测命令参数是否含有管道符；对提交的金额数据进行数值校验，过滤负值金额，判断提交金额是否小于扣款账号余额数值。

（4）第三方数据接口安全 SDK：在和其他系统互相通信的过程中，对发起请求的接口进行统一 ID 认证或随机 token 验证，并且限制请求频率，防止越权操作和恶意堵塞接口。

（5）账户虚假注册安全 SDK：对注册请求 IP、验证手机号码、注册账号邮箱进行综合虚假注册判定。请求 IP 主要对代理 IP、恶意库 IP、IDC IP 进行过滤；验证手机号对恶意号码库进行过滤；注册账号邮箱对邮箱是否在互联网其他平台上注册过进行确认，如果没有在其他平台上注册使用过，则进行邮箱验证。

（6）密码管理安全 SDK：对密码修改和密码重置功能进行统一设计和编码实现。对密码修改进行充分的身份认证、原密码认证、新密码强度强制要求等安全控制，并通过响应包关键数据加密方式避免验证被绕过；密码重置摒弃易被枚举破解的邮箱 auth 链接重置方式，通过验证柜面预留手机号码或安全问题（由应用系统的开户方式决定）进行密码重置，并通过响应包关键数据加密方式避免验证被绕过。

6.3.3 安全 SDK 开发实例

1. 统一安全过滤 SDK

（1）功能说明。对主要的 SQL 注入、XSS、XML 注入等通用性安全问题进行分析，整理漏洞利用所涉及的主要特殊字符，通过安全构件对其进行统一过滤，保护系统的安全性。目前配置的过滤字符如图 6-15 所示。

\	/	'	"	<	>	&	|	!	;	-
%	..	^	*	$	:	`	(	)	\r	\n

图 6-15

对于已纳入过滤范围的特殊字符，若业务确需使用，可以通过配置免疫字符的方式不对该字符进行过滤，但须在使用该字符时进行相应的安全处理。常见处理方式如表 6-79 所示。

表 6-79 特殊字符说明

过滤字符	说明	免疫字符安全处理说明
\	预防使用此符号对其他字符进行转义	若将 "\" 字符配置为免疫字符，需注意以下安全事项： ● 涉及基于用户提交参数进行 SQL 操作时，应使用参数化查询或使用【SQL 注入防护构件】对参数进行安全处理 ● 涉及基于用户提交参数进行命令执行时，应调用【检测命令注入接口】对要执行的命令及命令参数进行过滤 ● 涉及输出到 html 页面和 HTTP 响应头部时，应过滤 \r、\n 字符，防护 CRFL 注入攻击 ● 涉及基于用户提交参数进行 LDAP 查询时，应将 "\" 字符转为 "\5c"
'	单引号是 XML 注入、XSS 以及 SQL 注入的主要利用字符，过滤单引号可对这些攻击起到防护作用	若将单引号配置为免疫字符，需注意以下安全事项： ● 涉及输出到 html 页面时，应使用【XSS 输出转义构件】进行处理 ● 涉及基于用户提交参数进行 SQL 操作时，应使用参数化查询或使用【SQL 注入防护构件】对参数进行安全处理 ● 若涉及基于用户提交参数拼接进 XML 节点及属性值时，应将用户提交数据中包含的单引号转为 \'
"	可防护 XML 注入、XSS 和 SQL 注入攻击	若将双引号配置为免疫字符，需注意以下安全事项： ● 涉及输出到 html 页面时，应使用【XSS 输出转义构件】进行处理 ● 涉及基于用户提交参数进行 SQL 操作时，应使用参数化查询或使用【SQL 注入防护构件】对参数进行安全处理 ● 涉及基于用户提交参数拼接进 XML 节点及属性值时，应将用户提交数据中包含的双引号转为 \" ● 涉及 Json 格式数据处理时，应在完成 Json 解析后，调用 bool 型过滤方法对 Json 值进行安全处理

安全构件支持 servlet 过滤器和 bool 型方法两种调用方式。

若客户端发送的数据消息是 Json 格式消息，建议先添加免疫字符，在 Json 消息解析之后再通过调用过滤器的布尔型方法判断客户端传到服务器端的数据是否合法。

（2）接口调用说明。

❑ servlet 过滤器。

用户在项目的 Web.xml 配置文件中添加 servlet 过滤器，使用开发的安全构件，过滤用户输入（见表 6-80）。同时支持配置是否执行过滤，在 cwap-context-ext.properties（CWAP 框架配置文件）中添加 cwap.security.secFilter.skip。

表 6-80

函数：黑名单过滤		
public static String boolean filterBlackList(HttpServletRequestrequest)		
输入参数		
名称	类型	说明
request	HttpServletRequest	输入的 request
返回值		
	类型	说明
	boolean	返回过滤后的结果 返回 true 安全（不含有黑名单过滤字符） 返回 false 不安全（含有黑名单过滤字符）

❏ bool 型过滤方法

路径：com.cfets.cwap.s.security.filter. SecFilterBoolean

2. 富文本过滤 SDK

（1）功能说明。对用户提交的富文本数据进行过滤。采用白名单的方式过滤用户可以使用的标签和属性（见表 6-81）。

表 6-81

函数：富文本过滤		
public static String cleanHtml(String htmlStr)		
输入参数		
名称	类型	说明
htmlStr	String	输入的富文本数据
返回值		
	类型	说明
	String	过滤后的字符

（2）接口调用说明。

路径：com.cfets.cwap.s.security.filter.CleanRichText

3. 数据输出转义 SDK

1）功能说明。服务器端根据字符输出的 HTML、CSS、JS 和 URL 等不同上下文环境，对字符进行输出转义。返回对特殊字符编码后的字符。

2）接口调用说明。以下进行输出转义举例。

❑ CSS 输出编码（见表 6-82）。

表 6-82

函数：CSS 输出编码（返回编码）		
public static String encodeCSS(String encodeString)		
输入参数		
名称	类型	说明
encodeString	String	输入的 CSS 字符串
返回值		
	类型	说明
	String	编码后的 CSS 字符串

❑ Html 输出编码（见表 6-83）。

表 6-83

函数：Html 输出编码（返回编码）		
public static String encodeHtml(String encodeString)		
输入参数		
名称	类型	说明
encodeString	String	输入的 Html 字符串
返回值		
	类型	说明
	String	编码后的 Html 字符串

❑ JS 输出编码（见表 6-84）。

表 6-84

函数：JS 输出编码（返回编码）		
public static String encodeJS(String encodeString)		
输入参数		
名称	类型	说明
encodeString	String	输入的 js 字符串
返回值		
	类型	说明
	String	编码后的 js 字符串

❑ URL 输出编码（见表 6-85）。

表 6-85

函数：URL 输出编码（返回编码）		
public static String encodeURL(String encodeString)		
输入参数		

（续）

名称	类型	说明
encodeString	String	输入的 URL 字符串
返回值		
	类型	说明
	String	编码后的 URL 字符串

6.4 安全 SDK 应用案例

6.4.1 Web 端安全 SDK 应用案例

本节以某银行微信银行的开发过程为例，阐述安全开发框架的实际运用过程，不但要求开发人员在实际编码过程中遵守安全编码原则，对 Web 框架的安全机制加以灵活运用，而且特别说明如何针对常见的 Web 应用安全问题，如跨站点脚本、SQL 注入等，通过引入安全控制函数库 SDAPI 来进行防控。我们把 SDAPI 函数做成安全 SDK，引入微信银行项目开发中，编码过程可以直接引用，如图 6-16 所示。

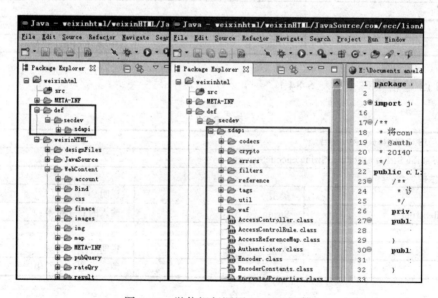

图 6-16　微信银行调用 SDAPI 函数

1. 验证输入

用户初次使用微信银行需要绑定用户信息，微信银行的绑定页面如图 6-17 所示，需要用户输入证件号码和验证码。

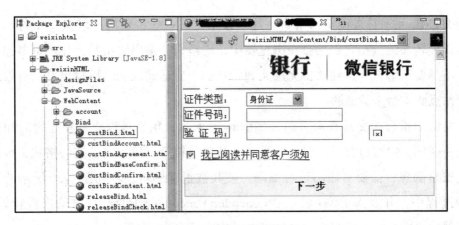

图 6-17　微信银行绑定页面

为了预防跨站点脚本等安全威胁，需要对用户输入进行验证。在后台处理过程中，运用安全开发函数 SDAPI 对输入进行验证，对类型和长度进行控制，如图 6-18 所示。其中安全函数 SDAPI.validator().isValidInput( ) 是预先定义的，用来验证输入的合法性，开发人员只需调用就可以了。当然这里的验证比较简单，只是验证类型和长度。而实际情况是，一切的输入都要进行验证，涉及的类型也比较复杂，包括用户输入、请求头、Cookie、数据库数据等。

图 6-18　验证输入安全控制

2. 编码输出

验证输入的另一面就是编码输出。编码输出用来确保字符被视为数据，而不是作为 HTML 元字符被浏览器解析。这些技术定义一些特殊的"转义"字符。对于没有正确转义的数据它仍然会在浏览器中正确解析。编码输出只是让浏览器知道数据是不是要被解析，达到攻击无法实现的目的。验证输入和编码输出可以有效地应对跨站点脚本带来的威胁。

在微信银行的交易查询页面，如图 6-19 所示，用户可以查询在一定时间段内的交易明细，内容包含日期时间、数字、特殊字符等，显示有一定的格式，因此为防止安全隐患，需要对输出进行编码，使其被正确解析。在如图 6-20 所示的后台处理过程中，开发人员调用 SDAPI.encoder().encodeForHTML() 对输出进行转换，以确保输出内容被正确解析，杜绝潜在的安全隐患。

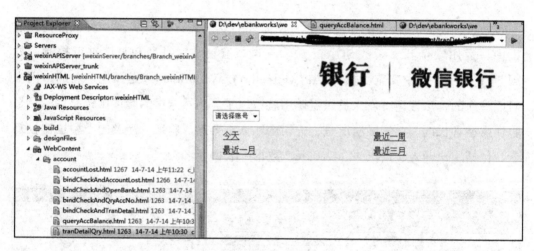

图 6-19　交易查询页面

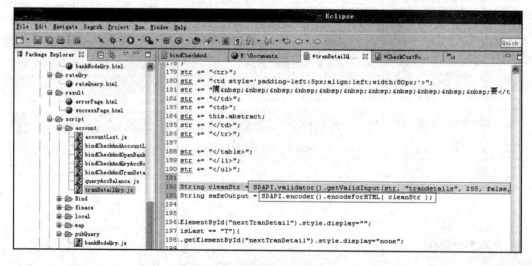

图 6-20　输出编码安全控制

3. SQL 注入

通常来说，注入往往是应用程序缺少对输入进行安全性检查所引起的，攻击者把一些包含指令的数据发送给解释器，解释器会把收到的数据转换成指令执行。注入漏洞十分普遍，通常能在 SQL 查询、程序参数等中出现。

在微信账号绑定的过程中，需要检查该微信号是否已经绑定，则要查询数据库，为防止 SQL 注入造成数据丢失或者破坏，必须采取一定的控制措施。常见的方法可以使用存储过程避免出现 SQL 语句，更可对 SQL 语句进行过滤和编码，如图 6-21 所示。只要创建一个相应数据库的编码器，微信银行使用 DB2，相对应的编码器为 DB2Codec，在调用 SDAPI.encoder().encodeForSQL() 时，作为第一个参数传入即可。剩下的事情全部交给 SDAPI，它会妥当地处理 SQL 注入问题的。

图 6-21 SQL 注入安全控制

通过上面的例子可以看出，调用安全函数可以有效地解决一些跨站点脚本、SQL 注入等 Web 应用安全问题，且实施过程比较简单，其他安全问题的解决方法以此类推。安全控制函数的灵活运用可以有效预防常见的安全隐患，更可作为代码安全检查的可靠依据，实际操作过程易于实施，减轻了开发人员和检查人员的负担，有助于安全开发框架的落地，为开发出安全的应用系统提供了坚实的保障。

6.4.2 移动端安全 SDK 应用案例

本节以某银行直销银行 App 的开发过程为例，阐述安全设计与编码的实际执行过程。

1. 防 SQL 注入

直销银行注册界面如图 6-22 所示，在这个过程中的安全设计要求如下：

（1）信息输入不能为空，且格式正确，防止注入。

（2）验证客户信息是否在我行有登记，如果没有，则需联网核查。

（3）登录密码与确认密码一致，且符合强密码要求，保护密码不被窃取。

（4）如果客户已在该行有登记信息，须校验手机号码是否一致。

（5）如果客户已有直销银行账户，跳转登录；如果不是则继续下一步。

在编码过程中，我们要把上述安全设计要求用代码来实现，对输入信息进行格式判断，需要编写函数进行过滤；而涉及数据库查询的操作，则要求使用参数化查询或者存储过程来实现，禁止使用直接拼接查询语句来实现。在注册过程中需要接连数据的操作有存储验证客户信息、验证开立账户信息、联网核查身份信息和登记客户信息四个方面。根据安全编码规范要求，这些查询操作用存储过程实现，编码如图 6-23a 所示，具体一个存储过程的编码如图 6-23b 所示，在数据库的定义如图 6-23c 所示，其他存储不在详细描述。

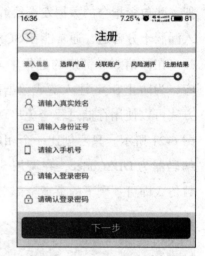

图 6-22　直销银行注册界面

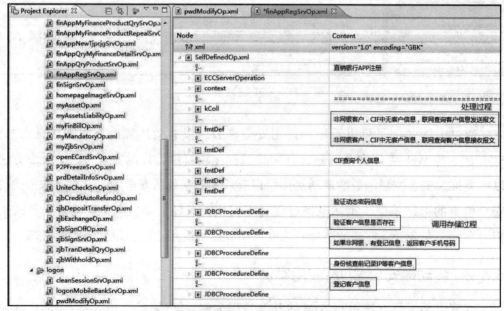

a）注册中查询数据库的操作全部用存储过程实现

图 6-23　存储过程的使用

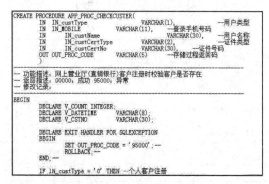

b）存储过程（验证客户信息是否存在）的规范编码

c）存储过程（验证客户信息是否存在）在数据库中的详细定义

图 6-23 （续）

2. 使用安全键盘 SDK

直销银行在登录时，为防止用户密码被窃取，会使用安全键盘，如图 6-24 所示。

图 6-24 某直销银行登录调用安全键盘

登录界面的后台代码如图 6-25 所示。根据代码中的 type="password",即选择输入登录密码,然后后台调用安全键盘 SDK。安全键盘 SDK 的调用过程如图 6-26 所示。

```
class="td">
<img class="passwordImg" src="local:lock.png" onclick="showPwd()"></img>
<input border="0" type="password" name="password" class="passInput" hold="请输入登录密码" encryptMode="R1"
<input type="button" name="verifyBtn" class="textPwdClass" onclick="SendTExtPwd()" value="免费获取"/>
<img class="divdingLine" src="local:login_line.png" />
```

图 6-25　登录后台代码

```
if (isDateInputType_ == YES) {
    textField_.keyboardType = UIKeyboardTypePhonePad;
    textField_.clearButtonMode = UITextFieldViewModeNever;

    NSString *date = [self.property objectForKey:TAG_PROPERTY_VALUE];
    if (date != nil && [date length] >= 8) {
        [self formateDateStr:date];
    } else {
        [self formateNSDate:[NSDate date]];
    }
}else{
    if ([type isEqualToString:@"password"] == YES){
        [[NSNotificationCenter defaultCenter] addObserver:self selector:@selector(textFieldDidChange:)
            name:UITextFieldTextDidChangeNotification object:textField_];
        addNotification = YES;
    }
}
```

图 6-26　安全键盘 SDK 调用

6.5　安全编码规范与开发人员能力培养

6.5.1　安全编码规范

安全编码规范是定制的、面向开发人员的安全规范手册,开发人员通过阅读文档,获取每一类安全漏洞产生的原因及防范方法,从而在开发过程中避免安全漏洞的产生;同时通过安全编码规范的约束,可以促进开发人员养成良好的编程习惯,提高代码编写的质量。

1. JAVA 安全编码规范

以下对银行常用开发语言——JAVA 语言的安全编码规范进行举例说明。

(1)身份认证。

1)图形验证码实现:

☐ 风险概述。较弱的图形验证码能够被某些图像识别技术读取出其中的验证码字符,进而绕过图形验证码的校验功能。

☐ 合规方案。图形验证码应该满足如下要求:

☐ 图形验证码里的字符并添加干扰线(见图 6-27)。

● 图形验证码应该动态生成,不重复,以防止根据图

图 6-27　图形验证码

片哈希进行内容匹配。
- 必须是一次性的，每次验证之后必须更新。
- 图形验证码对应的字符内容只能在服务器端保存。
- 多样化的图形验证码只要具备安全特性，都可使用。

如图 6-28，按照图片的内容，人工得出另一个结果，也推荐使用。

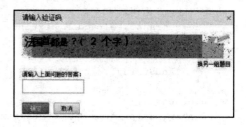

图 6-28　图形验证码

❑ 安全代码示例：

```
<%
// String num = request.getParameter("num");
String num="4";
int charNum = 4;           // 随机产生字符数量
if(num != null){
    charNum = Integer.parseInt(num);
}
int width = 74;            // 图片宽
int height = 30;           // 图片高
int lineSize = 100;        // 干扰线数量
String randString="";      // 需要绘制的随机字符串
BufferedImage buffImage = new BufferedImage(width, height, BufferedImage.TYPE_INT_BGR);    // BufferedImage 类描述具有可访问图像数据缓冲区的 Image
Graphics2D g = buffImage.createGraphics();
// 设置背景色
g.setColor(Color.white);
g.fillRect(0, 0, width, height);
// 设置字体
g.setFont(new Font("Times New Roman", Font.ROMAN_BASELINE, 18));
// 画边框
g.drawRect(0,0,width-1,height-1);
// 绘制干扰线
Random random = new Random();
for (int i = 0; i <= lineSize; i++)
{
    int x = random.nextInt(width);
    int y = random.nextInt(height);
    int x1 = random.nextInt(width/8);
    int y1 = random.nextInt(height/8);
    g.setColor(randColor(130, 250));
    g.drawLine(x, y, x + x1, y + y1);
}
// 字符集，从中随机产生字符串
char[] characterSet = {'0','1','2','3','4','5','6','7','8','9',
    'A','B','C','D','E','F','G','H','I','J','K','L','M','N','O','P','Q','R','S','T','U','V','W','X','Y','Z'};
    g.setComposite(AlphaComposite.getInstance(AlphaComposite.SRC_OVER, 0.6f));    // 设置透明色
    g.setFont(new Font("Fixedsys", Font.CENTER_BASELINE, 24));
```

```
// 产生随机验证码
for (int i = 1; i <= charNum; i++)
{
    g.setColor(randColor(20,130));
    String rand = String.valueOf(characterSet[random.nextInt(characterSet.
length)]); // 获取随机的字符
    g.translate(random.nextInt(3), random.nextInt(3));
    g.drawString(rand, width/(charNum+2) * i, height/4*3);

    randString += rand;
}
g.dispose();
System.out.println("验证码:"+randString);
session.setAttribute("validateCode", randString);
// 禁止图像缓存。
response.setHeader("Pragma", "no-cache");
response.setHeader("Cache-Control", "no-cache");
response.setDateHeader("Expires", 0);
OutputStream os = response.getOutputStream();
try
{
    ImageIO.write(buffImage, "png", os);
    os.close();
    out.clear();
    out = pageContext.pushBody();
}
catch (IOException e)
{
    e.printStackTrace();
}
%>
<%!
/*
 * 随机获取颜色
 */
private Color randColor(int fc, int bc)
{
Random random = new Random();
if (fc > 255)
    fc = 255;
if (bc > 255)
    bc = 255;
int r = fc + random.nextInt(bc - fc);
int g = fc + random.nextInt(bc - fc);
int b = fc + random.nextInt(bc - fc);
return new Color(r, g, b);
}
%>
```

2）短信验证码实现：

❑ 风险概述。短信验证码在多种应用场景中发挥了身份识别的重要作用，如果在实现时考虑不周全，会导致手机号绕过、验证码被暴力猜解、短信轰炸等多个安全问题的产生。

- 合规方案。在实现短信验证码验证时,应判断短信验证码是否已经被使用过,短信验证码是否正确,短信验证码是否超时等。
- 安全代码示例。

```
public int doControl() throws SsException {
try {
    String sms_input =(String)mapValue.get("sms_yzm");
    String errMsg=(String)mapValue.get("respmsg");

    String sms_yzm = priDataCache.getParam("sms_yzm");
    String sms_time = priDataCache.getParam("sms_yzm_time");
    boolean isBeyondCount=false;
    // 检查是否获取到短信验证码
      if(sms_yzm==null || sms_time==null ||sms_time.equals("")||sms_yzm.equals("")){
            priDataCache.setParam("respcode", "m2019");
            priDataCache.setParam("respmsg", "未获取短信验证码!");
            return -1;
        }
        // 短信验证码超时检查
    if(System.currentTimeMillis()-180000>Long.parseLong(sms_time)){// 三分钟
            priDataCache.setParam("respcode", "m2020");
            priDataCache.setParam("respmsg", "短信验证码已经超时,请重新获取 ");
            return -1;
        }
        // 检查短信验证码是否已被使用
        if(sms_input!=null&&sms_input.equals(sms_yzm)){
            priDataCache.setParam("sms_yzm", "");
            priDataCache.setParam("sms_yzm_time", "");
        }
        // 判断短信的错误尝试次数
        if(sms_input!=null){
    int msgCount = iBaseDao.queryForInt("customer.countMsg", param);
            if(msgCount>10){
                isBeyondCount=true;}
    if(isBeyondCount){
            TransUtil.buildResponseMessage(AppConstants.RspCode_FAIL, "短信验证码在一天之内不允许超过10次 ",rst);
            return rst;
    }
    else{
        priDataCache.setParam("respcode", "m2021");
        priDataCache.setParam("respmsg", errMsg);
        return -1;
        }
}catch(Exception ex){
    Log.getInstance().error(logId,ex.getMessage(),ex);
    throw new SsException("m2022", "验证码输入不正确" + ex.toString());
}
return 0;
}
```

（2）访问控制。

1）水平越权防范：

- 风险概述。水平越权漏洞，是一种"基于数据的访问控制"设计缺陷引起的漏洞。由于服务器端在接收到请求数据进行操作时，没有判断数据的所属人，而导致的越权数据访问漏洞。例如服务器端从客户端提交的 request 参数（用户可控数据）中获取用户 ID，恶意攻击者通过变换请求 ID 的值，查看或修改不属于本人的数据。
- 缺陷代码示例。水平越权漏洞产生的原因就是服务器端对数据的访问控制验证不充分。一个正常的用户 A 通常只能够对自己的一些信息进行增删改查，如果用户在对信息进行增删改查的时候，服务器没有判断操作的信息是否属于对应的用户，即可能导致用户越权操作其他人的信息。

如下代码是一段根据地址 id 删除用户地址的代码，在删除操作时，未判断提交的地址 id 是否属于当前登录用户，可导致水平越权漏洞的产生。

```
@RequestMapping(value="/delete/{addrId}")
public Object remove(@PathVariable Long addrId){
Map<String, Object> respMap = new HashMap<String, Object>();
if (WebUtils.isLogged()) {
this.addressService.removeUserAddress(addrId);
            respMap.put(Constants.RESP_STATUS_CODE_KEY, Constants.RESP_STATUS_CODE_SUCCESS);
        respMap.put(Constants.MESSAGE,"地址删除成功！");
    }else{
respMap.put(Constants.RESP_STATUS_CODE_KEY, Constants.RESP_STATUS_CODE_FAIL);
respMap.put(Constants.ERROR,"用户没用登录，删除地址失败！ ");
    }
    return respMap;
}
```

- 合规方案。水平越权漏洞的特征就是服务器端没有对提交数据的用户身份进行校验，其危害程度取决于提交数据是否有规律。因此，我们可通过两个方面来减小水平越权漏洞的危害：
  - 设计数据标识格式。在设计数据库时，通常情况下，我们会将数据表主键设置为自增格式，这样在提交查询时，提交的数据就是有规律的，攻击者可通过遍历的方式来扩大危害程度，建议将自增格式设计为不可猜测格式。
  - 身份鉴别。判断提交的数据是否属于当前登录用户。

- 安全代码示例。设计数据标识格式：将数据标识的格式设定为 UUID（通用唯一识别码）的格式，生成的 UUID 是由一个十六位的数字和字母的组合，表现形式如 550E8400E29B11D4A716446655440000，可防止攻击者猜解数据 ID 来越权攻击。

```
public String getUUID(){
    UUID uuid=UUID.randomUUID();
    String str = uuid.toString();
    String uuidStr=str.replace("-", "");
    return uuidStr;
}
```

身份鉴别：

```
@RequestMapping(value="/delete/{addrId}")
public Object remove(@PathVariable Long addrId){
Map<String, Object> respMap = new HashMap<String, Object>();
if (WebUtils.isLogged()) {
this.addressService.removeUserAddress(addrId,WebUtils.getLoggedUserId());
            respMap.put(Constants.RESP_STATUS_CODE_KEY, Constants.RESP_STATUS_CODE_SUCCESS);
            respMap.put(Constants.MESSAGE,"地址删除成功！");
        }else{
respMap.put(Constants.RESP_STATUS_CODE_KEY, Constants.RESP_STATUS_CODE_FAIL);
respMap.put(Constants.ERROR,"用户没用登录，删除地址失败！");
    }
    return respMap;
}
```

2）垂直越权防范：

- 风险概述。垂直越权是一种 URL 的访问控制设计缺陷引起的漏洞，由于未对 URL 设定严格的用户访问控制策略，导致普通用户也可以通过发送请求的方式访问本应由高权限用户才可访问的页面。
- 缺陷代码示例。如下是一段删除用户操作的代码，若在操作时未对访问请求者的权限做判断，那么攻击者就可以构造请求"http://xxx.xxx.xxx/user/delete?id=1"来做只有管理员才有权限干的事情。

```
@RequestMapping(value = "delete")
public String delete(HttpServletRequest request, @RequestParam Long id)
        throws Exception {
    try {
        userManager.delete(id);
        request.setAttribute("msg", "删除用户成功");
    } catch (ServiceException e) {
        // logger.error(e.getMessage(), e);
        request.setAttribute("msg", "删除用户失败");
```

```
        }
        return list(request);
}
```

- 合规方案。建议系统通过全局过滤器来检测用户是否登录、是否对资源具有访问权限。
- 安全代码示例。

```
public class PrivilegeFilter implements Filter
{
private Properties properties=new Properties();
@Override
public void destroy(){properties=null;}

@Override
public void init(FilterConfig config) throws ServletException
{
    //获取资源访问权限配置
    String fileName=config.getInitParameter("privilegeFile");
    String realPath=config.getServletContext().getRealPath(fileName);
    try
    {
        properties.load(new FileInputStream(realPath));
    }
    catch(Exception e)
    {
        config.getServletContext().log("读取权限控制文件失败",e);
    }
}

@Override
public void doFilter(ServletRequest req, ServletResponse res, FilterChain chain)
        throws IOException, ServletException
{
    HttpServletRequest request=(HttpServletRequest)req;
    HttpServletResponse response=(HttpServletResponse)res;

     String requestUri=request.getRequestURI().replace(request.getContextPath()+"/", "");
    String action=request.getParameter("action");
    action=action==null?"":action;
    String uri=requestUri+"?action="+action;
    String role=(String)request.getSession().getAttribute("role");
    role=role==null?"guest":role;
    boolean authen=false;
    for(Object obj:properties.keySet())
    {
        String key=(String)obj;
            if(uri.matches(key.replace("?", "\\?").replace(".", "\\.").replace("*", ".*")))
            {
                if(role.equals(properties.get(key)))
```

```
            {
                authen=true;
                break;
            }
        }
    }
    if(!authen)
    {
        throw new RuntimeException("您无权访问该页面，请以合适的身份登录后查看。");
    }
    chain.doFilter(request, response);
}
}
```

将权限访问规则存入 privilege.properties 文件中，如下所示：

```
admin.do?action=*           =       administrator
list.do?action=add          =       admin
list.do?action=view         =       guest
```

在 Web.xml 中配置过滤器及权限：

```
<filter>
<filter-name>privilegeFilter</filter-name>
<filter-class>com.filter.privilegeFilter</filter-class>
<init-param>
    <param-name>privilegeFile</param-name>
    <param-value>/Web-INF/privilege.properties</param-value>
</init-param>
</filter>
```

2. Python 安全编码规范

在银行目前的诸多开发项目中，通过 Python 语言进行脚本开发的情况越来越多，所以本小节对 Python 安全编码进行简单说明。

Python 编码中的主要问题集中在注入问题上，常见注入问题包括 SQL 注入、命令注入、代码注入等，它们有一个共同点就是危险函数+可控参数。以下对 SQL 注入和命令注入安全编码进行举例说明。

1）SQL 注入：

❏ 风险概述。直接拼接数据字段操作数据库。常见注入接口：
- django 的 raw() 方法，execute() 方法，extra() 方法 where 处。
- 直接调用 psycopg2 或其他底层接口。

❏ 缺陷代码示例如图 6-29 所示。

❏ 合规方案：
- 参数验证，如限定用户名（a-zA-Z_0-9）。

- django 的 modelAPI，如 QuerySet。
- 参数化查询。

```
def getUsers(user_id=None):
    conn = psycopg2.connect("dbname='xx' user='xx' host='' password=''")
    cur = conn.cursor(cursor_factory=psycopg2.extras.DictCursor)
    if user_id==None:
        str = 'select distinct * from auth_user'
    else:
        str='select distinct * from auth_user where id=%s'%user_id
    res = cur.execute(str)
    res = cur.fetchall()
    conn.close()
    return res
```

图 6-29　缺陷代码示例

☐ 安全代码示例如图 6-30 所示。

```
def user_contacts(request):
    user = request.GET['username']
    sql = "SELECT * FROM user_contacts WHERE username = %s"
    cursor = connection.cursor()
    cursor.execute(sql, [user])
    # do something with the results
    results = cursor.fetchone()   #or  results = cursor.fetchall()
    cursor.close()
```

图 6-30　安全代码示例

2）命令注入：

☐ 风险概述。命令注入通常是因为调用 shell 来实现一些功能而导致的。常见的易导致命令的接口为：

- os.system
- os.popen
- os.spaw*
- os.exec*
- os.open
- os.popen*

- commands.call,
- commands.getoutput,
- Popen*

❏ 缺陷代码示例如图 6-31 所示。

```
def loginAuthCheck(request,pathid):
    tmPath=r'/tmp/validateHost'
    xmlpath=os.path.join(tmPath,pathid,'config.xml')
    os.system("python checkLogin.pyc %s"%xmlpath )
```

图 6-31　缺陷代码示例

❏ 合规方案：
- 封装命令执行 API，过滤所有 shell 元字符。字符及相关说明如表 6-86 所示。

表 6-86　字符与说明

字　符	说　明
IFS	由 <space> 或 <enter> 二者之一组成（常用 space）
CR	由 <enter> 产生
=	设定变量
$	作变量或运算替换（请不要与 shell prompt 搞混了）
>	重导向 stdout*
<	重导向 stdin*
|	命令管线 *
&	重导向 file descriptor，或将命令置于背境执行 *
()	将其内的命令置于 nested subshell 执行，或用于运算或命令替换 *
{}	将其内的命令置于 non-named function 中执行，或用在变量替换的界定范围
;	在前一个命令结束时，而忽略其返回值，继续执行下一个命令 *
&&	在前一个命令结束时，若返回值为 true，继续执行下一个命令 *
||	在前一个命令结束时，若返回值为 false，继续执行下一个命令 *
!	执行 history 列表中的命令 *

- 使用 subprocess 模块，同时确保 shell 为 False，默认情况是 False。

6.5.2　开发人员能力培养

银行应用系统开发人员应具备较高的安全开发能力和掌握漏洞产生的原理，在开发实现中有效地贯穿安全编码规范。以下对开发人员安全开发学习方向给予相关建议，并给出需要学习的一些书籍和技能。

（1）掌握操作系统的相关知识点（见图 6-32）。

（2）掌握正则表达式的相关知识点（见图 6-33）。

（3）掌握数据编码的相关知识点（见图 6-34）。

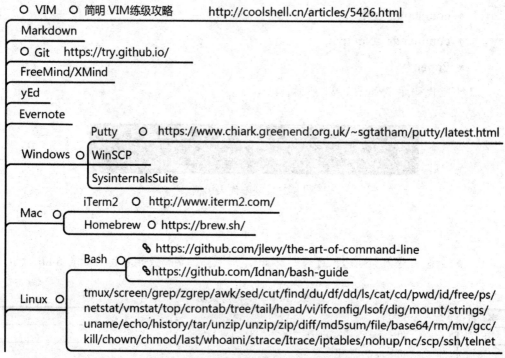

图 6-32 操作系统的相关知识点

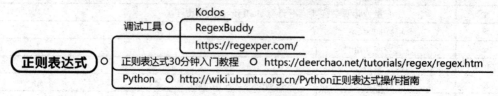

图 6-33 正则表达式的相关知识点

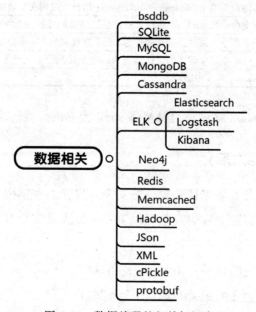

图 6-34 数据编码的相关知识点

（4）掌握脚本开发的相关知识点（见图 6-35）。

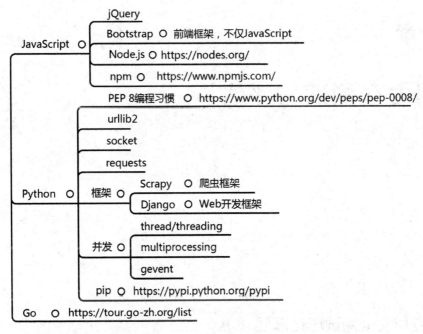

图 6-35　脚本开发的相关知识点

第 7 章

应用安全测试与评估

7.1 应用安全测试理论概述

随着互联网的发展，网上银行、手机银行、直销银行、微信银行等电子银行的蓬勃发展，伴随而来的黑客攻击事件层出不穷，使开展网上银行业务的银行面临更多的风险。这些攻击常常利用来自互联网应用自身的安全漏洞，如 XSS 跨站攻击、SQL 注入、恶意代码等，借助于互联网平台，实施有组织、有目的、有手段的攻击，且这些攻击具有手段高、隐蔽性强、关联性复杂、危害性大等特点，因此互联网应用安全正逐渐成为最严重、最广泛、危害性最大的安全问题，商业银行急需运用切实可行的安全测试方法来弥补应用漏洞。

大多数银行目前的应用软件开发主要采取软件外包和自主研发相结合的模式，虽然人们的安全意识不断提高，但是随着各种新技术的不断涌现，特别是 Web2.0、HTML5、云服务以及移动互联网的推出，互联网应用安全现状依然面对严峻的形势，关于开发安全应用软件，仍然存在以下两个问题：

（1）没有完善的应用软件安全的审计策略和措施。由于缺少应用软件安全保护方面的知识，因此目前在对外包团队的项目进行软件安全审计的时候不知道在软件的安全方面具体要审核哪些内容，以及如何预防这些漏洞。目前没有借助一些自动化的工具，只能采用人工的方式，显得费时、费力，并且效率低下，很多漏洞都未能检查到。我们迫切需要一种新的安全审计策略和措施来加强软件安全的审计问题。

（2）传统纯白盒测试会带来较高的误报率，而只是使用纯黑盒测试，则存在覆盖率不足的问题。

互联网应用系统的安全测试、验收与定期评估是保障应用安全运行至关重要的环节之一，是指在软件生命周期中的实现、交付和运行这三个阶段对目标应用系统实施安全测试和评估的过程。系统漏洞及安全相关逻辑问题，是大多数黑客攻击的入口，寻找漏洞和收集信息是大多数黑客实施攻击的第一个步骤。在实现、交付和运行三个阶段进行安全测试，是为了保证在黑客发现漏洞并实施攻击之前，最大程度地发现并修复应用的安全问题，关闭黑客入侵的大门。

应用安全测试主要包括实现阶段的安全测试、交付阶段的安全验收和运行阶段的定期安全评估。

（1）实现阶段的安全测试。在应用的实现阶段进行安全测试和修复问题，与交付和运行阶段的测试相比，成本更低，主要表现在三个方面。首先，程序开发人员有自身的思维和惯性，如果能在前期开发的模块中发现问题，有利于纠正不良思维和习惯，提高后续开发模块和功能的安全质量；其次，在应用的实现阶段，容易实现细粒度的、以模块和功能为单位的安全测试，而在交付和运行阶段，则很难实现细粒度的测试；最后，在应用实现阶段对问题进行修复，环节少，成本低，而在交付和运行阶段，应用升级可能需要复杂的过程，甚至可能出现原有开发团队已经转变职能的情况。在应用实现阶段的安全测试，重点应关注问题的发现、管理、跟踪和确认。当发现安全问题后，需要通过人和管理平台相结合，对相关问题的状态持续跟踪，直到问题被最终修复为止。

（2）交付阶段的安全验收。应用系统的安全验收，是指应用已经实现后，在交付验收的阶段，对应用的安全性能进行整体评估，目的是衡量应用的各项安全指标，是否已经达到了前期安全需求和安全设计的目标。对于互联网金融产品而言，这项工作的重要性是不言而喻的。相对于实现阶段以修复问题为目标的细粒度测试，验收测试能够从整体上把控安全指标。

根据验收测试的目的，这项工作应关注安全问题发现的全面性。但由于银行应用的复杂性，通过人工全面发现安全问题，是很难实现的。一方面，银行应用系统复杂，功能模块繁多，人工分析工作量大；另一方面，网络安全涉及的技术面广，对相关技术的了解也需要达到一定深度，对人员技能的要求很高。因此，这个阶段的工作可以借助应用安全评估工具来实现，通过人和工具的结合达到最终目的。

（3）运行阶段的定期安全评估。运行阶段的定期安全评估，指的是在应用运行并提供服务的过程中，以一定的频率对应用的安全性进行评估。这项工作的重要性在于两个方面：一方面，安全攻防技术始终处于快速前进的状态，经统计，2016 年，国家信息安全漏洞共享平台（CNVD）共收录通用软硬件漏洞 10 822 个，较 2015 年增长 33.9%。其中，高危漏洞收录数量高达 4146 个（占 38.3%），较 2015 年增长 29.8%；"零日"漏洞 32 203 个，较 2015 年增长 82.5%。同时安全评估技术也在持续更新，定期评估可能会发现之前未发现的安全问题。另一方面，应用的数据在不断变化，应用在维护的过程中，也可能发生变化，这些变化可能会导致出现新的安全问题。定期安全评估在关注安全问题发现的全面性的同时，也应关注新的安全漏洞及安全技术。安全评估离不开人的参与，但借助应用安全评估工具，不仅能够减少定期评估所需的工作量，也能够实现安全评估规则的及时更新。

为了全面、有效地开展应用安全测试工作，通常我们在不同阶段采取相应的安全测试方法进行安全测试，例如，在实现阶段，主要采用代码交叉走读、专项代码安全审计等白盒测试方式，针对性地发现代码编写的相关问题；在交付阶段，先依据安全设计编写安全测试用例，开展针对性的白盒安全测试，验证相关安全功能实现的有效性；在最终上线及运营阶段，开展黑盒渗透测试，从攻击者的角度尽量发现应用系统的弱点。上述各阶段的实际测试评估，通常采用自动化工具测试和人工测试相结合的方式，对代码安全、敏感信息保护、业务逻辑漏洞、SQL 注入漏洞、Cookie 注入和跨站脚本漏洞等应用安全漏洞进行测试。后面我们会对刚刚提及的各类测试方法及具体应用方式做详细介绍。

7.2　应用安全白盒测试

7.2.1　白盒测试概述

白盒测试是指测试人员在通过用户授权获取部分信息的情况下进行的测试，如目标系统的账号、配置甚至源代码。在这种情况下用户模拟并检测内部的恶意用户可能为系统带来的威胁。其中源代码审计（Code Review）是白盒测试的一种重要手段。源代码审计是由具备丰富编码经验，并对安全编码原则及应用安全具有深刻理解的安全服务人员，对系统的源代码和软件架构的安全性、可靠性进行全面的安全检查。源代码审计的目的在于充分挖掘当前代码中存在的安全缺陷以及规范性缺陷，从而让开发人员了解其开发的应用系统可能会面临的威胁，并指导开发人员正确修复程序缺陷。

实践证明，程序的安全性是否有保障在很大程度上取决于程序代码的质量，而保证代码质量最快捷、有效的手段就是源代码审计。

在风险评估过程中，源代码审计是一般脆弱性评估的一种很好的补充，能够找到一些安全测试所无法发现的安全漏洞。同时，由于主持源代码审计的安全服务人员一般都具备丰富的安全编码经验和技能，所以其针对性比常见的脆弱性评估手段会更强、粒度也会更为细致。

源代码审计工作主要突出代码编写的缺陷和脆弱性，通过白盒（代码审计）的方式检查应用系统的安全性，应当依照下列规范进行工作：

（1）OWASP Top 10。

（2）CWE/SANS Top 25。

（3）ASP/ASP.NET/PHP/JSP 安全编码规范。

（4）源代码审计最佳实践。

（5）服务工作规范、源代码审计实施规范。

源代码审计可以带来以下收益：

（1）明确安全隐患点。源代码审计能够对整个信息系统的所有源代码进行检查，从整套源代码切入最终至某个威胁点并加以验证，以此明确整体系统中的安全隐患点。

（2）提高安全意识。如上所述，任何隐患在源代码审计中都可能造成"千里之堤溃于蚁穴"的效果，因此源代码审计可以有效地督促管理人员杜绝任何一处小的缺陷，从而降低整体风险。

（3）提高开发人员安全技能。在源代码审计人员与用户开发人员的交互过程中，可提升开发人员的技能。另外，通过专业的源代码审计报告，能为用户开发人员提供安全问题的解决方案，完善代码安全开发规范。

7.2.2　白盒测试方法

白盒测试所采用的方法包括工具审查、人工确认和人工抽取代码检查，以源代码审计为主要的实施手段。源代码审计的范围包括使用 ASP、ASP.NET（VB/C#）、JSP（JAVA）、PHP 等主流语言开发的 B/S 应用系统，使用 C++、JAVA、C#、VB 等主流语言开发的 C/S 应用系统，以及使用 XML 语言编写的文件、SQL 语言和数据库存储过程等。

开展源代码审计工作主要分为四个阶段，包括前期准备阶段、源代码审计阶段实施、复测阶段实施以及成果汇报阶段（见图 7-1）：

（1）前期准备阶段。在实施源代码审计工作前，源代码审计人员与项目组对源代码审计的相关技术细节进行详细沟通。由此确认源代码审计的方案，方案内容主要包括确认的源代码审计范围、最终对象、审计方式、审计要求和时间等内容。

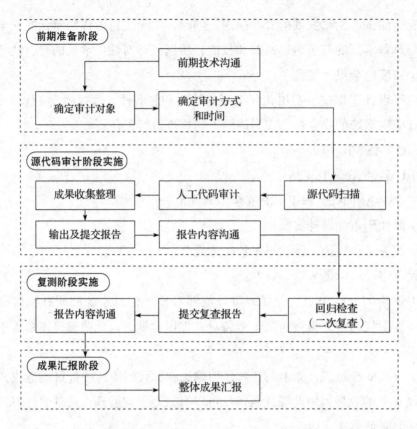

图 7-1 源代码审计工作的四个阶段

（2）源代码审计阶段实施。在源代码审计实施过程中，源代码审计人员首先使用源代码审计的扫描工具对源代码进行扫描，完成初步的信息收集，然后通过人工的方式对源代码扫描结果进行人工的分析和确认。根据收集的各类信息对系统重要功能点进行人工源代码审计。结合自动化源代码扫描和人工源代码审计两方的结果，源代码审计人员需整理源代码审计的输出结果并编制源代码审计报告。

（3）复测阶段实施。经过第一次源代码审计后，等待项目组对源代码审计发现的问题进行整改或加固。经整改或加固后，源代码审计人员进行回归检查，即二次检查。检查结束后提交给项目组复查报告。

（4）成果汇报阶段。根据一次源代码审计和二次复查结果，整理源代码审计的输出成果。

为了避免风险的产生，源代码审计工作通常不会在生产或测试服务器上进行，需要用户提供源代码或存储源代码的计算机载体。源代码审计人员会将一些源代码审计工具安装在存储源代码的计算机载体中，在完成源代码审计后卸载这些工具，以保护用户资产。

源代码审计工作中最常使用的一种技术手段是代码检查。代码检查可以由人工进行，也可以借助代码检查工具自动进行。在实际应用中，通常采用"自动分析＋人工验证"的方式进行。

代码检查的目的在于发现代码本身存在的问题，如代码对标准的遵循、可读性，代码的逻辑表达的正确性，代码结构的合理性等方面。通过代码检查分析，可以发现违背程序编写标准和漏洞相关等问题。

1. 违背程序编写标准

（1）源代码设计。源代码设计问题通常来源于程序设计之初，例如代码编写工具的使用等。在这方面的审计主要是分析代码的系统性和约束范围，主要从下面的几个方面进行：

1）不安全的域。

2）不安全的方法。

3）不安全的类修饰符。

4）未使用的外部引用。

5）未使用的代码。

（2）错误处理不当。这类问题的检查主要是通过分析源代码了解程序在管理错误、异常、日志记录及敏感信息等方面是否存在缺陷。如果程序处理这类问题不当，最可能的问题是将敏感信息泄露给攻击者，从而可能导致危害性后果。这类问题主要体现在以下几个方面：

1）程序异常处理。

2）返回值用法。

3）空指针。

4）日志记录。

（3）直接对象引用。直接对象引用意指在引用对象时没有进行必要的校验，从而可能导致被攻击者利用。通过代码检查，审计人员可以分析出程序是否存在直接对象引用以及相应的对象引用是否安全。直接对象引用问题主要有以下几类：

1）直接引用数据库中的数据。

2）直接引用文件系统。

3）直接引用内存空间。

（4）资源滥用。资源滥用是指程序对文件系统对象、CPU、内存、网络带宽等资源的不恰当使用。资源使用不当可能导致程序效率降低，遭受拒绝服务攻击的影响。代码检查中，审计人员将会根据编码规范分析代码中对各种资源的引用方法进行分析，发现其中可能导致资源过度占用方面的问题。资源占用方面的问题主要有以下几类：

1）不安全的文件创建、修改和删除。

2）竞争冲突。

3）内存泄漏。

4）安全的过程创建。

（5）API滥用。API滥用是指由系统或程序开发框架提供的API被恶意使用，导致出现无法预知的安全问题。检查过程中，审计人员将会针对此类问题来对源代码进行分析以发现此类问题。API滥用主要有下面几种类型：

1）不安全的数据库调用。

2）不安全的随机数创建。

3）不恰当的内存管理调用。

4）不安全的字符串操作。

5）危险的系统方法调用。

6）对于Web应用来说不安全的HTTP会话句柄也是API滥用的一种。

2. 漏洞相关

（1）跨站脚本漏洞。

漏洞：对用户的输入没有采用有效的安全控制手段就将用户输入插入到返回页面中。

影响：攻击者可以利用存在XSS漏洞的Web网站攻击浏览相关网页的用户，窃取用户会话中诸如用户名和口令（可能包含在Cookie里）等敏感信息、通过插入恶意代码对用户执行挂马攻击、XSS漏洞还可能被攻击者用于网页篡改。

（2）跨站请求伪装漏洞。

漏洞：提交表单中没有用户特有的标识。

影响：攻击者可利用跨站请求伪装（CSRF）漏洞假冒另一用户发出未经授权的请求，即恶意用户盗用其他用户的身份使用特定资源。

（3）SQL注入漏洞。

漏洞：对访问数据库的SQL语句没有进行任何过滤，可能导致SQL注入。

影响：如果SQL注入成功，攻击者可以获取网站数据库的信息，可以修改删除数据库，还可能获取执行命令的权限，进而完全控制服务器。

（4）命令执行漏洞。

漏洞：系统中使用了一些调用操作系统函数的命令，在调用过程中，如果命令的来源不可信，系统可能执行恶意命令。

影响：攻击者有可能把要执行的命令替换成恶意命令，如删除系统文件。

（5）日志伪造漏洞。

漏洞：将未经验证的用户输入写入日志。

影响：攻击者可以利用该漏洞伪造日志条目或将恶意内容注入日志。

（6）参数篡改。

漏洞：一些重要参数可能会被篡改。

影响：攻击者能够通过篡改重要参数或方法对系统进行攻击。

（7）密码明文存储。

漏洞：配置文件中存储明文密码。

影响：在配置文件中存储明文密码可能会危及系统安全，攻击者可以轻易获取到系统密码。

（8）配置文件缺陷。

漏洞：配置文件内容存在缺陷，例如未设置统一的错误响应页面。

影响：攻击者能够利用配置文件的缺陷对系统进行攻击。

（9）路径操作错误。

漏洞：用户输入没有有效的安全控制手段就直接对文件进行操作。

影响：攻击者可以控制路径参数，访问或修改其他受保护的文件。

（10）资源管理。

漏洞：使用完资源后没有关闭，或者可能关闭不成功。

影响：攻击者有可能通过耗尽资源池的方式发起拒绝服务攻击，导致服务器性能降低，甚至宕机。

（11）不安全的Ajax调用。

漏洞：系统存在不安全的Ajax调用。

影响：攻击者能够利用该漏洞绕过验证程序或直接编写脚本调用Ajax方法实现越权操作。

（12）系统信息泄露。

漏洞：异常捕获泄露系统信息。

影响：攻击者可以从泄露的信息中找到有用信息，发起有针对性的攻击。

（13）调试程序残留。

漏洞：代码包含调试程序，如主函数。

影响：调试程序会在应用程序中建立一些意想不到的入口点被攻击者利用。

7.2.3 白盒测试工具及应用

表 7-1 至表 7-3 列出了部分常见的白盒测试工具及使用示例，但并不能完整地包括真实环境下的全部审计工具。

表 7-1 信息收集工具

工具名称	官方地址	特点说明
TextCrawler	http://www.digitalvolcano.co.uk	方便实用的快速文本查找工具，可以批量搜索和替换文本，具备灵活性，支持正则表达式可以创建复杂的搜索、预览和替换

表 7-2 静态分析工具

工具名称	官方地址	特点说明
Fortify SCA	https://www.fortify.com/products	专门用于检测软件源码安全性的软件，安全代码规则最全面，安全漏洞检查最彻底，支持多种国际软件安全的标准，支持混合语言的分析
SSWCodeAuditor	http://www.ssw.com.au	代码分析工具，内置的规则侧重于最流行的 NET 语言（C#、VB.NET），Windows Forms 和 ASP.NET，允许开发人员添加自己的规则
FindBugs	http://findBugs.sourceforge.net	静态分析工具，它检查类或者 JAR 文件，自带检测器，其中有 60 余种 Bad practice，80 余种 Correctness，1 种 Internationalization，12 种 Malicious code vulnerability，27 种 Multithreaded correctness，23 种 Performance，43 种 Dodgy
CAT.NET		
FxCop	http://www.microsoft.com/downloads/en/details.aspx	代码分析工具，依照微软 .NET 框架的设计规范对托管代码
MSScasi		一种静态代码分析工具，可帮助查找 Active Server Page（ASP）代码中的 SQL 注入漏洞
PMD	http://pmd.sourceforge.net	一种开源分析 Java 代码错误的工具

表 7-3 源码提取工具

工具名称	官方地址	特点说明
Reflector	http://reflector.red-gate.com	将 .NET 程序集中的中间语言反编译成 C# 或者 Visual Basic 代码，还能够提供程序集中类及其成员的概要信息、提供查看程序集中 IL 的能力以及提供对第三方插件的支持
Java Decompiler	http://java.decompiler.free.fr	对整个 Jar 文件进行反编译，并且其源代码可直接点击进行相关代码的跳转，支持众多 Java 编译器的反编译（支持泛型，Annotation 和 enum 枚举类型）

常见白盒测试工具的使用示例如下。

1. Fortify SCA

Fortify SCA 是专门用于检测软件源码安全性的软件，其安全代码规则最全面，安全漏洞检查最彻底，支持多种国际软件安全的标准，支持混合语言的分析。

（1）Source Code Analysis 阶段概述。Audit Workbench 会启动 Fortify SCA "Scanning"（扫描）向导来扫描和分析源代码。该向导整合了以下几个分析阶段。

1）转换：使用源代码创建中间文件，源代码与一个 Build ID 相关联，Build ID 通常就是项目名称。

2）扫描与分析：扫描中间文件，分析代码，并将结果写入一个 Fortify Project Results（FPR）文件。

3）校验：确保所有源文件均包含在扫描过程中，使用的是正确的规则包，且没有报告重大错误。

（2）使用 Fortify SCA 扫描 Java 项目。"Scan Java Project"（扫描 Java 项目）向导将转换阶段和分析阶段合并为一个简单的步骤。使用此功能可以扫描源那些代码位于单个目录中的小型 Java 项目。

扫描新的 Java 项目：

1）打开 Audit Workbench。系统会显示开始页面。

2）在"New Projects"（新项目）中，单击 Scan Java Project（扫描 Java 项目）。系统会显示 Browse for Folder（浏览文件夹）对话框。

3）选择包含所有需要分析的源代码的文件夹，然后单击 OK（确定）。系统会显示 AuditGuide Wizard（AuditGuide 向导）。

4）为需要审计的问题类型选择相关设置，然后单击 Run Scan（运行扫描）。如果 Fortify SCA 在扫描源代码时遇到任何问题，即会显示 Warning（警告）对话框。

5）单击 OK（确定）继续。Fortify SCA 会分析源代码。完成该过程之后，Audit Workbench 会显示 FPR 文件。

（3）审计分析结果。

1）导航并查看分析结果。在打开一个用来查看 Fortify Source Code Analyzer（Fortify SCA）所检测到的问题的 Audit Workbench 项目之后，可以在 Summary（摘要）面板中审计这些问题，以反映这些问题的严重级别，以及对该问题执行的安全分析状态。系统会按审计结果的严重性以及准确性，对审计结果进行分组，并在默认情况下将问题识别为位于"Issues"（问题）面板中的 Hot（严重）列表内。单击 Warning（警告）和 Info（信息），查看分组在这些列表中的问题。每个列表中的问题数量显示在相关按钮下面。要检验与 Issues（问题）面板中所列问题相关的代码，选中该问题。源代码部分包含显示在源代码查看器面板中的问题，并在面板的标题中显示文件所包含问题的名称。

2）审计结果分析。检查 Fortify SCA 中各种不同分析器所发现的问题，并比较 Fortify SCA 生成的各种不同输出格式。

第一，考虑 UserServ.java 的内容，如图 7-2 所示。

```java
1  import java.io.*;
2  import java.sql.*;
3  import javax.servlet.*;
4  import javax.servlet.http.*;
5  import org.apache.commons.logging.*
6
7  public class UserServ extends HttpServlet {
8    private String query;
9    private static final Log log = LogFactory.getLog(CLASS.class);
10   public void doGet(HttpServletRequest request,
11                    HttpServletResponse response)
12          throws ServletException, IOException {
13     Statement stmt = null;
14     Connection conn = null;
15     try {
16       conn = DriverManager.getConnection("jdbc:odbc:;DBQ="
17               + request.getSession().getAttribute("dbName")
18               + ";PWD=s3cur3");
19       query = "INSERT INTO roles"
20               + "(userId, userRole)"
21               + "VALUES "
22               + "('" + request.getParameter("userId") + "',"
23               + "'standard')";
24       stmt = conn.createStatement();
25       stmt.executeUpdate(query);
26     }
27     catch(Exception e)
28     {
29       log.error("Error creating user", e);
30     }
31     finally
32     {
33       try {
34         if (stmt != null)
35           stmt.close();
36         if (conn != null)
37           conn.close();
38       }
39       catch (SQLException e)
40       {
41         log.error("Error communication with database", e);
42       }
43     }
44   }
45 }
```

图 7-2　UserServ.java 的代码

第二，检查语义问题。图 7-3 突出显示了在练习中的 UserServ.java 中检测出来的 password management 问题的各个要素。

图 7-3　语义问题

唯一识别符：开头的十六进制数（在此文本中以哈希标记（#）代替）是一个全局性唯一识别符，也称为实例识别符。这些识别符以分析器找到问题的路径、漏洞类型以及其他一些不受细小的代码变动影响的因素为基础而计算得出。例如，唯一识别符不依赖于代码行数。除了唯一性，实例识别符还提供了其他十分有价值的功能，它们可以标识出在多次分析中或不同代码版本之间的相同问题，因此可以被用来追踪审计过的问题。

严重性：因为这个问题可以使得任何具有访问源代码或者字节码权限的人都可以操作数据库，所以 Fortify SCA 把它的严重级别设为 high。

漏洞类别 / 漏洞子类别：Password Management 类中的问题都与潜在地不安全使用密码和其他证书有关。在这个例子中，问题归为 Hardcoded Password 子类别，是由于这里用来连接数据库的密码直接出现在了源代码中。

分析器：问题由 semantic 分析器报告。semantic 分析器以与编译器十分相似的方式、以它定义的语义分析规则来检查代码。

文件名 / 行号：虽然密码本身出现在 UserServ.java 文件的第 18 行，但问题被报告在第 16 行，因为使用密码的函数在此被调用。

易受攻击的方法：hardcoded password 被传递给了 DriverManager 类中的 getConnection() 方法。

第三，检查数据流问题。

使用图 7-4 来理解 SQL injection 问题。

注意这里有许多字段和上面的语义问题相同。这些字段的含意在数据流问题（和在下面要讨论的其他类型的问题）中是相同的。在这里，将更加关注那些没有在语义问题中出现的字段。数据流问题比语义问题更复杂，因为它们牵涉到源代码中的多个地方。这是一个 SQL injection 问题，它发生在攻击者控制的数据被用来构造 SQL 查询时。数据流分析器将会跟踪那些潜在的恶意输入数据，从数据被输入到程序中一直到它被用来作为攻击的一部分。

图 7-4　数据流问题

Sink：sink 的文件名、行号以及方法名指出了攻击者控制的查询在何处传递到数据库。紧随在行号之后而在类名和方法名之前的右箭头（->）指出了被感染的数据流入了 Statement.executeUpdate()。方法名后括号内的数字是这个方法的参数编号。数字 0 表示攻击者可以控制 executeUpdate() 的第一个参数（SQL 查询字符串）。

Pass-Through：pass through 的文件名、行号以及变量名指出了将受感染的数据传递给 sink 的变量。双向箭头（<=>）指出了受感染的数据流入、并且流出该方法的变量 this.query。

Source：source 的文件名、行号以及方法名指出了攻击者控制的数据第一次进入程序的位置。紧随在行号之后而在类名和方法名之前的左箭头（<-）指出 ServletRequest.getParameter() 引入了被感染的数据。方法名后括号中的单词 return 表示是该方法的返回值持有被感染的数据。

第四，检查控制流问题。使用图 7-5 来理解 unreleased resource 问题。

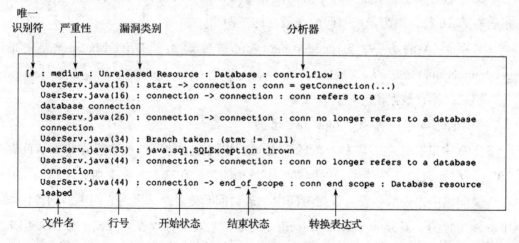

图 7-5　控制流问题

控制流问题看上去类似于数据流问题，因为它们通常包含多个结点，不同点在于这些结点所代表的操作步骤是不安全的。Control flow 漏洞被表述为一系列状态的转换。

开始状态/结束状态：第一个状态转换项显示了从 start 状态到 connection 状态的转换发生在第 16 行。第二个状态转换项显示了从 connection 状态到 end_of_scope 状态的转换发生在第 44 行。

转换表达式：转换表达式紧跟在 start 和 end 状态名称之后。它给出了触发转换的代码构成。从 start 到 connection 的转换由调用 getConnection() 引起。从 connection 到 end_of_scope 的转换由变量 conn 到达其域的终止处引起。

控制流分析器在代码中找到了一个路径，该路径因为没有调用 conn.close() 而导致数据库连接泄漏。虽然 conn.close() 在第 37 行进行了调用，但是由于第 35 行调用 stmt.close() 有可能会抛出异常，所以该方法并不能保证对 conn.close() 的调用总会执行。

第五，检查第二种结构问题。

考虑以下 member field race condition 问题（见图 7-6）。

```
[# : high : Race Condition : Singleton Member Field : structural ]
UserServ.java(19)
Field: UserServ.query [UserServ.java(8)]
```

图 7-6 结构问题

虽然结构问题可能只是报告了一行源代码，但是有时候它们会包含一些与程序结构相关的上下文，以便精确地指出错误。在这个问题中，分析器考虑了成员变量在一个继承于 HttpServlet 的类中进行声明的情况。

第六，生成 Fortify Project Results（FPR）文件。

Fortify SCA 不但能够生成可以直接被审计员阅读的输出，也能够生成一个 FPR 文件，此文件可以用 Audit Workbench 或者其他工具进行查看。

再次运行 Fortify SCA，但是这一次生成 FPR 输出。使用 -f 选项将输出发送给 FPR 文件，如下所示：

sourceanalyzer -fresults.fpr UserServ.java

2. PMD

（1）PMD 概述。PMD 是一个代码检查工具，它用于分析 Java 源代码，找出潜在的问题。

PMD 的核心是 JavaCC 解析器生成器。PMD 附带了 16 个可以直接使用的规则，利用这些规则可以找出 Java 源程序的许多问题；此外，PMD 规则是可以定制的，可以添加新规则：通过编写 Java 代码并重新编译 PDM，或者更简单些，编写 XPath 表达式，它会针对每个 Java 类的抽象语法树进行处理，检查 Java 代码是否符合某些特定的编码规范。

PMD 已经与 JDeveloper、Eclipse、jEdit、JBuilder、BlueJ、CodeGuide、NetBeans、Sun Java Studio Enterprise/Creator、IntelliJIDEA、TextPad、Maven、Ant、Gel、JCreator 以及 Emacs 集成在一起。

利用 PMD 进行静态代码检测可以找出 Java 源程序的以下问题：

1）潜在的 Bug：空的 try/catch/finally/switch 语句。

2）未使用的代码：未使用的局部变量、参数、私有方法等。

3）可选的代码：String/StringBuffer 的滥用。

4）复杂的表达式：不必要的 if 语句、可以使用 while 循环完成的 for 循环。

5）重复的代码：拷贝/粘贴代码意味着拷贝/粘贴 Bugs。

6）循环体创建新对象：尽量不要在 for 或 while 循环体内实例化一个新对象。

7）资源关闭：Connect，Result，Statement 等使用之后确保关闭掉。

（2）使用 PMD。PMD 是用 Java 编程语言编写的，并且要求使用 JDK1.3 或更高的版本。如果使用命令行，那么 PMD 的安装和运行会非常简单。

运行 PMD 最简单的方法是调用脚本 pmd.sh（在 Unix/Linux 上）或脚本 pmd.bat（在 Windows 上）。不太合常规的是，这些脚本在 pmd-2.1/etc 目录中，而不是在 bin 目录中。这个脚本采用了三个命令行参数：

1）要检查的 .java 文件的路径。

2）指定输出格式的关键字 html 或 xml。

3）要运行的规则集的名称。

例：以下命令使用命名规则集检查 ImageGrabber.java 文件并生成 XML 输出。

```
$ /usr/pmd-2.1/etc/pmd.sh ImageGrabber.java xml rulesets/naming.xml
```

（3）审计结果查看分析。

1）默认报告。在默认情况下，结果输出类似于以下报告，这些输出被发送到 System.out。

例：PMD 的 XML 报告

```
<?xml version="1.0"?><pmd>
<file name="/Users/elharo/src/ImageGrabber.java">
```

```xml
<violation line="32" rule="ShortVariable"
           ruleset="Naming Rules" priority="3">
Avoid variables with short names like j
</violation>
<violation line="105" rule="VariableNamingConventionsRule"
           ruleset="Naming Rules" priority="1">
Variables that are not final should not contain underscores
(except for underscores in standard prefix/suffix).
</violation>
</file>
<error filename="/Users/elharo/src/ImageGrabber.java"
  msg="Error while processing /Users/elharo/ImageGrabber.java"/>
</pmd>
```

在上面的例子中可以看到，PMD 发现了两个问题：在 ImageGrabber.java 的第 32 行有一个短变量名称，在第 105 行的名称中有一个下划线。这些看起来可能是小问题，但是经过仔细考察，可以完全排除 j 变量，因为它与另外一个单独递增变量的功能相同。

2）HTML 报告。可以把 PMD 的输出重定向到文件中，或者通过管道，以常见的方式将它传递到编辑器中。通常 HTML 格式的报告更为直观地展示了审计结果，如图 7-7 所示。

在检查源代码树时，把结果输出到文件中会非常有帮助。当结果中生成误报（false positive）的时候，可以很容易地从文件中认出并删除最常见的误报，因为它们通常非常相似；然后就可以解决其余的问题。

图 7-7　PMD 用 HTML 格式处理后的输出

PMD 中唯一缺乏的特性就是不能向源代码中添加"lint 注释"，以便对要执行的一些明显有危险的操作进行提醒。

3. FindBugs

（1）软件介绍。FindBugs 是一个静态分析工具，通过检查类或者 JAR 文件，将字节码与一组缺陷模式进行对比以发现可能的问题。FindBugs 不注重 style 及 format，注重检测真正的 Bug 及潜在的性能问题，尤其注意了尽可能抑制误检测（falsepositives）的发生。工具自带了 60 余种 Bad practice，80 余种 Correntness，1 种 Internationalization，12 种 Malicious code vulnerability，27 种 Multithreaded correntness，23 种 Performance，43 种 Dodgy。利用这个工具，就可以在不实际运行程序的情况对软件进行分析。它可以帮助改进代码的质量。

FindBugs 可以通过 Ant 工具，通过 Ant 提供的 Swing 操作界面和作为 Eclipse 的一个插件来使用。

（2）使用 FindBugs。

1）开始 FindBugs Ant 操作。FindBugs 的主界面如图 7-8 所示。FindBugs 的 Swing 工具使用操作如下。

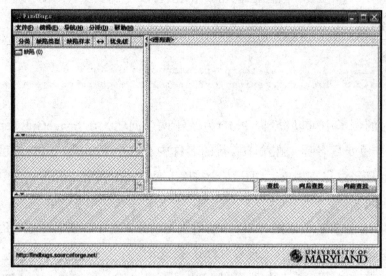

图 7-8　FindBugs 主界面

在分析项目之前，通过新建一个项目来分析，选择文件→新建。然后添加要分析的类包和目录（可以选择编译好的类所在的文件夹，也可以选择生成的 jar 包），再添加辅助类所在的文件夹和源文件所在的文件夹（java 文件所在的文件夹）。最后点击完成就可以建立一个要分析的项目（见图 7-9）。

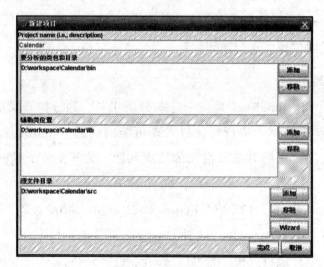

图 7-9　新建项目

在建立项目后，会自动开始解析项目。解析后的结果界面如图 7-10 所示。

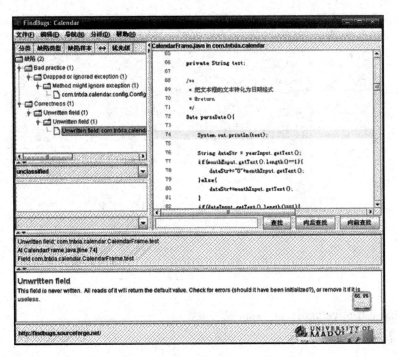

图 7-10 解析界面

其中左边是缺陷的树结构列表，点击其中一个 Bug，可以在右边的界面中显示 Bugs 的源文件以及所在的位置。

2）开始使用 FindBugs Eclipse 插件。

Eclipse 的 FindBugs 插件可以将 FindBugs 集成到 Eclipse 中使用。

安装好 FindBugs 后启动 eclipse。在 eclipse 中选择某个工程的属性，如图 7-11 所示。

点击"属性"弹出属性对话框，选择对话框左边的树上的"FindBugs"节点（见图 7-12）。

下面对 FindBugs 各项属性的配置进行一下说明。

- Run FindBugs automnaticaly：在编译工程和文件的时候自动运行。
- Minimum priority to report：根据 Bug 的优先权级别报告 Bug。

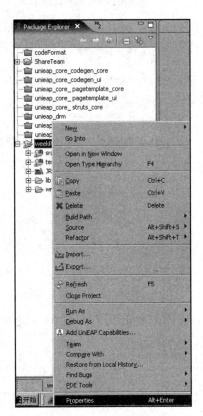

图 7-11 工程属性

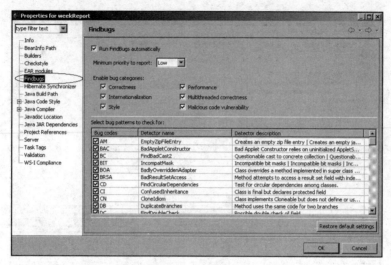

图 7-12　工程属性

❏ Enable Bug categories：Bug 种类。

- Correctness：正确性。
- Performance：性能。
- Internationalization：国际化。
- Mutithreaded correctness：多线程的正确性。
- Style：样式。
- Malicious code vulnerability：恶意代码。

❏ Select Bug patterns to check for：Bug 的校验模式。

Bug 的校验模式的设置是确定哪一类问题应该作为 Bug 报告给用户。

当根据部门规范选择要校验的模式后，点击"ok"按钮就可以对工程进行校验。

如图 7-13 所示，在工程的菜单中选择 FindBugs 的菜单项"Find Bugs"。

运行后可以在 Problems 视图中看到工程的所有可能的"伪问题"（见图 7-14）。

FindBugs 的问题描述一般都是：问题类型＋'：'＋问题描述。如果想看到详细的问题描述，可以选择问题然后点

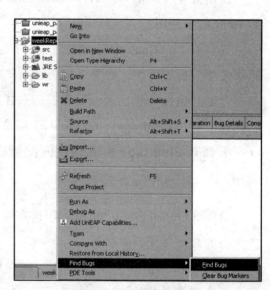

图 7-13　开始 FindBugs

击右键菜单，在"Bug Details"视图中看到相应的说明，如图 7-15 所示。

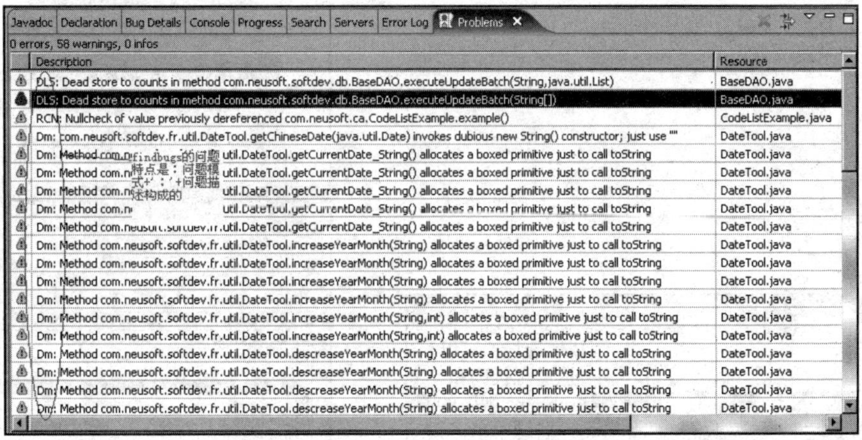

图 7-14　查看问题视图

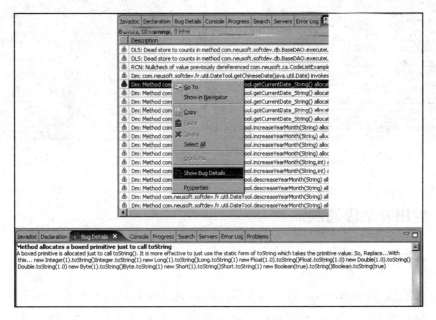

图 7-15　Bug 明细示例一

Bug 选择的其他方式如图 7-16 所示。

另外，如果想看到仅仅是 FindBugs 检查出来的问题，那么可以对问题列表进行过滤。如图 7-17 所示的方法可以实现问题过滤。

如果想要查看某个 Bug 详细的信息，则可以选择 Windows 菜单中的 Open Perspective，然后选择 FindBugs 就可以打开 FindBugs 的 Properties 面板。在这个面板上可以看到最详尽的 Bugs 信息。

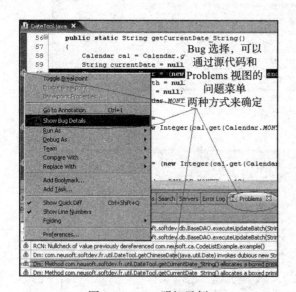
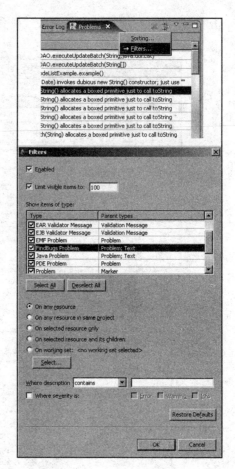

图 7-16　Bug 明细示例二　　　　图 7-17　问题过滤

7.3　应用安全渗透测试

7.3.1　渗透测试概述

渗透测试（Penetration Testing）是由具备高技能和高素质的安全服务人员发起的，并模拟常见黑客所使用的攻击手段对目标系统进行模拟入侵。渗透测试的目的在于充分挖掘和暴露系统的弱点，从而了解系统所面临的威胁。渗透测试工作往往作为风险评估的一个重要环节，为风险评估提供重要的原始参考数据。

渗透测试不同于脆弱性评估，而且在实施方式和方向上也与其有着很大的区别。脆弱性评估是在已知系统上，对已知的弱点进行排查。渗透测试的测试者需要模拟黑客进行"黑盒测试"，需要在目标系统中找出安全漏洞，包括已知的高风险漏洞和未知的漏洞。实施渗透测试的测试人员一般都具备丰富的安全经验和技能，所以其针对性比常见的脆弱性评估会更强，粒度也会更为细致。另外，渗透测试的攻击路径及手段不同于常见的安全产品，所以它通常能够将一些隐蔽的、被人们所忽视的威胁路径显露出来，进而整个系统或网络的威胁被暴露出来。值得人们关注的是，渗透测试最终的成功是由于看似并无关联且轻微的一系列缺陷组合导致的，而通常不是由某一单一的系统或者某个单一的问题所直接引起的。在日常工作中，无论是进行怎么样的传统安全检查工作，对于没有相关经验和技能的管理人员都无法将这些缺陷进行如此的排列组合从而引发问题，但渗透测试人员可以靠其丰富的经验和技能将它们进行串联并展示出来。由此可见实施渗透测试对应用安全非常之重要。

实施渗透测试可以带来以下收益：

（1）明确安全隐患点。渗透测试是一个从空间到面再到点的过程，测试人员模拟黑客的入侵，从外部整体切入最终落至某个威胁点并加以利用，最终对整个网络产生威胁，以此明确整体系统中的安全隐患点。

（2）提高安全意识。任何的隐患在渗透测试中都可能造成"千里之堤溃于蚁穴"的效果，因此渗透测试可有效督促管理人员杜绝任何一处小的缺陷，从而降低整体风险。

（3）提高安全技能。在实施渗透测试的过程中，通过与专业渗透测试人员的相互沟通，可提升用户的技能。另外，通过专业的渗透测试报告，也能为用户提供当前流行安全问题的参考。

7.3.2 渗透测试方法

基于传统互联网应用和移动互联网应用的不同渠道特性，拟采用有针对性的渗透测试方法。

1. 互联网应用安全渗透测试方法

对于互联网应用安全渗透测试，我们以常见的 Web 应用为例，通过下列方法来展开渗透测试工作。

（1）信息收集技术。信息收集是进行渗透测试的第一步，收集的信息数量和质量直接影响到后续工作的开展。为了提升入侵的成功率，减小暴露或被发现的概率，我们可以通过对网络信息进行收集、分析的方式，有针对性地模拟黑客入侵攻击计划。

模拟入侵攻击常用的工具有 Nessus、Nmap、X-Scan 等，同时操作系统中内置的许多工具（例如 telnet）这些操作系统内置的工具也会成为非常有效的模拟攻击入侵武器，在利用这些工具的同时使用相关的信息收集技术，包括主机网络扫描、操作类型判别、配置判别、账号扫描、应用判别等，实现信息收集的目的。

我们对目标地址的 TCP/UDP 端口扫描确定其开放的服务的类型和数量，这是所有信息收集的基础。通过端口扫描，可以基本确定一个系统的基本信息，结合测试人员的经验可以确定其可能存在，以及被利用的安全弱点，为进行深层次的渗透提供依据。

现在越来越多的测试人员在信息收集阶段会使用社会工程学来辅助发现更多有价值的信息。

（2）溢出攻击技术。当测试人员直接利用账户口令进行登录系统失败时，也会采用溢出攻击的方法直接获取控制系统的权限。这个方法有时会导致系统重新启动甚至死机，但不会影响系统稳定、可靠的运行，也不会导致系统的数据丢失，一旦出现死机等故障的情况，只要将系统重启并开启原服务即可。

（3）口令猜解技术。通常系统的第一道防线是口令，当前的用户都是通过口令来实现对应用系统的身份验证、实施访问控制。口令攻击是指以口令为攻击目标，破译用户的口令作为攻击的开始，破解合法用户的口令或者避开口令验证过程，然后获得访问系统的权限，冒充合法用户暗中进入目标网络系统，访问到用户能访问到的任何资源，夺取目标系统并获得控制权的过程。如果目标网络系统被口令攻击成功植入，攻击人员就能够窃取任意文件或者数据、破坏或者篡改被侵入方的信息，直至完全控制侵入方。

口令猜解技术的第一步是使用口令猜测程序进行攻击。口令猜测程序一般将用户定义口令的习惯作为依据来猜测用户口令，例如部门名称、个人名字的缩写、个人的生日、宠物的名字等。通过对用户社会背景的全面了解后，测试人员会列举出成百上千可能正确的口令，并在很短的时间内完成猜测攻击。

（4）Web 漏洞技术。Web 应用与操作系统不同，Web 应用可很容易的根据用户需求而进行编写，因此，大部分 Web 应用并不具备"通用的漏洞"。因此，这就决定了渗透测试人员需具备一定的 Web 漏洞挖掘能力，这样才能保证在面对陌生系统时进行有针对性的测试工作。

1）跨站攻击。跨站攻击是指攻击者利用网站程序对用户输入过滤不足，输入可以显示在页面上对其他用户造成影响的 HTML 代码，当浏览器下载该页面，嵌入其中的脚本将被解释执行，从而盗取用户资料、利用用户身份进行某种动作或者对访问者进行病毒侵害的一种攻击方式。由于 HTML 语言允许使用脚本进行简单交互，攻击者便可通过技术手段在某个页面里插入一段 HTML 代码，例如记录网站如论坛保存的用户信息（Cookie），Cookie 保存了完整的用户名和密码信息，用户的敏感信息会被泄露，从而遭受安全损失。如这句简单的 Javascript 脚本就能轻易获取真实的用户信息：alert（document.cookie），页面会弹出一个包含用户信息的消息框。攻击者运用简单的脚本语言就能把用户信息发送到他们自己的记录页面中，稍微一番分析便获取了用户的敏感信息。

2）注入攻击。注入攻击中常见的攻击方式就是针对数据库的 SQL 注入。SQL 注入就是攻击者提交一段数据库查询代码，具体是 SQL 命令插入到 Web 表单递交或输入域名或页面请求的查询字符串，根据程序返回的结果，获得某些他想得知的数据，最终欺骗服务器执行恶意 SQL 命令。此类攻击的实现思路包括：

- 发现 SQL 注入位置。
- 判断后台数据库类型。
- 确定 XP_CMDSHELL 可执行情况。
- 发现 Web 虚拟目录。
- 上传专用木马。

得到管理员权限

3）CSRF 攻击。CSRF 全名是 Cross-site request forgery，即跨站点请求伪造，指测试人员通过跨站请求，以冒充合法用户的身份进行非法操作，是一种对网站的恶意利用。具体流程：测试人员伪装成你的身份并以你的名义向第三方网站发送一系列恶意的请求，CRSF 攻击造成利用你的合法身份发短信、发邮件，进行交易转账，甚至盗取账号等敏感信息。

4）文件上传漏洞。文件上传漏洞，指的是测试人员上传一个可执行的脚本文件，并通过此脚本文件获得了执行服务器端命令的能力。许多第三方框架、服务，都曾经被爆出文件上传漏洞，比如很早之前的 Struts2，以及富文本编辑器等。文件上传漏洞主要分为三类。

- 文件名攻击：上传的文件采用上传之前的文件名，可能造成客户端和服务器端字符码不兼容，导致文件名乱码问题；文件名包含脚本，从而造成攻击。
- 文件后缀攻击：上传的文件的后缀可能是 exe 可执行程序，js 脚本等文件，这些程序可能被执行于受害者的客户端，甚至可能执行于服务器上。
- 文件内容攻击：例如：IE6 有一个很严重的问题，它不信任服务器所发送的 content type，而是自动根据文件内容来识别文件的类型，并根据所识别的类型来显示或执行文件。如果上传一个 gif 文件，在文件末尾放一段 js 攻击脚本，就有可能被执行。这种攻击，它的文件名和 content type 看起来都是合法的 gif 图片，然而其内容却包含脚本。

上面只列举了比较常见的 Web 漏洞技术，日常在开展渗透测试服务的过程中，安全测试人员还可以使用远程执行漏洞、拒绝服务攻击、Session 保持攻击等测试方法。

2. 移动应用安全渗透测试方法

移动应用安全渗透测试从客户端程序，承载环境和业务交互三个方面来开展。

- 客户端程序主要关注移动应用安装程序防反编译／汇编能力及恶意篡改等方面，通过人工结合自动化工具的方式进行测试；
- 承载环境主要包括移动应用服务器端操作系统、数据库、中间件及服务器端应用代码。通过漏洞扫描、配置检查等方法进行全面测试；
- 业务交互方面采用"基于交互的威胁分析模型（见下图）"对业务进行交互层面的数据流梳理，分析数据流经各个节点存在的受攻击面，最终导出详细的测试用例并完成测试。

"基于交互的威胁分析模型"是通过将业务功能分解到 HTTP 的数据交互层面（一对 request 和 response 成为一次交互），从数据来源、数据载入、数据传输、数据处理、数据返回及数据的存储和使用角度，详细分析数据在每一个节点存在的受攻击面，最终导出针对性的测试用例的过程（见图 7-18）。

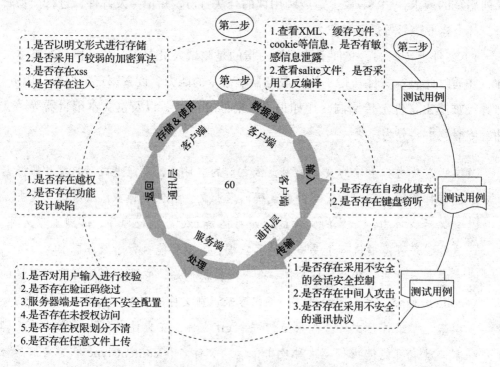

图 7-18　基于交互的威胁分析模型

通过上述"基于交互的威胁分析模型"分析可以将移动应用安全渗透测试通用测试方法应用于服务器端、数据库端、客户端及移动应用权限等方面。通用测试方法是基于以往的测试经验积累形成的。在实际测试过程中，不一定全部适用，也不一定能够覆盖必要的测试点。

（1）服务器端安全测试。

1）输入验证：

- 用户数据验证：检查用户提交给应用程序的数据是否经过了校验，校验规则是否完善，对非法字符是否进行了阻断。
- 接口数据验证：检查外部接口传输给应用程序的数据是否经过了校验，校验规则是否完善，对非法字符是否进行了阻断。
- 数据库访问安全：检查进入数据库语句的变量是否经过了合法性验证，是否使用了安全的数据库访问方法，是否可能导致 SQL 注入等漏洞。
- 文件操作安全：检查应用程序调用系统文件的过程是否安全，文件名、文件路径等变量是否经过了合法性校验，是否可能导致文件上传等漏洞。
- 命令操作安全：检查应用程序调用系统命令的过程是否安全，进入命令的参数的变量是否经过了合法性校验，是否可能导致命令执行等漏洞。

2）身份认证：

- 用户登录逻辑：检查应用程序中用户登录的逻辑是否合理，用户能否通过特定的方法绕过身份认证。
- 用户密码策略：检查应用程序中用户注册、密码修改等页面中，是否包含密码复杂度检查模块，对用户要设置的密码进行了复杂度验证（密码中至少包含数字、字母和特殊字符，密码长度不小于 8 位字符），如果不符合密码复杂度要求，禁止提交。
- 图形验证码：检查应用程序中用户注册、用户登录等页面中，是否存在图形验证码，图形验证码处理机制是否合理，防止用户使用自动化工具进行大量表单提交。

3）授权管理：

- 用户权限划分：检查应用程序对用户权限是否进行了严格划分，至少应该包含普通用户和管理员用户，管理员用户能够重置普通用户的密码。

☐ 功能权限控制：检查应用程序对所有资源的访问权限是否进行了严格划分，同级别用户间的资源未授权情况下不能相互访问。普通用户不能执行管理员才有权限执行的操作。

4）会话管理：

☐ 会话 ID 安全：检查应用程序的会话 ID 是否不可预测，是否放在 HTTP GET 请求的参数中进行传输。

☐ 超时自动注销：检查应用程序在长时间没有用户操作时，是否会自动注销。

☐ cookie 安全控制：检查 cookie 中是否明文存放敏感信息，例如：用户密码、权限标志、用户是否能通过修改 cookie 中的权限标志，执行高权限用户才能执行的操作。

5）安全加密：

☐ 敏感信息加密存储：检查应用程序中的敏感信息，例如：用户密码是否以明文方式存放在数据库或者文件系统中。

☐ 敏感信息加密传输：检查应用程序的敏感页面和用户交互时，传输是否进行了加密。

6）错误处理：

☐ 敏感信息泄漏：检查应用程序和用户交互过程中，返回的提示中是否会泄漏敏感信息，例如：用户登录时提示用户名不存在。

☐ 应用异常处理：检查应用程序是否自定义错误信息，在应用服务异常导致错误发生时，是否能够跳转到错误信息页面，防止错误信息中包含服务器版本信息、应用程序路径等敏感信息。

7）日志记录：

☐ 关键操作日志：检查应用程序是否对用户操作进行日志记录，至少应包含：记录时间、模块信息、操作信息、操作结果。

（2）数据库安全测试。数据库安全在移动应用安全测试中也是很重要的一部分，主要通过安全策略检查工具和人工进行检查，测试中包括以下内容：

☐ 数据库当前是否安装了最新的安全补丁，安全补丁更新是否及时。

- 数据库是否安装了不必要的组件。
- 数据库服务的运行身份是否正确设置。
- 数据库中是否有不必要的用户,例如:测试用户。
- 数据库中是否为各用户设置了复杂的密码,并启用了密码复杂度策略。
- 数据库是否为应用程序建立了单独的账号,避免账号共享。
- 数据库是否为各用户划分了角色,使权限最小化,避免分配给 DBA 权限。
- 数据库是否启用了访问控制列表 ACL,防止未授权地址连接数据库端口。
- 数据库是否对 PUBLIC 用户进行了限制。
- 数据库是否启用了审计功能,在不影响业务的前提下,记录必要的审计日志。

(3)客户端安全测试。

1)证书有效性:

- 测试客户端程序是否严格检查服务器端证书信息,避免手机银行用户受到 SSL 中间人攻击后,密码等敏感信息被嗅探到。
- 测试客户端程序是否严格检查服务器端证书信息,避免手机银行用户访问钓鱼网站后,泄露密码等敏感信息。

2)密码软键盘:

- 测试客户端程序在密码等输入框使用软键盘,防止手机用户被安装木马后,木马记录手机银行的密码。
- 测试客户端在实现软键盘时,是否满足键位随机布放要求。
- 客户端使用的随机布局软键盘是否会对用户点击产生视觉响应。当随机布局软键盘对用户点击产生视觉响应时,安卓木马可以通过连续截屏的方式,对用户击键进行记录,从而获得用户输入。

3)安全策略设置:

- 测试客户端程序是否有密码复杂度检查功能,检查用户输入的密码,禁止用户设置弱口令。
- 测试客户端密码复杂度检查功能是否对常见的弱口令进行了覆盖,如:123456,121212,888888 等。
- 测试客户端是否限制登录尝试次数。防止木马使用穷举法暴力破解用户密码。

4）关键字段加密：

- 测试客户端程序提交数据给服务器端时，密码字段是否进行了加密，防止恶意用户嗅探到用户数据包中的密码等敏感信息。
- 测试客户端程序提交数据给服务器端时，收款人信息等字段是否进行了加密，防止手机用户被安装木马后，木马篡改收款人等信息，盗用他人账号资金。
- 测试客户端程序提交数据给服务器端时，是否对提交数据进行加密签名，防止提交的数据被木马恶意篡改。

5）敏感信息保存：

- 检查客户端程序存储在手机中的配置文件，防止账号密码等敏感信息保存在本地。
- 检查客户端程序存储在手机中的日志，防止账号密码等敏感信息保存在日志中。
- 检测客户端数据是否分类型保护，敏感信息是否加密。防止用户敏感信息的非授权访问。
- 检查客户端程序存储在手机中的数据库文件，防止账号密码等敏感信息保存在数据库。

6）界面切换清空表单：

- 检查客户端处理敏感数据时，不以明文形式保存在客户端。

7）备份与恢复要求：

- 备份信息需加密，恢复时需考虑恢复过程发生的通信中断等异常，数据恢复后应当再次校验。

8）数据删除要求：

- 应用程序必须明确在数据删除之前数据是否将会被永久性的删除或者能够简单恢复。
- 数据删除要求应用程序应当通知用户或者应用程序提供一个"取消"命令的操作。

9）反编译保护：

- 测试客户端安装程序，判断是否能反编译为源代码，是否存在代码保护措施。

（4）移动应用权限。移动应用权限关系到用户个人信息和隐私的保护，并且很多的攻击手段都是在获得 root 权限后进行的，所以把权限这部分单独重点测试。需要对移动应用权限和访问安全机制进行测试和验证，具体的测试内容如下：

1）应在会话处于非活跃一定时间或会话结束后终止网络连接。

2）应提供专用的登录控制模块对登录用户进行身份标识和鉴别。

3）应对同一用户采用两种或两种以上组合的鉴别技术实现用户身份鉴别。

4）应提供用户 ID 等用户身份标识唯一性检查功能，确保不存在重复的用户身份标识，防止身份鉴别信息被冒用。

5）应提供登录失败处理机制，例如终止会话、限制次数和自动退出等控制措施。

6）应提供访问控制措施，根据访问权限限制用户对文件、数据库的访问。

7）访问控制措施的覆盖范围包括访问的主体、客体及相互之间的操作。

8）应设置访问控制策略，限制默认用户的访问权限。

9）应设置最小授权机制。

7.3.3 渗透测试工具及应用

表 7-4 至表 7-6 列出了部分常见的渗透测试工具及其特性。

表 7-4 信息收集工具

工具名称	官方地址	特点说明
RSAS	http://www.nsfocus.com/1_solution/1_2_3.html	绿盟科技结合多年的漏洞挖掘和安全服务实践经验，自主研发的新一代漏洞管理产品，具有丰富的漏洞、配置知识库
Nmap	http://nmap.org	一个网络连接端扫描软件，用来扫描网上电脑开放的网络连接端。确定哪些服务运行在哪些连接端，并且推断计算机运行哪个操作系统（亦称 fingerprinting）
httprecon	http://www.computec.ch/projekte/httprecon	Web server 的 fingerprint，类似 httprint，用来识别 Web 服务器
Nikto	http://cirt.net/nikto2	一款开源的（GPL）网页服务器扫描器，它可以对网页服务器进行全面的多种扫描，包含超过 3300 种有潜在危险的文件 CGIs；超过 625 种服务器版本；超过 230 种特定服务器问题
Wapiti	http://sourceforge.net/projects/wapiti	一款 Web 应用程序漏洞检查工具，现支持 XSS、SQL 注入、XPath 注入、文件包含、命令执行、LDAP 注入、CRLF 注入攻击等

(续)

工具名称	官方地址	特点说明
NC	http://joncraton.org/files/nc111nt.zip	一个非常简单的 Unix 工具，可以读、写 TCP 或 UDP 网络连接（network connection）
oscanner	http://www.cqure.net/wp/oscanner	Oracle 服务扫描工具，可以采用字典方式，枚举 Oracle 服务的 Sid、密码、版本号、账户角色、账户权限、账户哈希值、安全审计信息、密码策略、数据库链等内容

表 7-5 溢出及口令破解工具

工具名称	官方地址	特点说明
Metasploit	http://www.metasploit.com	一款开源的安全漏洞检测工具，可以帮助安全和 IT 专业人士识别安全性问题，验证漏洞的缓解措施，并管理专家驱动的安全性进行评估，提供真正的安全风险情报，一个免费的、可下载的框架
Hydra	http://freeworld.thc.org/thc-hydra	一个支持多种网络服务的非常快速的网络登录破解工具

表 7-6 漏洞挖掘工具

工具名称	官方地址	特点说明
Absinthe	http://0x90.org	Ios 越狱工具
Fiddler	http://www.fiddler2.com/fiddler2	一个 http 协议调试代理工具，它能够记录并检查所有你的电脑和互联网之间的 http 通信，设置断点，查看所有的"进出" Fiddler 的数据
Perl	http://www.perl.org	一种功能丰富的计算机程序语言，运行在超过 100 种计算机平台上，适用广泛，内部集成了正则表达式的功能，以及巨大的第三方代码库 CPAN

1. 互联网应用安全测试工具使用范例

（1）WVSS。绿盟 Web 应用漏洞扫描系统（NSFOCUS Web Vulnerability Scanning System，简称 NSFOCUS WVSS）是绿盟科技发布的一款 Web 应用漏洞扫描工具。NSFOCUS WVSS 以其便捷的配置、全面快速的检测能力和多环境适应性成为 Web 应用安全评估的利器。该系统可自动获取网站包含的相关信息，并全面模拟网站访问的各种行为，比如按钮点击、鼠标移动、表单复杂填充等，通过内建的"安全模型"检测 Web 应用系统潜在的各种漏洞。

1）WVSS 的安装。在 WVSS 设备安装部署时可把 WVSS 当作一台 PC 机进行网络接入，需要配置的信息为：扫描接口 IP、子网掩码、网关、DNS 服务器等。如要扫描的网站需通过公网访问，注意设置好设备 IP 公网访问权限。

2）WVSS 的使用。

第一，新建任务。下面介绍按照普通方法新建站点扫描任务的详细步骤。

选择菜单新建任务，进入新建站点扫描任务页面，如图 7-19 所示。

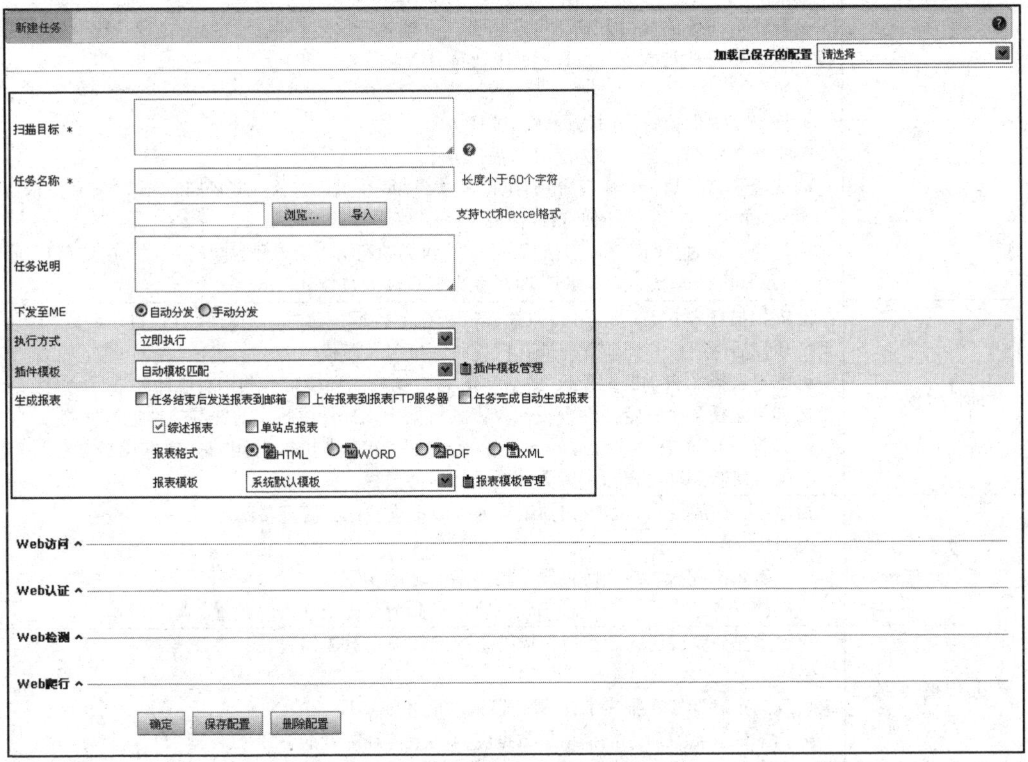

图 7-19 配置扫描任务的基本参数

扫描任务的基本参数项如上图框中的内容所示，对任务基本参数的说明如表 7-7 所示。

表 7-7 扫描任务的基本参数项

配置项	说明
扫描目标	设置扫描任务的目标站点，可以输入站点的 IP 地址或域名。多个站点用逗号、分号、回车换行等分隔符隔开，分隔符均为英文输入 说明： ● IP 地址支持 IPv4 和 IPv6 ● 站点格式如下 http://www.example.com，多个域名之间可用 ","";"、回车、空格隔开 ● 若对某站点进行目录限制扫描，则扫描目标格式为：http://www.example.com/test/
任务名称	扫描目标确定后，系统会以扫描目标的 IP 地址自动定义任务名称，用户也可以自行定义任务名称
任务说明	站点扫描任务的描述信息
下发至 ME	下发分布式任务到下级扫描节点（ME） ● **自动分发**：上级管理节点根据下级扫描节点的任务情况和负载均衡策略下发任务 ● **手动分发**：上级管理节点管理员指定下级扫描节点向其分发任务 说明： ● 仅当上级管理节点和下级扫描节点成功建立连接后，上级管理节点的新建任务页面才有该选项

（续）

配置项	说明
执行方式	设置评估任务的执行方式，可选项有：立即执行、定时执行、每天执行一次、每周执行 N 次、每月执行 N 次（按日期）以及每月 N 次（按星期） 说明： ● 选择"立即执行"时为即时扫描任务 ● 选择"定时执行"时为定时扫描任务 ● 选择"每天执行一次""每周执行 N 次""每月执行 N 次（按日期）"或"每月执行 N 次（按星期）"时为周期扫描任务 ● 选择"定时执行""每天执行一次""每周执行 N 次""每月执行 N 次（按日期）"或"每月执行 N 次（按星期）"时需要设置具体的日期和时间
插件模板	设置扫描任务执行时采用的插件模板，在下拉框中选择。可选项有：自动匹配模板、系统预设插件模板和当前管理员有权加载的自定义模板 ● 如果选择"自动匹配模板"，WVSS 将根据检测环境自行调用对应插件进行检测 ● 如果选择某个特定插件模板，WVSS 将调用该插件模板中的漏洞插件进行检测 ● 如果下拉框中没有合适的插件模板，可以单击下拉框右侧的"插件模板管理"链接，跳转到插件模板配置页面后添加插件模板
任务结束后发送报表到邮箱	扫描任务完成后，是否将扫描结果的离线报表发送到管理员邮箱 说明： ● 只有正确配置了报表邮件服务器该功能才能实现 ● 扫描任务结束后，扫描结果数据将发送到新建扫描任务时配置的用户邮箱
上传报表到报表 FTP 服务器	在扫描任务完成后，是否将扫描结果的离线报表上传到报表 FTP 服务器 说明： ● 仅当正确配置了报表 FTP 服务器该功能才能实现 ● 扫描任务结束后，扫描结果数据将自动上传到配置的 FTP 服务器 ● FTP 服务器中配置的用户使用密码可以登录 FTP 服务器查看
任务完成自动生成报表	扫描任务完成后是否自动生成离线报表，若选择自动生成报表可在"报表输出"页面看到该任务的离线报表并可下载查看
综述报表	站点扫描任务完成后，默认生成综述报表
单站点报表	站点扫描任务完成后，生成的离线报表中是否包括单站点报表
报表格式	扫描任务离线报表的格式。可选项有 HTML、WORD、PDF 和 XML
报表模板	扫描任务离线报表生成时采用的报表模板 若需自定义报表模板可单击"报表模板管理"链接文字，跳转到报表模板管理页面
说明	新建任务时配置生成报表，"报表模板"只能选用通用模板，单击"报表模板管理"链接，进入报表模板管理页面，也只有通用模板页面的报表模板信息可见

在新建任务页面中，单击"Web 访问"后的展开图标，Web 访问参数设置如图 7-20 所示。

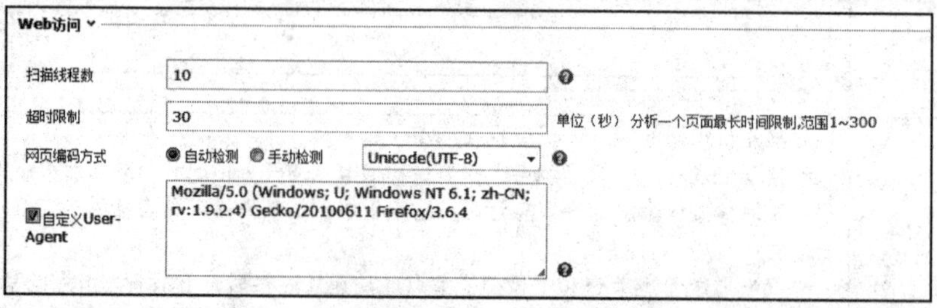

图 7-20 Web 访问参数

对 Web 访问参数的说明如表 7-8 所示。

表 7-8　配置扫描任务的 Web 认证参数表

配置项	说明
扫描线程数	Web 扫描插件并发扫描线程数，数值越大，扫描速度越快 默认值：10；取值范围：1～100 说明：配置扫描线程数需要考虑网络带宽以及服务器的处理能力，过大的数值会影响目标服务器的正常运行
超时限制	爬虫分析 个页面的最长时间限制
网页编码方式	执行 Web 扫描任务时，网页编码的检测方式，同时还需设置网页编码方式 ● 检测方式可选项为：自动检测和手动检测 ● 网页编码方式可选项为：简体中文（GB18030）、BIG5、Unicode（UTF-8）
自定义 User-Agent	执行 Web 扫描任务时，发包所用的 User-Agent 值。勾选该参数后才可在文本框中进行编辑

在所示页面中，单击"Web 认证"后的展开图标，Web 认证参数设置如图 7-21 所示。

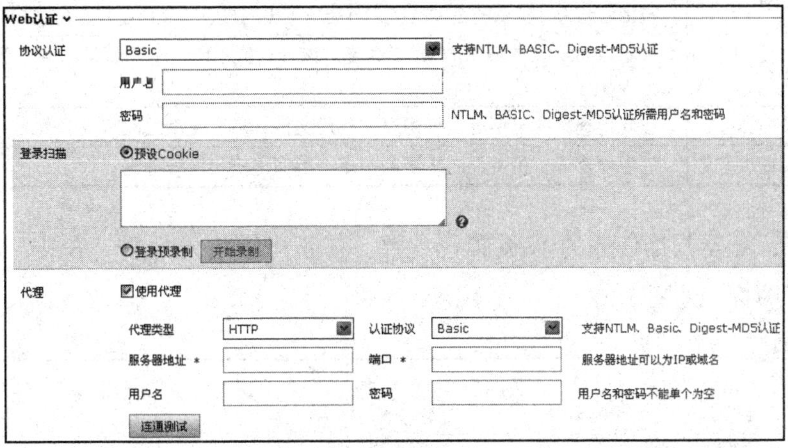

图 7-21　Web 认证参数

对 Web 认证参数的说明如表 7-9 所示。

表 7-9　Web 认证参数表

配置项	说明
协议认证	协议认证的必须参数 ● 支持的认证方式有：NTLM、BASIC 和 Digest-MD5 ● 进行 NTLM、BASIC 和 Digest-MD5 认证后才能访问的站点，必须配置认证用户名和密码，并在通过认证之后才能够对其进行扫描
登录扫描	若选择预设 Cookie，则需要设置用来记录登录会话标识的 Cookie 例：action=login&username=admin&password=admin88
代理	如果 WVSS 系统需通过代理服务器才可连接待扫描站点那么必须选择"使用代理"，然后还需配置代理服务器的相关信息 代理类型（HTTP 代理、SOCKS5 代理以及 SOCKS4 代理）、认证协议（NTLM、BASIC 和 Digest-MD5）、代理服务器地址、代理服务器端口、登录用户名和登录密码

第二，配置扫描任务的 Web 检测参数。在新建任务页面中，单击"Web 检测"后的展开图标，Web 检测参数设置如图 7-22 所示。

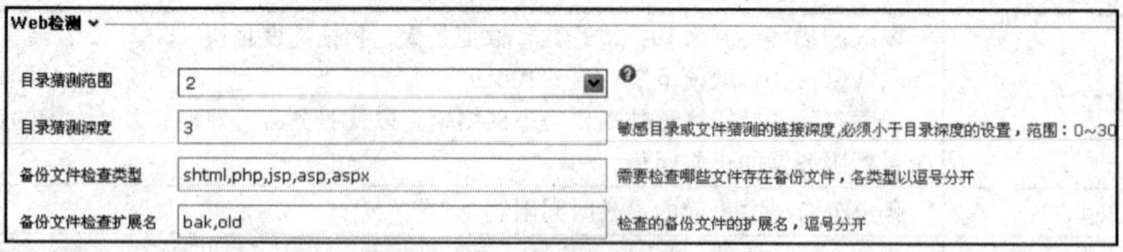

图 7-22　Web 检测参数

对 Web 检测参数的说明如表 7-10 所示。

表 7-10　Web 检测参数表

配置项	说明
目录猜测范围	常见目录、文件的猜测范围。默认值为 1；取值范围为 0～3，0 表示不猜测 范围值越大，猜测的范围越广，可能猜测出的目录、文件越多，但是扫描时间会更长
目录猜测深度	敏感目录或文件猜测的 URL 深度，该参数值不能大于"目录深度"的参数值，默认值为 3
备份文件检查类型	需要检查哪些类型的文件中存在备份文件，多个类型之间用逗号分隔
备份文件检查扩充名	需要检查的备份文件的扩展名，多个类型之间用逗号分隔

第三，配置扫描任务的 Web 爬行参数。在新建任务页面中，单击"Web 爬行"后的展开图标（见图 7-23）。

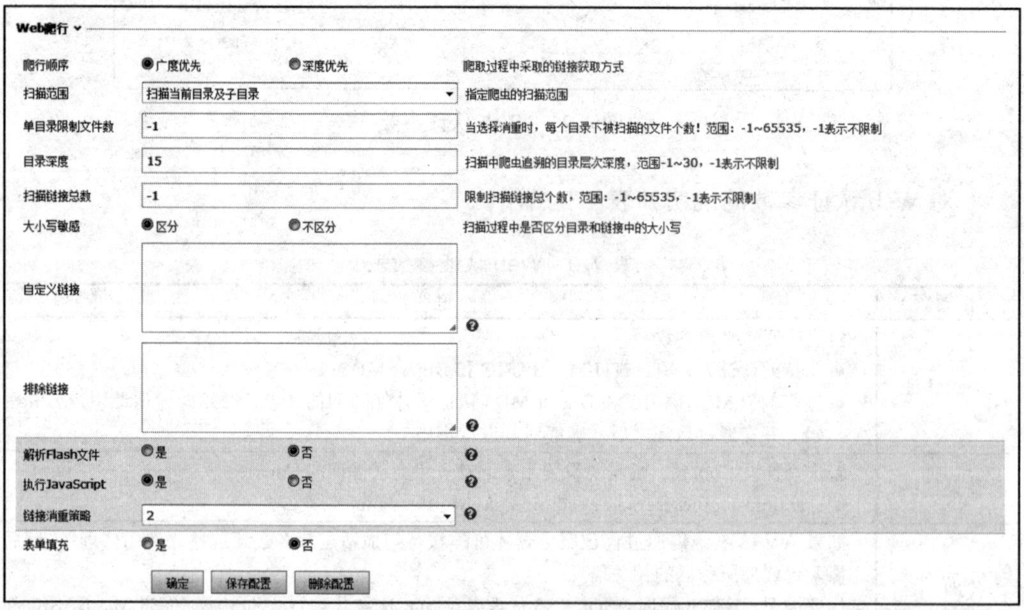

图 7-23　Web 爬行参数设置

对 Web 爬行参数的说明如表 7-11 所示。

表 7-11　Web 爬行参数表

配置项	说明
爬行顺序	系统扫描过程中采取的链接获取方式，可选项有：广度优先和深度优先
扫描范围	系统扫描过程中爬虫分析的范围，可选项有：按域名扫描、扫描当前目录及子目录和只扫描任务目标链接
单目录限制文件数	当选择消重时，每个目录下被扫描的文件个数。"–1"表示每个目录下被扫描的文件个数不受限制
目录深度	系统扫描站点时，爬虫追溯的目录层次深度。默认值为 15，"–1"表示不受深度限制扫描中追溯的目录层次深度，从根目录开始，在站点后出现多少个"/"就是第几层。目录层次设置数值越大，扫描越深入，消耗的时间越长，因此需要适当限制目录深度
扫描链接总数	限制扫描链接的总个数
大小写敏感	在扫描过程中是否区分目录和 URL 地址中的大小写。默认值为区分
自定义链接	指系统管理员自行增加的在进行 Web 扫描时必须扫描的 URL 地址，可以是外部链接 URL 格式如下所示（多个链接之间用回车隔开）： http://www.target.com/index0 /index /index/admin.php
排除链接	系统执行 Web 扫描任务的过程中无须爬取的 URL 链接
解析 Flash 文件	是否开启 Flash 相关扫描，目前 Flash 只支持 Flash10 以下版本
执行 JavaScript	爬取页面时，页面中的 JavaScript 脚本代码处理方式： ● 是：表示需要执行 JavaScript 代码，并且模拟触发各类事件 ● 否：表示禁止执行 JavaScript 代码，这样会提高扫描速度，但是部分 URL 不会被爬取
链接消重策略	指定 URL 消重策略的等级，可选值 0，1，2，3，4，默认值为 2。 　　一般来说，一个 URL 地址由一个五元组（page，method，query-name，query-value，post-data）组成，消重策略的等级指定对 URL 地址五元组中的哪些元素敏感，从而区分不同 URL 地址 以 URL：http://www.baidu.com/test.php?login=admin 为例： ● Page=http://www.baidu.com/test.php（page= 协议 + 域名 + 路径文件） ● Method=GET ● Query-name=login ● Query-value=admin ● Post-data=NULL 那么对于消重等级来说： ● 0：对 page 敏感 ● 1：对 page，method 敏感 ● 2：对 page，method，query-name 敏感 ● 3：对 page，method，query-name 和 query-value 敏感 ● 4：对 page，method，query-name，query-value 和 post-data 敏感 消重等级越高，则 URL 地址的相同因素就要越多，当设定等级为 0 时，只要两个 URL 的 page 相同，就认定该两个 URL 是同一个 URL，无须再考虑后续的参数值
表单填充	在系统执行 Web 扫描任务的过程中，是否对站点进行表单填充

第四，（可选）单击"保存配置"按钮，仅保存任务配置，不生成任务。保存任务配置用于通过加载已有任务的方法新建站点扫描任务，详细操作请参见"加载已有任务"。单击"确定"按钮，不同类型任务提示信息有所不同。

第五，即时扫描任务。立即开始执行扫描任务，并进入即时任务执行进度信息显示页面，如图7-24所示。

页面显示扫描任务执行情况详情，管理员可对任务进行暂停、停止的操作，并且可以单击"返回"按钮返回任务列表页面。任务执行完成后提示信息如图7-25所示。

第六，定时扫描任务。进入定时任务进度信息显示页面，如图7-26所示。

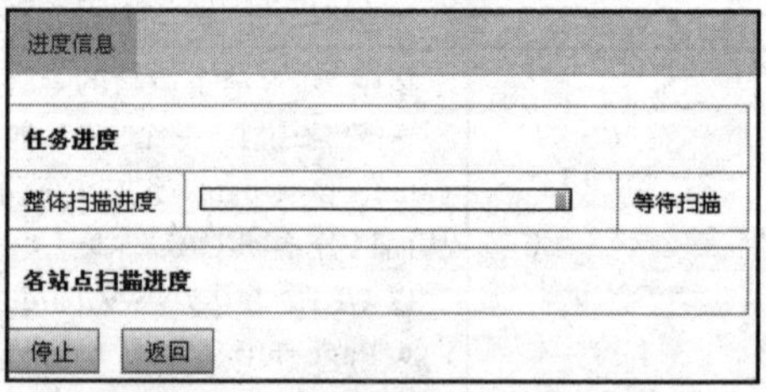

任务状态为等待扫描，管理员单击"返回"按钮即可返回任务列表页面。

第七，周期扫描任务。提示任务新建成功，如图7-27所示。

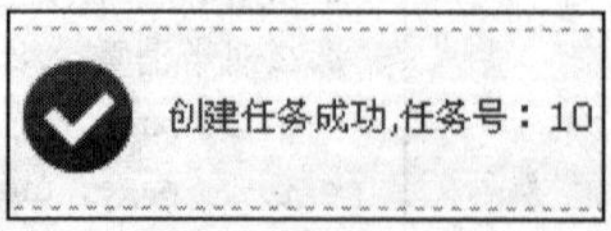

第八，加载已有任务。WVSS还可以通过加载已保存的任务配置来新建站点扫描任务。

选择菜单新建任务，新建站点扫描任务页面，如图7-28所示。

单击页面右上角"加载已保存的配置"下拉列表，选择已经保存的任务配置名称，如图7-29所示。

任务参数配置将被加载到新建任务页面。（可选）编辑需要修改的任务参数项。（可选）单击"删除配置"按钮，删除该任务配置。单击"确定"按钮，确认使用该任务配置新建一个站点扫描任务。

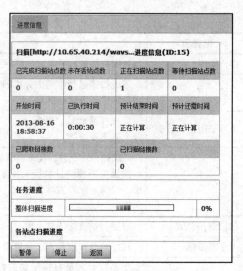

图 7-24　任务执行进度信息显示

图 7-25　任务执行完成后提示信息

图 7-26　定时任务进度信息显示

图 7-27　任务执行完成后的提示信息

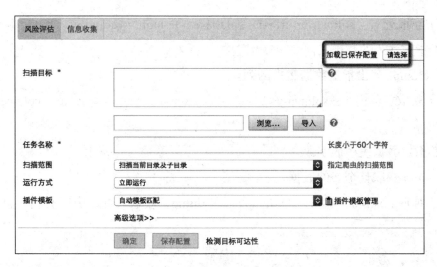

图 7-28　新建站点扫描任务

图 7-29　加载已保存的配置

第九，报表输出。WVSS 报表同样分为在线报表和离线报表，报表输出时可以选择从报表输出页面输出和从任务列表页面输出两种方式。报表格式分为 WORD、HTML、EXCEL、PDF 等。我们建议从报表输出页面输出离线报表，格式推荐选用 HTML 格式。

WVSS 报表管理功能与 RSAS 基本一致，此节不再展开叙述。

（2）Sqlmap。sqlmap 是一款用来自动检测与利用 SQL 注入漏洞的免费开源渗透测试工具。从官方网站下载 sqlmap（http://sqlmap.org）并解压到某一路径下，在命令行/终端下切换到 sqlmap 目录，使用 python 运行 sqlmap.py（需要提前安装 python 环境）。以下 sqlmap 命令均为 python sqlmap.py 的简写。

1）获取数据库名：sqlmap-u<url>--dbs。

-u 指定检测/注入的 url。

--dbs 列出数据库系统中的数据库。

2）获取表名：sqlmap-u<url>-D<database>--tables。

-D 指定注入的数据库名。

--tables 列出指定数据库中的表。

3）获取列名：sqlmap-u<url>-D<database>-T<table>--columns。

-T 指定注入的数据表。

--columns 列出指定数据表中的列。

4）获取字段内容：sqlmap-u<url>-D<database>-T<table>-C<colum1，colum2[,..]>--dump。

-C 指定数据表中的字段。

--dump 获取整个表的数据。

5）拖库：sqlmap-u<url>-D<database>--dump，获取数据库中所有表的内容。

小结

Sqlmap 由 Python 语言编写，对操作系统没有要求。同时，Sqlmap 支持检测利用的 SQL 注入漏洞类型较为全面。Sqlmap 一般都通过命令形式使用，对于初学者而言可能会存在一定的困难。

（2）Hydra。Hydra 是一个强大的网络账号破解工具，支持多种应用协议，如 Mail（POP3，IMAP 等）、数据库、LDAP、SMB、VNC 和 SSH。

1）Hydra 的安装。首先下载 hydra 安装程序，可以在互联网上获取。将安装程序放在 /tmp 下，进入 /tmp 目录，执行命令"tar zvxf hydra-7.1-src.tar.gz"解压安装程序，如图 7-30 所示。

然后进入解压后的目录，输入命令"./configure"进行配置（见图 7-31）。

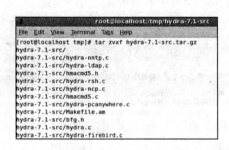
图 7-30　hydra 安装

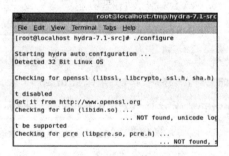
图 7-31　hydra 配置

然后先后输入命令"make"和"make install"进行编译安装（见图 7-32）。

在完成以上步骤后，安装就完成了。

2）Hydra 的使用说明。图 7-33 是系统给出 hydra 的使用帮助信息。

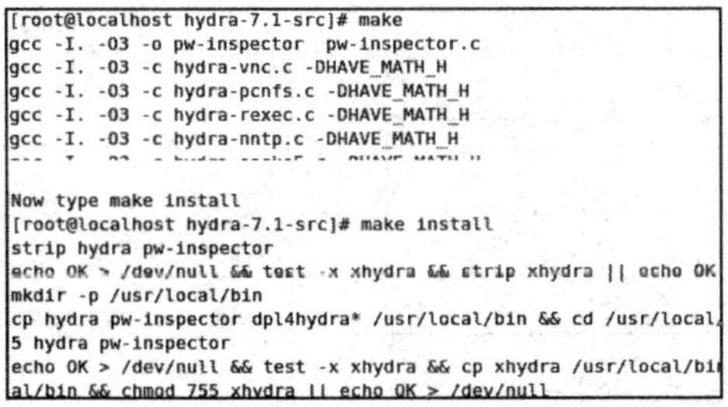

图 7-32 hydra 编译安装

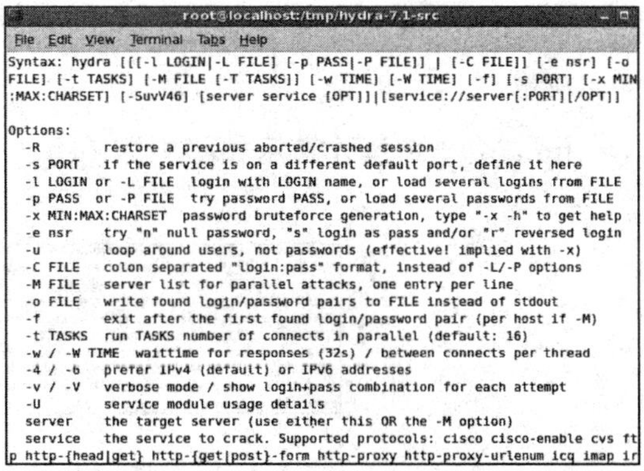

图 7-33 hydra 的使用帮助信息

具体含义如下：

```
hydra [[[-l LOGIN|-L FILE] [-p PASS|-P FILE]] | [-C FILE]] [-e ns]
[-o FILE] [-t TASKS] [-M FILE [-T TASKS]] [-w TIME] [-f] [-s PORT] [-S] [-vV]
    server service [OPT]       # 可选的
    -R          继续从上一次进度接着破解
    -S          采用 SSL 链接 (大写的 S)
    -s PORT     如果非默认端口，可通过这个参数指定
    -l LOGIN    小写，用于指定破解的用户，对特定用户破解
    -L FILE     大写，用于指定用户的用户名字典
    -p PASS     小写，用于指定密码破解，少用，一般是采用密码字典
    -P FILE     大写，用于指定密码字典
    -e ns       额外的选项，n: 空密码试探，s: 使用指定账户和密码试探
    -C FILE     使用冒号分割格式  例如 " 登录名：密码 " 来代替 -L/-P 参数
    -M FILE     指定目标列表文件一行一条
    -o FILE     指定结果输出文件
    -f          在使用 -M 参数以后 找到第一对登录名或者密码的时候中止破解
    -t TASKS    同时运行的线程数，默认为 16
    -w TIME     设置最大超时的时间，单位秒，默认是 30s
    -v / -V     显示详细过程
    server      目标 ip
    service     指定服务名，支持如下：telnet ftp pop3[-ntlm]   imap[-ntlm] smb
smbnt http-{head|get} http-{get|post}-form http-proxy cisco   cisco-enable vnc
ldap2 ldap3 mssql mysql oracle-listener postgres nntp socks5     rexec rlogin
pcnfs snmp rsh cvs svn icq sapr3 ssh2 smtp-auth[-ntlm] pcanywhere   teamspeak
sip vmauthd firebird ncp afp
    OPT         可选项
```

3) hydra 破解密码实例。使用指定字典对目标进行 ftp 口令破解：

```
hydra -l login -P /tmp/passlist 192.168.0.1 ftp
```

说明：login 为要破解的用户名，passlist 为密码字典库。

使用指定字典对目标进行 smb 口令猜解：

```
hydra -l login -P passfile 192.168.0.1 smb
```

说明：login 为要破解的登录名，passfile 为密码字典库，smb 为操作系统登录密码破解。

ftp 口令破解操作演示如图 7-34 所示。

图 7-34 ftp 口令破解操作演示

从图 7-34 中可以看到，用户 test1 的密码已经被破解出来，为 123456。

2. 移动应用安全测试工具使用范例

（1）ZjDroid 工具。ZjDroid 是一个基于 Xposed framework 的逆向分析工具。可以通过此工具获得加固应用的真实 dex 文件。

1）安装 Xposed framework，确定 Xposed framework 正常工作。

2）从官网（https://github.com/BaiduSecurityLabs/ZjDroid）上下载代码，使用 Eclipse 编译安装。

3）在安装完重启安卓系统后，进入 adb shell。同时打开 Android deBug monitor 或 Eclipse，以便随时可以查看 logcat 日志。

4）在 adb shell 中输入命令获取 dex 的信息：am broadcast -a com.zjdroid.invoke--ei target pid--es cmd '{"action":"dump_dexinfo"}'，其中 pid 为目标应用的 PID。logcat 输出如图 7-35 所示。

图 7-35 logcat 输出

5）上面的 dex 文件列表中有多个文件（filepath），可以先查看对应文件的类信息，使用命令 am broadcast-acom.zjdroid.invoke--ei target pid--es cmd '{"action":"dump_class","dexpath":"path"}'，此处输入命令如图 7-36 所示。

6）在 logcat 中看到输出，其中包含了我们想要的类（见图 7-37）。

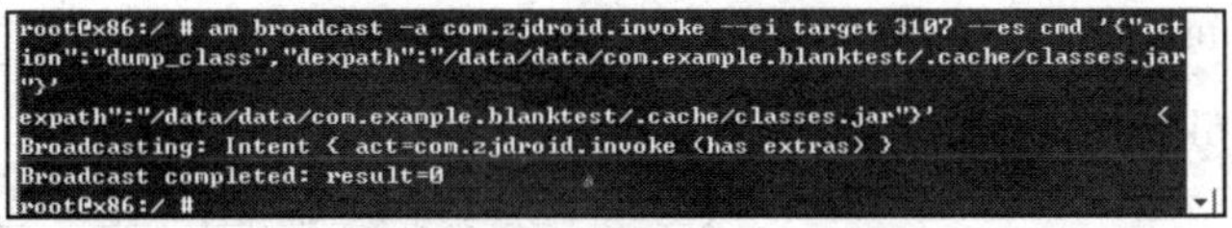

图 7-36　查看文件类信息

图 7-37　logcat 输出信息

7）转储上述 dex 的数据，命令格式为：am broadcast-acom.zjdroid.invoke--ei target pid--es cmd '{"action":"dump_dexfile","dexpath":"path"}'，实际输入如图 7-38 所示。

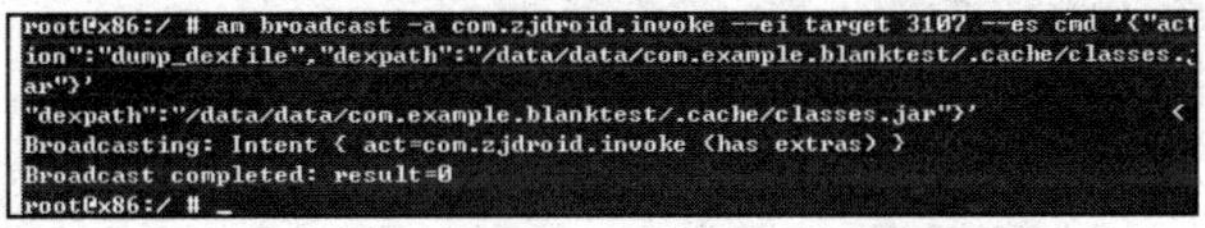

图 7-38　转储 dex 数据

8）logcat 中的日志如图 7-39 所示，转储文件已保存在应用的私有目录的 files 子目录下。

图 7-39　logcat 输出信息

9）转储下来的文件是 odex 格式的，将其转换为 dex 格式，以便于分析。

10）将上述 dex 格式的文件转换为 smali 格式，命令为：am broadcast-a com. zjdroid.invoke--ei target pid--es cmd '{"action":"backsmali","dexpath":"*****"}'。

（2）APKAnalyser。APKAnalyser可用于直接查看apk文件的smali代码和类结构，可以给apk里各个类函数添加日志记录等。

1）使用java-Xmx1024m-jar ApkAnalyser.jar来启动APKAnalyser。因为分析APK时会使用大量内存，可能会导致内存耗尽，所以需要用-Xmx1024m指定APKAnalyser最多可以使用的内存数量。程序的主界面如图7-40所示。

2）在使用前需要先配置APKAnalyser的环境。

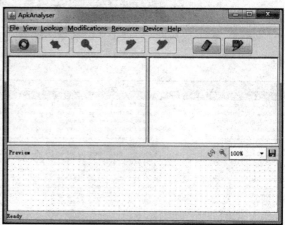

图7-40　APKAnalyser的主界面

- 在File->Settings中选择adb命令的路径。
- 在File->Set paths中，首先设置Classpaths，点击"Add…"添加被分析程序的类库文件（android.jar一般是必须有的），然后设置Android SDK，选中SDK中platforms下的与手机执行环境匹配的版本目录。（此步骤非必需。）
- 在右侧"MIDlets or APK"中添加要被分析的APK文件（见图7-41）。

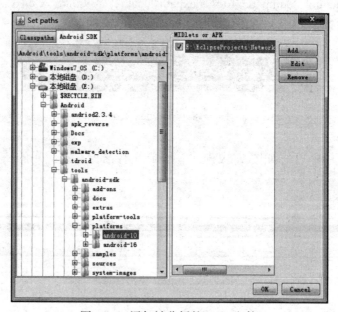

图7-41　添加被分析的APK文件

3）点击File中的Analyse开始分析过程（见图7-42）。分析结束后会生成所有类的结构视图。

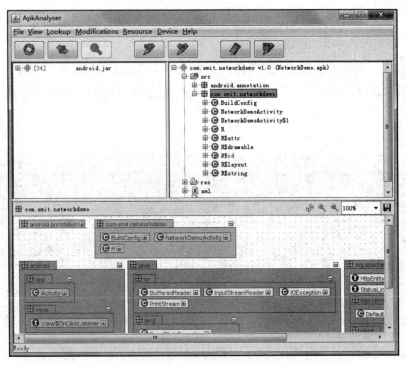

图 7-42　Analyse 分析过程

4）点击右上区域树形结构的 xml 文件可以查看其文件内容（已被解码）。

5）点击树形结构某个类中某个方法，可以查看其 smali 汇编代码（见图 7-43）。

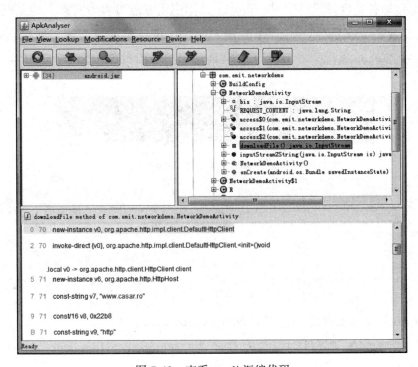

图 7-43　查看 smali 汇编代码

6）在菜单栏中的 Modifications 按钮里，可以对 smali 代码进行修改，比如可以在每个方法进入和退出时打印 log。

7）修改完后，点击 ■ 按钮保存。可以在设备上安装修改后的 APK 文件。

8）修改后的 APK 文件在执行时，会在 logcat 中打印修改时添加的信息（见图 7-44）。

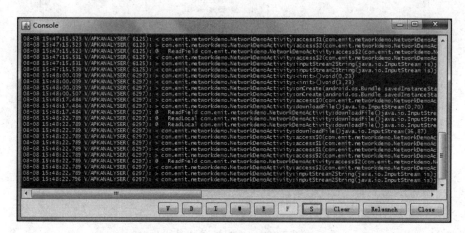

图 7-44　logcat 打印修改时添加的信息

（3）drozer 组件测试工具。drozer 是一个测试安卓应用组件的安全工具，可以对应用导出的各类组件进行测试。drozer 具体使用方法可参考官网上的文档。

1）安装 drozer 后，首先运行 drozer.bat，连接目标安卓系统。然后运行"run app.package.attacksurface pkgname"，获取应用的导出组件，如图 7-45 所示。

图 7-45　安装运行 drozer

2）测试 content provider。使用的命令为（用于 cp 的命令有很多，测试时请参考文档）：

　　run app.provider.info -a pkgname，获取导出信息。
　　run scanner.provider.finduris -a pkgname，枚举 URI。
　　run app.provider.query URI，请求数据。

图 7-46 为测试安卓邮件应用的 content provider。

当需要加入查询条件时，命令格式为：run app.provider.query uri--selection-args rows--projection columns。

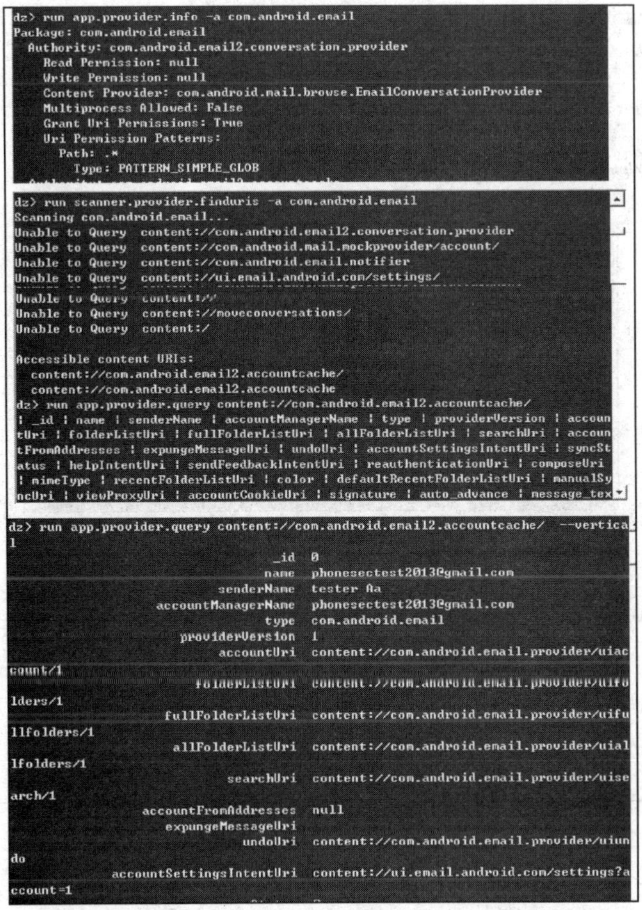

图 7-46 测试安卓邮件应用

3）测试 activity。使用的命令为：

run app.activity.info-a pkgname，导出 activity。
run app.activity.start --component pkgnameactivity，打开 activity。

图 7-47 是测试微信的 activity。

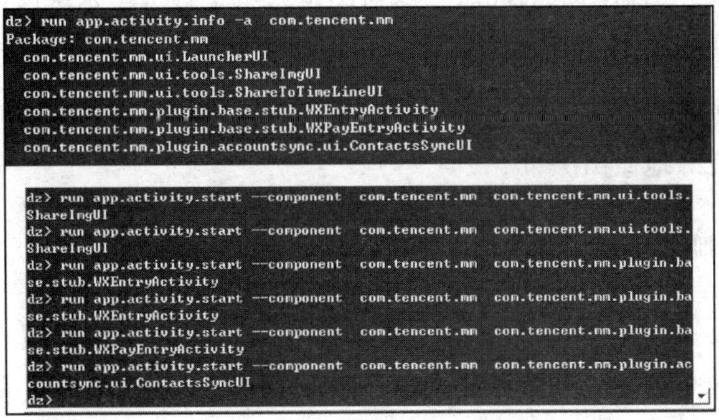

图 7-47 测试微信的 activity

4）测试 service。使用的命令为：

```
run app.service.info -a pkgname, 导出的 service。
run app.service.send  pkgnameservice, 访问 service。
```

图 7-48 是测试微信的 service。

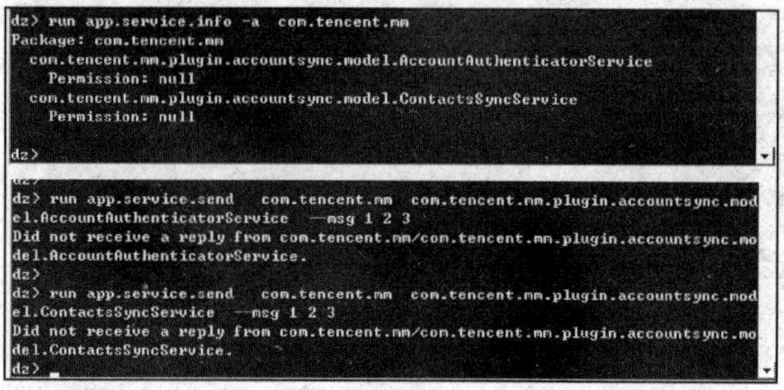

图 7-48　测试微信的 service

5）测试 broadcast。使用的命令为：

```
run app.broadcast.info -a pkgname
run app.broadcast.send
```

7.4　白盒测试与渗透测试的结合：灰盒测试

在实际安全测试工作中我们会发现，黑盒测试与软件如何实现无关，测试用例开发可以与实现并行进行，因此可以压缩总的项目开发时间，但测试用例之间可能存在严重的冗余，还会有未测试的软件漏洞；白盒测试则局限于已经完成的代码行为当中，离代码太近。

如果将白盒测试和渗透测试组合使用，就能够同时从内部和外部两个视角来深入评估目标系统的安全性。这种组合称为灰盒测试（Grey-Box）。灰盒测试方法同时具有黑盒测试和白盒测试的优点。灰盒测试人员了解一些系统内部结构，从而可以不用拘泥于内部细节，从系统整体着眼，找出评估其安全性的最佳方法。另外，在进行外部测试时，由于实施灰盒测试的审计人员对系统内部技术有一定程度的了解，因此能够更好地做出决策。

7.4.1　灰盒测试概述

灰盒测试是在对应用系统内部细节具有有限认知的基础上的一种安全测试方法。测试者仅知晓系统的组件如何互相作用，但不了解内部程序功能和运作。对于程序内部的过程，灰盒测试将应用系统看作一个须从外部进行分析的黑盒。

灰盒测试不需要测试者阅读全部源码，所以不存在侵略性和偏见。但是，灰盒测试相对白盒测试而言，更难发现并解决潜在威胁，尤其在一个单一的应用系统中，白盒测试的代码细节可被完全掌握。灰盒测试综合了白盒测试和黑盒测试的优点，它在了解部分代码源码实现的基础上，通过黑盒功能测试的方式进行判断，从而验证程序实现的正确性。

7.4.2 灰盒测试方法

通过上面的概述，我们了解到灰盒测试是白盒和黑盒的结合，白盒和黑盒都有各自的测试方法，如何将它们合理地组合到灰盒测试中是我们重点关注的。下面结合灰盒测试的实践经验提供一个通用的测试方法。

1. 需求分析以及评审

需求评审需要提前发出需求，测试人员审阅并记录疑问，测试过程中需要结合接口、UED 界面、功能描述进行梳理汇总，以便在讲解需求时能提出业务问题。

2. 开发控制流程图

在需求评审后，开发人员需要输出控制流程图，此处说的控制流程图不是概设也不是详设，而是介于这两者之间的一种图形，也就是与灰盒测试相对应的流程。

3. 测试分析

在拿到系统的需求文档、UED 界面、接口文档、开发的控制流程图后，可以进行详细的评审工作，评审控制流程图的过程也是重新梳理需求的过程，此过程可以做到产品、开发、测试三方对软件的理解一致，对业务有疑问的地方可以和产品确认，可以和开发详谈，这个过程就是要真正做到尽可能早地测试，以避免返工导致的成本浪费。此时应该已经可以做到从系统整体到局部都有了解。

4. 测试用例

结合需求，通过模块与模块交互的详细分析，输出测试用例，具体测试用例设计是把一个系统按照大的功能模块进行分组。在同一个功能模块下又可区分为：页面测试、接口测试、业务/逻辑测试、场景测试、安全性测试。这样的区分主要是便于条理清晰以及模块复用，比如业务逻辑测试这个组下的用例经过开发控制流程的分析可能判断出不同模块功能对它都是调用的相同类或对象，那此时这部分用例只需要写一次，并在模块后面备注需要用到的模块即可，后续其他不同模块对此部分的相同逻辑的用例只需要执行一次即可。

5. 自动化或测试桩准备

灰盒测试要提高测试效率，得想尽一切办法利用可以利用的测试工具来进行系统测试，如 SouPUI 发起 http 请求或者 SOAP 使用 HTTP 传送 XML 文件，也可以使用自动化工具发送 MQ 或 http 请求。如果存在加密方式，还需要写简单的测试桩进行请求和返回处理。特别是在系统功能内部测试时，有了工具或测试桩就可以大大提高测试效率。

6. 测试问题分析

这个步骤其实是很重要的，通过测试问题的分析统计可以了解软件质量，可以知道问题出现的阶段，以及是需求问题、开发问题、测试分析问题还是测试漏测问题。问题分析基本上都能反推出是软件流程的不足还是执行的不足。

7. 软件工程流程改进

一切分析度量都是为了下次避免出现类似问题，找到问题，确定改进措施才能让我们的工作更高效、质量更好。

7.4.3 灰盒测试特点

1. 规范软件流程

强调了开发文档，也就是说开发过程有了系统设计的环节，避免返工浪费成本，而且在后期工作移交时其他开发人员有文档可以参考。

2. 自动化提高测试效率

灰盒测试过程中引入自动化的设计，可以提高测试效率。

3. 缩短项目周期

对于白盒测试势必要花大量的时间进行结构测试和逻辑测试，灰盒测试既可以保证绝大部分功能质量，又可以缩短开发周期，对于大大小小的项目都适合。特别是业务复杂的项目更是需要灰盒测试，其可让测试人员从整体到局部对系统有一个了解，以便保障软件质量。

7.5 应用安全自动化测试

在软件项目开发周期中，测试环节是保障程序质量的一道极为重要的关口。测试环节作为与系统开发独立并行的环节，已被各家商业银行所认可。测试人员在开发项目组中所占的比例不断上升，能力要求也越来越高，甚至部分商业银行已形成了专业的测试部门。但是，由于有些测试活动工作靠纯手工方式是难以实现的，部分银行在软件测试工作中现已开始采用一些相对应的自动化测试工具，从而大大缩短了整个测试环节所需的时间。

应用安全自动化测试同样有此需求。当前银行互联网应用安全测试涉及的内容越来越多，且这些应用与用户的信息、财产相关，具有高度敏感性，但是由于人员或技术限制，银行安全测试人员不会或无法进行全自动化安全测试，因此需要采用统一的应用安全测试平台，实施自动化安全测试。本节分别从 Web 端和移动端两个方面介绍应用安全自动化测试。

7.5.1 Web 端安全自动化测试应用

针对具有普遍性意义的 Web 安全漏洞，安全测试平台采取全自动测试方法，实现快速测试。传统的自动化测试方法主要是黑盒与白盒测试，但都有其不足之处。自动化测试平台采用介于白盒测试与黑盒测试之间的灰盒测试方法，能有效避免黑盒或白盒测试所带来的问题。

灰盒 Web 安全检测依然遵循灰盒测试概念，关注代码实现的安全部分。Web 应用代码层面的安全问题或安全漏洞绝大部分来自外部输入，在代码业务逻辑中关键函数的执行未做安全处理，最终形成安全问题或安全漏洞。灰盒安全测试是站在黑盒与白盒安全测试的平衡位置，把测试放到银行应用功能的业务逻辑层面上，基本可以覆盖到应用的所有业务逻辑，策略少，检测结果准确性较高。灰盒测试技术在实现上，可以让测试效率更高，符合复杂应用的安全测试需求。更重要的是，它规范了代码安全，从漏洞根源上纠正程序员的代码错误，形成一条安全编码基线。图 7-49 至图 7-54 为测试界面图。

图 7-49　测试平台登录

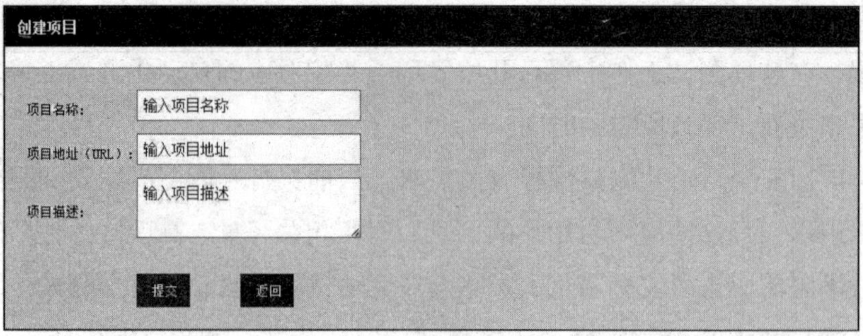

图 7-50 创建测试项目

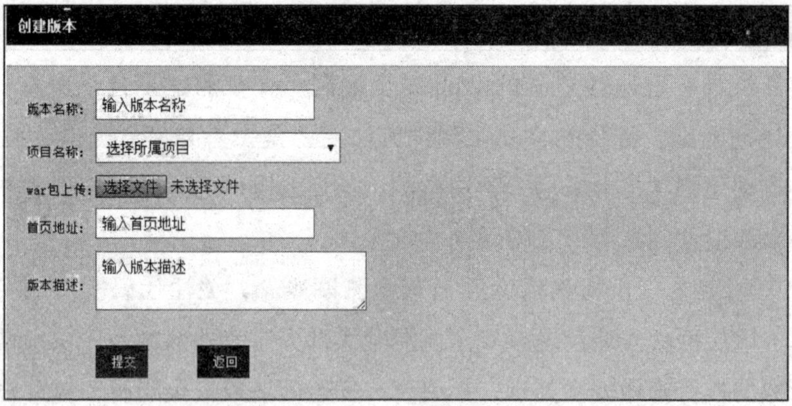

图 7-51 创建测试版本

图 7-52 测试类型选择（主动扫描、被动检测）

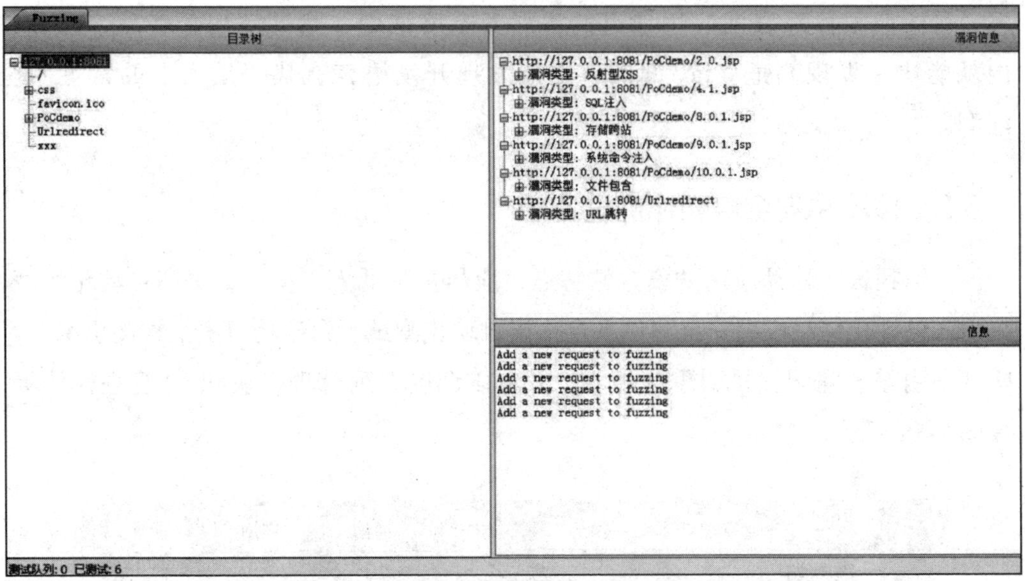

图 7-53 测试结果反馈

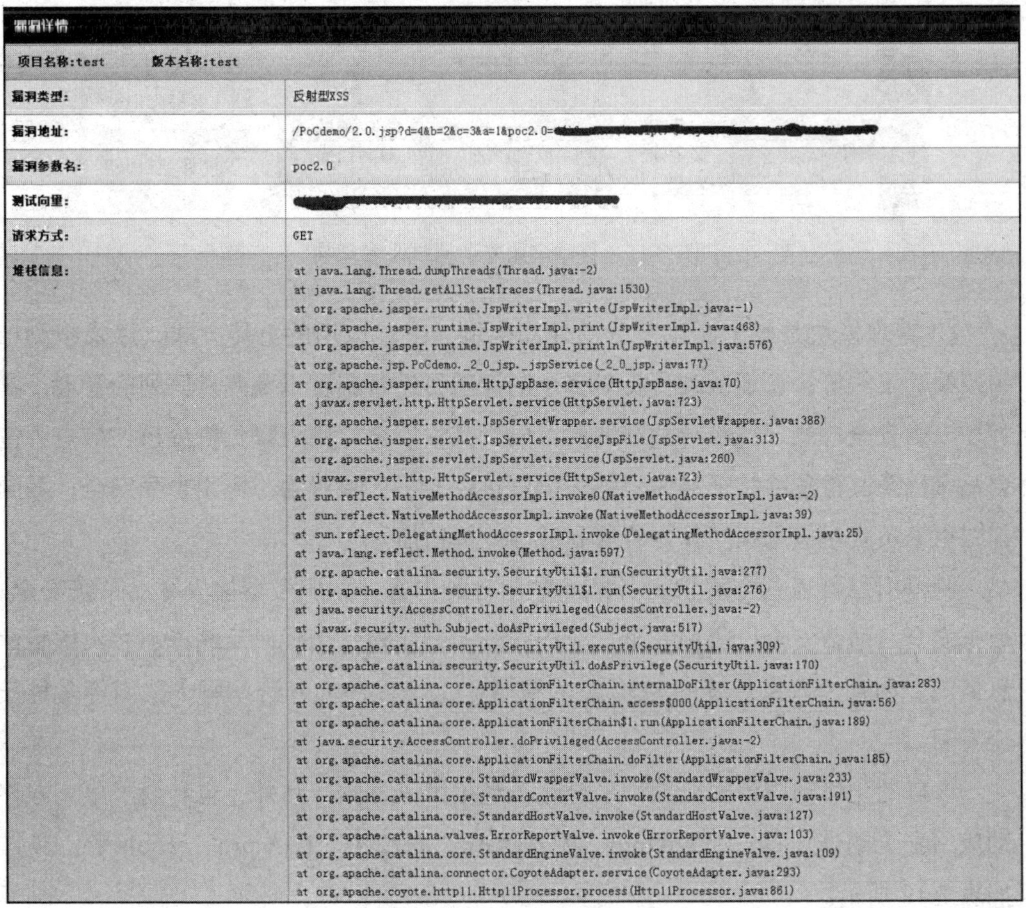

图 7-54 安全漏洞详细描述

在商业银行互联网应用项目的实际安全测试中，测试应用部署后，几分钟内就能快速发现高危 0day 漏洞，更能发现开发语言在代码层面上的常见安全漏洞。

7.5.2 移动端安全自动化测试应用

考虑到银行移动应用的安全性特点，应尽量降低人工参与，提高自动化程度，故引入自动化移动应用安全测试平台。该自动化测试平台架构以安全检测引擎、风险评估引擎、漏洞扫描引擎为核心，并辅以调度队列管理模块和 UI 管理模块等，如图 7-55 所示。

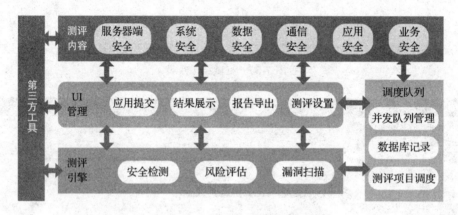

图 7-55 移动应用安全测试平台架构

UI 管理模块是整个测试平台的外部接口，决定应用的上传方式，以及检测结果反馈、下载等；调度队列负责对多个测评项目进行调度以及并发队列的管理；测评引擎由安全检测、风险评估和漏洞组成，其中安全检测引擎负责分析扫描是否包含病毒以及其他危险特征；风险评估引擎负责分析危险行为与应用自身安全；漏洞扫描引擎负责对应用程序存在的漏洞进行分析扫描。

测评引擎覆盖安全需求 checklist 中包含的内容，如服务器端安全、系统安全、数据安全、通信安全、应用安全、业务安全等，能检测出代码反编译、客户敏感信息泄漏、内存注入及传统的 SQL 注入漏洞、Cookie 注入和跨站脚本漏洞等多种安全漏洞。

该自动化移动应用安全测试平台除了利用第三方的产品外，也利用了第三方移动应用安全测试工具，如 apktool、Wireshark、dex2jar、IDA pro、iTools 等，具体如表 7-12 所示。

表 7-12 移动安全测试第三方工具

工具类型	工具名称	工具说明
网络数据采集分析工具	tcpdump 4.5.1	将网络中传送的数据包截获下来提供分析。它支持针对网络层、协议主机或端口的过滤，并提供 and、or、not 等逻辑语句来去掉无用的信息
网络数据分析工具	Wireshark 1.10.6	免费开源的网络数据包分析工具，可以捕获网络数据包，并将捕获到的数据包详细地显示出来
Apk 文件逆向工程工具	Apktool 1.5.2	逆向工程 apk 文件的工具，能够反编译 apk 文件，并且能对反编译的结果文件进行重新打包
内存扫描工具	Scanmem 0.13	Linux 操作系统中的交互式调试工具，用于定位在执行过程中的变量地址、过程分析或修改和逆向工程
界面劫持工具	GuiHijack 1.0	检索安卓设备当前显示应用的进程，然后切换到虚假界面，实现界面劫持
反编译工具	Dex2jar 0.0.9.19	将 apk 文件中的 dex 文件转为 java 类文件
反汇编工具	IDA Pro 6.4	目前应用最广的反汇编工具，主要用于分析恶意代码和研究漏洞攻击，具有交互式、可编程、可扩展等特点
Web 调试代理工具	Fidderlex2 2.4.6.2	记录所有客户端和服务器的 http 和 https 请求，允许监视、设置断点、修改请求和响应数据
命令行调试工具	GDB7.7	Unix 下的程序调试工具，可以监视程序中变量的值，在程序中设置断点，使程序单步执行
安卓设备监控工具	Android Device monitor 22.3.0	图形用户界面的安卓应用程序调试和分析工具
Ipa 文件静态分析工具	Odcctools 286-8	OS X 系统上 Mach-0 可执行文件分析工具
IOS 设备管理工具	iTools 1.8.3.5	方便地完成对 IOS 设备的管理，包括日志查看、同步媒体文件、安装软件、备份 SHSH 等功能

7.6 应用安全测试案例

7.6.1 Web 端安全测试案例

本节以网上银行为例，说明 Web 端应用安全测试常见测试内容。

1. SQL 注入漏洞

在利用 SQL 注入漏洞进行安全渗透方法中，有多种注入攻击可供选择，包括 Pangolin、Havij 等。一般来说比较方便和高效的工具是 sqlmap，下面的渗透过程也将以 sqlmap 来进行演示。

（1）漏洞检测与利用。

1）手工获取注入点。一般在一个调用数据库的网址后面加上分别加上 and 1=1 和 and 1=2，如果加入 and 1=1 返回正常（就是和原来没有加 and 1=1 时的页面一样），而加入 and 1=2 返回错误，就可以证明这个页面存在注入漏洞。

比如：http://www.xxx.com/a.asp?id=7，URL 中的参数为 id。在浏览器中提交 http://www.xxx.com/a.asp?id=7 and 1=1，返回正常。再次提交 http://www.xxx.com/a.asp?id=7 and 1=2，返回错误。这就初步说明这个网页 http://www.xxx.com/a.asp?id=7 存在注入漏洞，是一个注入点。手工获取注入点的概率比较低，一些隐藏的注入点也不容易被发现。

2）工具获取注入点。一般 SQL 注入点可以通过常用 Web 应用漏洞扫描工具扫描获取，包括 AWVS、WVSS、AppScan 等。图 7-56 为使用 AWVS 得到的 SQL 注入点。

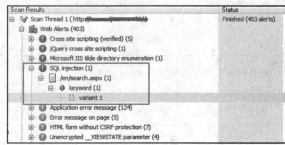

图 7-56　AWVS 扫描工具

3）判断数据库类型。通过第一步，我们获取的 SQL 注入点为 http://www.xxx.com/a.asp?id=25。

接下来下载并解压 sqlmap 到某一路径下，在 CMD 命令行下跳到 sqlmap 目录。执行以下命令：

```
sqlmap -u http://www.xxx.com/a.asp?id=25
```

得到结果，如图 7-57 所示。

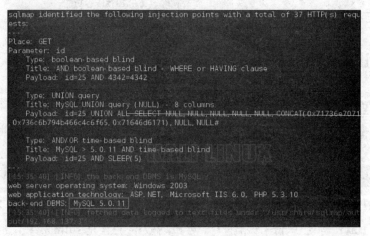

图 7-57　sqlmap 测试 SQL 注入点

可知目标的数据库类型为 MySQL。

4）获取所有数据库名。接下来执行以下命令以获取所有数据库名：

```
sqlmap -u http://www.xxx.com/a.asp?id=25 --dbs
```

得到所有数据库名，如图 7-58 所示。

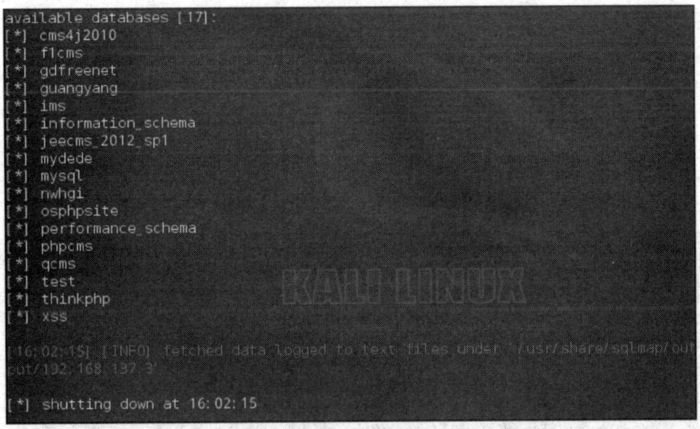

图 7-58　sqlmap 测试 SQL 注入点

5）获取表。选择某一数据库，执行一下命令以获取该数据库的表名：

sqlmap -u http://www.xxx.com/a.asp?id=25 -D f1cms --tables

得到结果（f1cms 数据库中所有表），如图 7-59 所示。

图 7-59　sqlmap 测试 SQL 注入点

6）获取列。选择某一表，执行以下命令以获取该表的列名：

sqlmap -u http://www.xxx.com/a.asp?id=25 -D f1cms -T 510_admin --columns

得到结果（510_admin 表中所有的列），如图 7-60 所示。

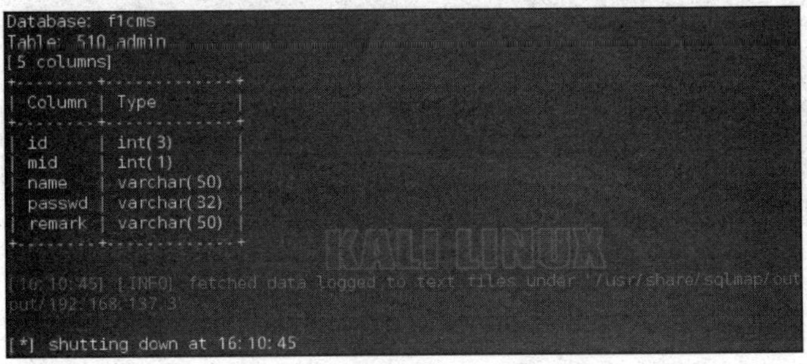

图 7-60　sqlmap 测试 SQL 注入点

7）获取值。选择某些列，执行以下命令以获取其中的值：

sqlmap -u http://www.xxx.com/a.asp?id=25 -D f1cms -T 510_admin -C id,name,passwd --dump

得到结果，如图 7-61 所示。

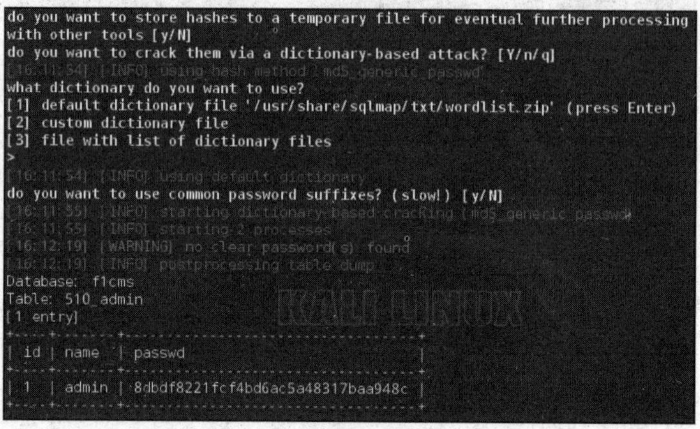

图 7-61　sqlmap 测试 SQL 注入点

获得 password：8dbdf8221fcf4bd6ac5a48317baa948c

在线解密得到密码为：adminlwphp

8）拖库。使用以下命令可以把指定的数据库获取到本地：

sqlmap -u http://www.xxx.com/a.asp?id=25 -D f1cms --dump

得到结果，如图 7-62 所示。

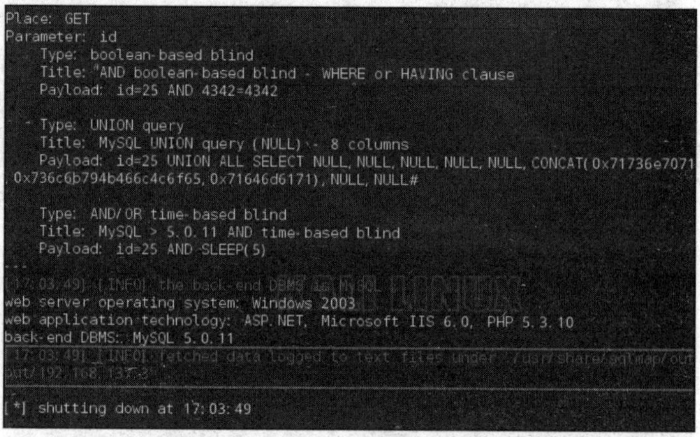

图 7-62　sqlmap 测试 SQL 注入点

（2）漏洞攻击防范。针对 SQL 注入攻击的防护建议包括部署分层安全措施

（包括在接受用户输入时使用参数化的查询）、确保应用程序仅使用预期的数据、加固数据库服务器防止不恰当的访问数据。

建议使用以下措施防范 SQL 注入漏洞。

1）安全开发。使用以下建议编写不受 SQL 注入攻击影响的 Web 应用。

A. 参数化查询：SQL 注入源于攻击者控制查询数据以修改查询逻辑，因此防范 SQL 注入攻击的最佳方式就是将查询的逻辑与其数据分隔，这可以防止执行从用户输入所注入的命令。这种方式的缺陷是可能对性能产生影响（但影响很小），且必须以这种方式构建站点上的每个查询才能完全有效。只要无意中绕过了一个查询，就足以导致应用受 SQL 注入的影响。以下代码显示的是可以进行 SQL 注入的 SQL 语句示例。

```
sSql = "SELECT LocationName FROM Locations "; sSql = sSql + " WHERE LocationID = " + Request["LocationID"]; oCmd.CommandText = sSql;
```

下面的例子使用了参数化的查询，不受 SQL 注入攻击的影响。

```
sSql = "SELECT * FROM Locations ";
sSql = sSql + " WHERE LocationID = @LocationID"; oCmd.CommandText = sSql;
oCmd.Parameters.Add("@LocationID", Request["LocationID"]);
```

应用程序没有包含用户输入向服务器发送 SQL 语句，而是使用 -@LocationID- 参数替代该输入，这样用户输入就无法成为 SQL 执行的命令。这种方式可以有效地拒绝攻击者所注入的任何输入，尽管仍会生成错误，但仅为数据类型转换错误，而不是黑客可以利用的错误。

以下代码示例显示从 HTTP 查询字符串中获得产品 ID 并使用到 SQL 查询中。请注意传送给 SqlCommand 的包含有 SELECT 的字符串仅仅是个静态字符串，不是从输入中截取的。此外还请注意使用 SqlParameter 对象传送输入参数的方式，该对象的名称（@pid）匹配 SQL 查询中所使用的名称。

```
C# 示例：
string connString = WebConfigurationManager.ConnectionStrings["myConn"].ConnectionString;
    using (SqlConnection conn = new SqlConnection(connString))
    {
    conn.Open();
    SqlCommand cmd = new SqlCommand("SELECT Count(*) FROM Products WHERE ProdID=@pid", conn);
    SqlParameter prm = new SqlParameter("@pid", SqlDbType.VarChar, 50);
    prm.Value = Request.QueryString["pid"];
    cmd.Parameters.Add(prm);
    int recCount = (int)cmd.ExecuteScalar();
    }
```

B. 验证输入：可通过正确验证用户输入的类型和格式防范大多数 SQL 注入攻击，最佳方式是通过白名单，定义方法为对于相关的字段只接受特定的账号号码或账号类型，或对于其他仅接受英文字母表的整数或字母。很多开发人员都试图使用黑名单字符或转义的方式验证输入。总体上讲，这种方式通过在恶意数据前添加转义字符来拒绝已知的恶意数据，如单引号，这样之后的项就可以用作文字值。这种方式没有白名单有效，因为不可能事先知道所有形式的恶意数据。

2）安全操作。使用以下建议帮助防范对 Web 应用的 SQL 注入攻击。

A. 限制应用程序权限：限制用户凭据，仅使用应用运行所必需权限的。任何成功的 SQL 注入攻击都会运行在用户凭据的环境中，尽管限制权限无法完全防范 SQL 注入攻击，但可以大大增加其难度。

B. 强系统管理员口令策略：通常攻击者需要管理员账号的功能才能使用特定的 SQL 命令，如果系统管理员口令较弱的话就比较容易暴力猜测，增加成功 SQL 注入攻击的可能性。另一个选项就是根本不使用系统管理员口令，而是为特定目的创建特定的账号。

C. 一致的错误消息方案：确保在出现数据库错误时向用户提供尽可能少的信息。不要泄漏整个错误消息，要同时在 Web 和应用服务器上处理错误消息。当 Web 服务器遇到处理错误时，应使用通用的 Web 页面响应，或将用户重新定向到标准的位置。绝不要泄漏调试信息或其他可能对攻击者有用的细节。

有关如何在 IIS 中关闭详细错误消息的说明请见：

```
http://www.microsoft.com/windows2000/en/server/iis/default.asp?url=/
windows2000/en/server/iis/htm/core/iierrcst.htm
```

使用以下句法在 Apache 服务器上取缔错误消息：

```
Syntax: ErrorDocument <3-digit-code>
Example: ErrorDocument 500 /Webserver_errors/server_error500.txt
```

WebSphere 之类的应用服务器通常默认安装启用了错误消息或调试设置。有关如何取缔这些错误消息的信息，请参考应用服务器文档。

D. 存储过程：如果不使用的话，请删除 master..Xp_cmdshell、xp_startmail、xp_sendmail、sp_makeWebtask 之类的 SQL 存储过程。

2. Struts2 远程代码执行

Struts2 是第二代基于 Model-View-Controller（MVC）模型的 java 企业级 Web 应用框架。它是 WebWork 和 Struts 社区合并后的产物。

Apache Struts2 的 action:、redirect: 和 redirectAction: 前缀参数在实现其功能的过程中使用了 OGNL 表达式，并将用户通过 URL 提交的内容拼接入 OGNL 表达式中，从而造成攻击者可以通过构造恶意 URL 来执行任意 Java 代码，进而可执行任意命令。

redirect: 和 redirectAction: 此两项前缀为 Struts 默认开启功能，目前 Struts 2.3.15.1 以下版本均存在此漏洞。

（1）漏洞检测与利用。一般通过使用 Web 扫描器扫描发现 Struts 2 远程代码执行漏洞（也可以使用 struts2 利用工具进行检测），图 7-63 由 WVSS 扫描得出。

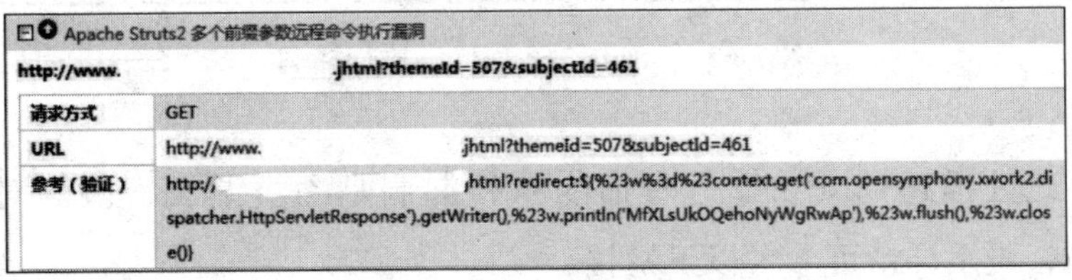

图 7-63　Struts 2 远程代码执行漏洞

网上针对 Struts2 远程命令执行系列漏洞有大量的公开利用工具，使用方式也非常简单。此处使用 K8_struts2 exploit 工具进行演示。

在使用 k8 利用之前，我们可以先使用浏览器打开 WVSS 扫描器提供的漏洞验证链接进行验证。WVSS 提供的参考（验证）链接如下：

```
http://www.example.com/messageList.jhtml?redirect:${%23w%3d%23cont
ext.get(%27com.opensymphony.xwork2.dispatcher.HttpServletResponse%27).
getWriter(),%23w.println(%27MfXLsUkOQehoNyWgRwAp%27),%23w.flush(),%23w.
close()}
```

该利用链接即使用 OGNL 语句绕过限制调用并执行了系统的 println 函数对指定字符串进行输出操作。在浏览器中打开验证 url，返回如图 7-64 所示。

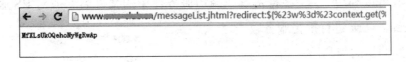

图 7-64　Struts 2 远程代码执行漏洞

使用 k8 利用过程如下：

☐ 输入存在漏洞的 url 地址。
☐ 选择"使用漏洞"。
☐ 输入要执行的命令。

使用 k8 利用结果如图 7-65 所示。

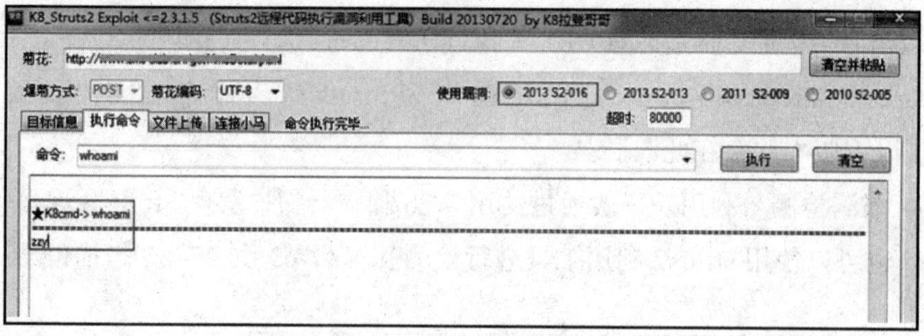

图 7-65 Struts 2 远程代码执行漏洞

注意：此处描述的 struts2 远程命令执行漏洞是一类漏洞，漏洞对应了多个 Struts2 漏洞，更多详情可参考以下链接：

http://www.freebuf.com/articles/Web/25337.html.
http://struts.apache.org/docs/security-bulletins.html（S2-005、S2-008、S2-009、S2-016、S2-020、S2-021）.

（2）漏洞攻击防范。目前官方已经提供新版本程序修复该系列问题，我们建议到官方获取最新版本程序对系统进行升级：http://struts.apache.org/download.cgi。

Struts2 组件漏洞频出，建议系统开发维护人员关注最新补丁公告。

3. IIS 短文件名泄露漏洞

互联网信息服务（Internet Information Services，IIS）是由微软公司提供的基于运行 Microsoft Windows 的互联网基本服务。

Microsoft IIS 在实现上存在文件枚举漏洞，攻击者可利用此漏洞枚举网络服务器根目录中的文件。

攻击者可以利用"~"字符猜解或遍历服务器中的文件名，或对 IIS 服务器中的 .Net Framework 进行拒绝服务攻击。

（1）漏洞检测与利用。

1）通过 Web 应用漏洞扫描工具扫描发现 IIS 远程代码执行漏洞，图 7-66 由 WVSS 扫描得出。

2）通过 IIS 短文件名泄漏漏洞利用工具进行利用。

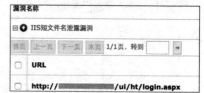

图 7-66 IIS 远程代码执行漏洞

利用工具：PoC: http://www.exploit-db.com/sploits/19525.zip

用法：java scanner [ShowProgress] [ThreadNumbers] [URL]

[ShowProgress]:

0 = 只显示最终结果

1 = 实时显示扫描出的文件 / 文件夹

2 = 显示扫描进度和最终结果

[ThreadNumbers]:

示例 1（未增加线程，非常慢）：

java scanner 2 0 http://example.com/folder/new%20folder/。

示例 2（线程配置为 20，推荐使用）：

java scanner 2 20 http://example.com/folder/new%20folder/。

需要注意的是，当线程很大时可能会对系统造成拒绝服务。图 7-67 为使用该工具验证 IIS 短文件名泄露漏洞的效果。

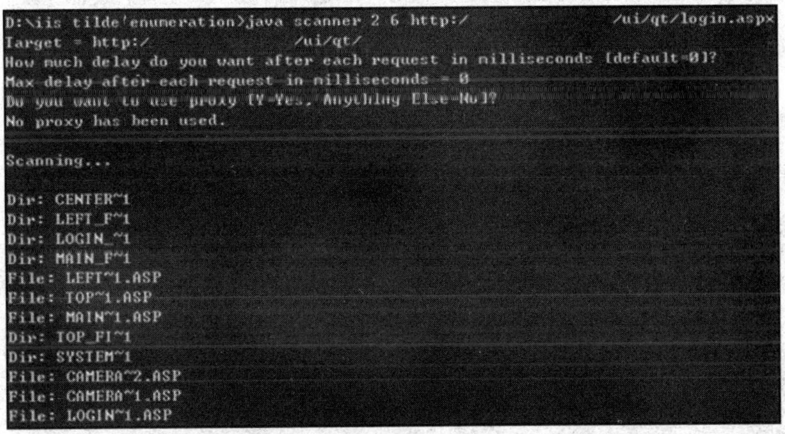

图 7-67　IIS 远程代码执行漏洞示例

该漏洞还可结合 OWASP 的目录暴力破解工具 DirBuster 猜测出 Web 目录下文件的完整的文件名。

如果要深入学习该漏洞原理，可以参考以下链接：

http://www.freebuf.com/articles/4908.html
https://github.com/irsdl/iis-shortname-scanner/.

（2）漏洞攻击防范。

1）修复前本地确认。为了验证修复效果，我们先在操作系统命令终端使用 dir /x 命令查看 Web 目录验证短文件名是否存在，操作截图如图 7-68 所示。

2）漏洞修复步骤。①关闭操作系统 NTFS8.3 文件格式的支持。以管理员身份运行 fsutil behavior set disable8dot3 1，即修改注册列表：HKLM\SYSTEM\

CurrentControlSet\Control\FileSystem\NtfsDisable8dot3NameCreation 的值为 1，该操作在重启操作系统后生效。②将 Web 站点根目录及虚拟目录移动到其他分区后再移回，此操作可以将生成的短文件名清除。

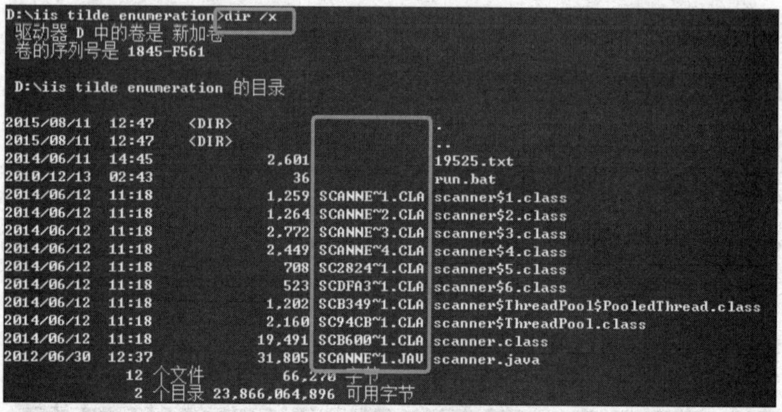

图 7-68　IIS 远程代码执行漏洞（验证）

注意：操作①中虽然禁止了 NTFS8.3 格式文件名创建，但系统已生成的短文件名无法移除，故需要再进行操作②；同时注意 IIS 上如果有多个站点，需要将对应的目录均按照操作②进行操作。

3）修复完成后再次验证（见图 7-69）。

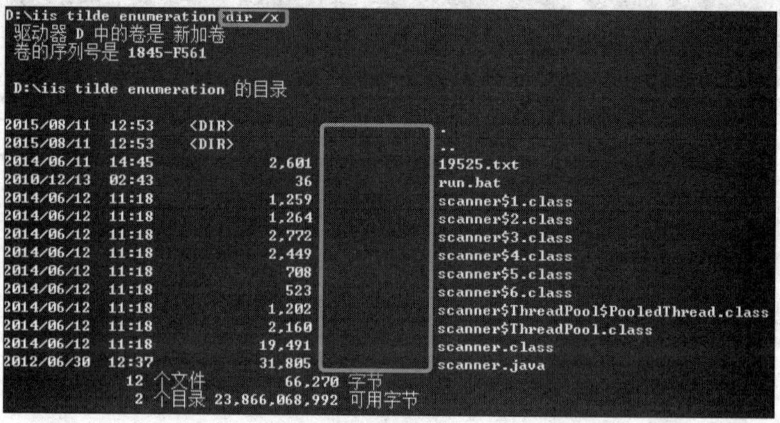

图 7-69　IIS 远程代码执行漏洞（再次验证）

4. Web 表单口令暴力猜解漏洞

一般这种问题出现在没有限制登录次数的 Web 登录界面当中，通过使用不同用户名和密码组合进行大量的登录尝试，从而验证出正确的用户名和密码。

（1）漏洞检测与利用。

1）通过 AWVS 扫描发现漏洞点，如图 7-70 所示。此外还可以通过简单的观察，发现那些没有设置登录验证码的登录页面，本实例以 Metasploitable2 内置的网站 DVWA 的登录页面为测试点（见图 7-71）。

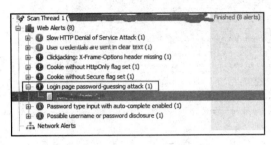

图 7-70　AWVS 发现的漏洞点　　　　图 7-71　DVWA 登录页面

2）确定可利用请求。通过代理拦截技术拦截登录请求，确定存在暴力破解可能性，然后点击"action"，发送到"Intruder"（见图 7-72）。

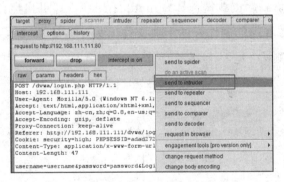

图 7-72

3）确认可利用点。确认可利用点，即暴力破解的点，如账号或密码或账号和密码。将不需要的可利用点去除（见图 7-73）。

图 7-73

4）设置攻击类型。针对两个位置进行测试，分别为账号和密码，因此"attack type"选择"cluster bomb"方式，这个攻击方式将逐一将负载1中的元素与负载2中的所有元素进行组合形成测试请求（见图7-74）。

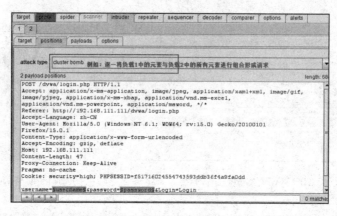

图 7-74

5）设置攻击负载。负载集选择"runtime file"，即可指定自定义字典文件，点击"select file"选择提前制作好的字典文件（见图7-75）。

6）开始攻击测试（见图7-76）。

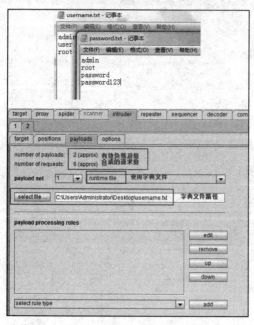

图 7-75

图 7-76

7）结果判定。结果判定要根据成功请求特点进行综合判定，有时仅仅通过状态码即可，有时需要根据返回页面的内容，本示例就需要查看登录网页页面进行判定，图 7-77 为提交的测试请求及返回的相关信息。

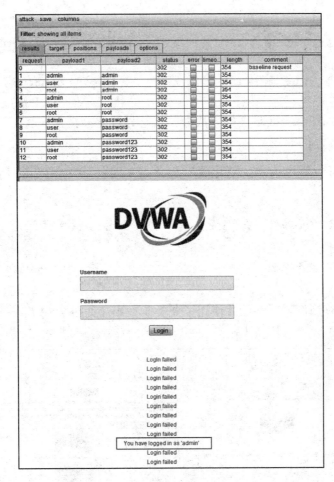

图　7-77

（2）漏洞攻击防范。针对 Web 表单口令暴力猜解漏洞，建议在 Web 登录表单处增加验证码，在服务器接收到用户提交的一个登录请求时会先对验证码进行校验，如果校验不通过不会对用户口令进行校验，这样攻击者就无法通过多个攻击请求返回的页面进行猜测口令。

有时攻击者可以编写识别程序自动识别图形验证码，然后在登录请求中进行提交。所以在攻防博弈过程中，对验证码的强壮性提出一定的要求。

下面是几种常见的验证码。

早期的 Captcha 验证码"smwm"，由 EZ-Gimpy 程序产生，使用扭曲的字母和背景颜色梯度（见图 7-78）。

一种更现代的 CAPTCHA，不使用扭曲的背景及字母，而是增加一条曲线，使得图像分区（segmentation）更困难（见图 7-79）。

图 7-78　动态验证码（1）

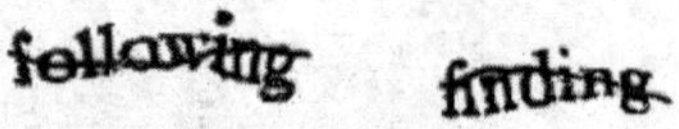

图 7-79　动态验证码（2）

另一种增加图像分区难度的方法为，将符号彼此拥挤在一起，但它也使得真人用户比较难以识别（见图 7-80）。

中文验证码（图中为"二氧化碳"与"克莱因瓶"）如图 7-81 所示。

图 7-80　动态验证码（1）

图 7-81　动态验证码（2）

语音验证码。例如，谷歌就使用了此类验证码（见图 7-82）。

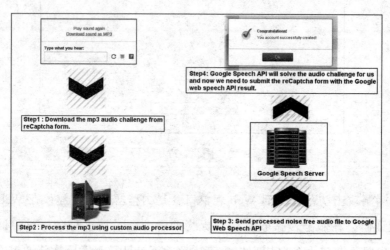

图 7-82　语音验证码

除了基于语音的验证码，还有基于数学题、手势操作、图形识别等。

wordpress 中基于数学算式的验证码如图 7-83 所示。

基于 JQuery 的拖动解锁验证码如图 7-84 所示。

自 2015 年 3 月 16 日起，铁道部（现中国国家铁路集团有限公司）官方售票网站 12306 启用了基于图形识别的验证码（见图 7-85）。

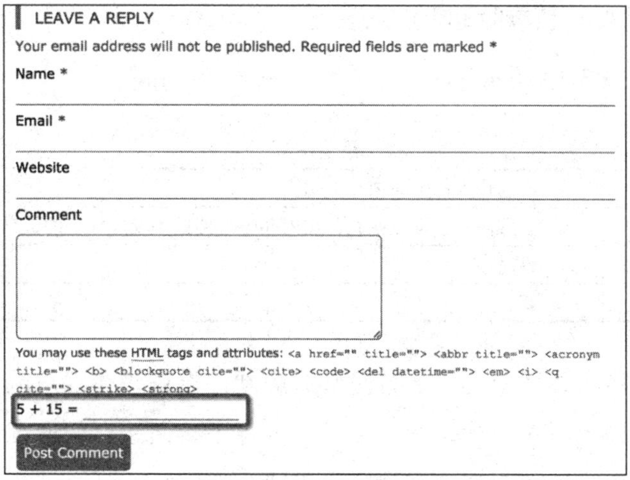

图 7-83 其他验证码

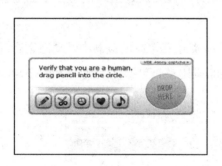

图 7-84 拖动解锁验证码

图 7-85 图形识别验证码

注意：验证码（CAPTCHA）是"Completely Automated Public Turing test to tell Computers and Humans Apart"——全自动区分计算机和人类的图灵测试的缩写。

7.6.2 移动端安全测试案例

本节以手机银行为例，说明移动端应用安全常见测试内容。

目前，银行移动应用不仅仅是查询和转账的交易载体，它所承担和运载的个人投资理财和金融业务已大大扩围。账户的登录、交易过程的数据窃取和篡改，可能会造成客户资金损失和银行声誉风险，因此移动应用的数据安全是测试重点，现以银行数据安全涉及的登录、转账等业务场景测试进行具体说明。

1. 针对金融 App 登录时动态注入攻击

风险概述如表 7-13 所示。

表 7-13

风险描述	键盘输入信息在内存为明文
利用场景	通过内存关键点注入，在内存中直接取得没经加密的键盘关键输入信息
可利用性	容易
风险等级	高

手机内存和缓存在手机程序运行是必需的硬件设备，在客户端程序执行时，程序的相关数据资料、可执行代码都会被调入内存中，而缓存的速度要比一般的内存快，需要更加频繁访问的数据则被放在手机缓存中。

因此，当手机银行客户端程序启动后，内存和缓存中将会出现各种客户端的相关数据，这些数据可能包含用户账号、登录密码、交易密码、转账信息等，普通用户一般无法感知内存或者缓存中的数据信息。目前的一些技术工具可以对手机内存和缓存进行扫描，并通过内存关键点注入，得到这些关键数据的信息，例如键盘输入的账号信息和密码等。

（1）测试实例。在以下案例中，将应用程序实际安装在模拟器中，动态运行起来后使用 hijack 工具对进程进行尝试注入，来判断应用是否可被注入成功（见图 7-86）。

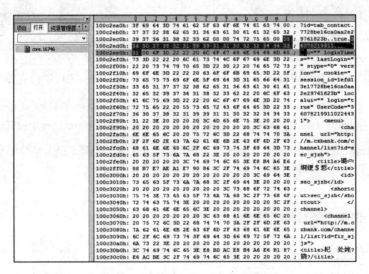

图 7-86　hijack 工具进程注入攻击

一旦成功，黑客扫描内存并且注入关键信息获取代码，得到用户账号、密码、金额等关键数据，并将这些数据送回黑客服务器，从而窃取用户的账号信息。更有甚者，直接对内存中数据进行修改，例如转账账号，造成资金损失。

（2）修复建议。可见，银行客户端在内存中常驻用户关键数据，会给客户端的关键数据泄露带来极大的风险。如果针对键盘 SDK 实施反注入保护，可以避免数据在导入内存时不被盗取；如果在使用这些关键数据发起业务之后，清理掉在内存或缓存中的这些数据，或者对内存中的数据进行加密处理，则会大大降低内存数据泄露的风险。

2. 转账过程内存注入攻击

风险概述如表 7-14 所示。

表 7-14

风险描述	通过 OS 特定技术，将代码写入到目标进程并让其执行。攻击者可以将一段恶意代码写到目标进程，这段代码可以加载其他可执行程序，进而实施 hook，监控程序运行行为、获取敏感信息等
利用场景	对于金融客户端，可通过代码注入技术，将恶意代码注入客户端中，窃取输入的登录账号、密码、支付密码，修改转账的目标账号、金额，窃取通信数据等
可利用性	容易
风险等级	高

动态注入是指直接将代码写入目标进程并让其执行的技术。攻击者可以将一段恶意代码写入目标进程，这段代码可以加载其他可执行程序，进而实施 hook，监控程序运行行为、获取敏感信息等。

对于金融客户端，黑客可以结合动态调试技术，查看到客户端程序的代码执行逻辑和变量数据。通过分析这些信息，再采用代码注入技术，在手机客户端运行中，将恶意代码注入客户端关键进程中。当手机银行客户端进程中出现关键数据时，窃取输入的登录账号、密码、支付密码，甚至修改转账的目标账号、金额，盗取客户资金。

（1）测试实例。在以下的案例中，通过劫持网络传输函数，在数据加密前动态修改提交到服务器的交易请求：修改收款人账号，修改收款人姓名，修改转账金额。假设我们需要给账号为 1111111111111111、账户名为 222222 的账户转 0.1 元（见图 7-87）。

可以看到原始转账请求的数据如图 7-88 所示，我们修改该请求数据，将账号修改为 2222222222222222，账户名改为 aaaaaa，金额修改为 3.3 元，修改后的请求如

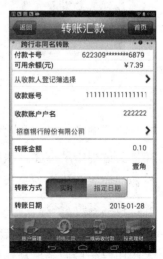

图 7-87　内存注入篡改风险案例截图

图 7-89 所示。

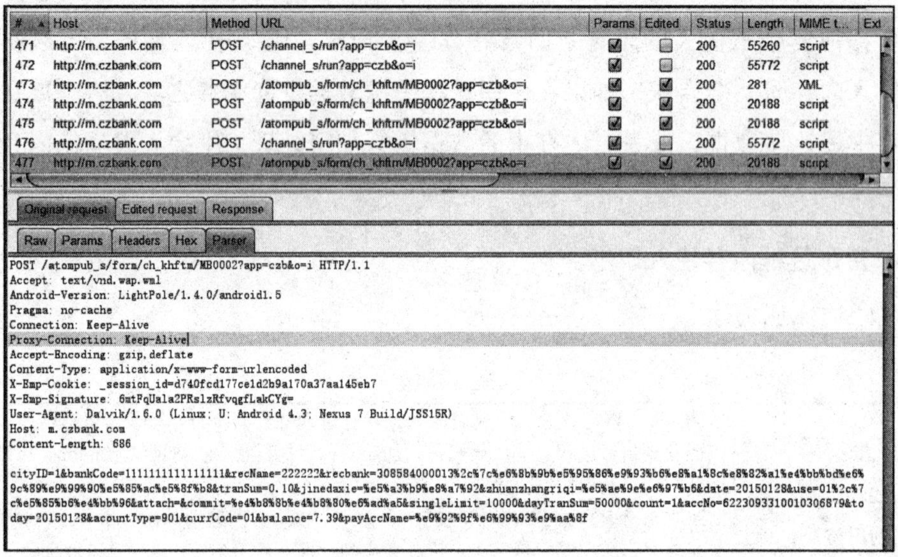

图 7-88 内存注入篡改风险案例截图

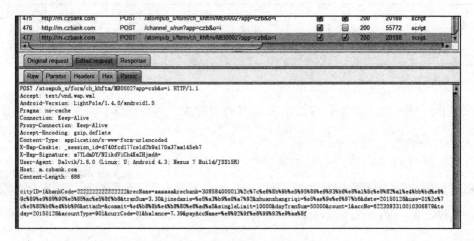

图 7-89 内存注入篡改风险案例截图

在该例中，黑客监测到客户端的转账操作，窃取了客户端转账的目标账号，并在提交过程中动态注入执行代码。该代码的功能是劫持网络传输函数，目的是在提交数据加密前修改交易请求中的目标账户，将客户资金转出。黑客更可修改转账金额，窃取客户资金。

（2）修复建议。要避免动态注入的风险，需要采用多种手段。如增加客户端动态应用层的反调试保护功能，避免客户端被特定的调试器工具实施动态调试，例如Ptrace、AndBug等，提高注入成本；同时使用可靠的客户端加固方案，增加黑客研究客户端、分析并劫持进程关键点的难度。

3. 个人账户及转账交易等敏感信息泄露

风险描述如表 7-15 所示。

表 7-15

漏洞描述	客户端账户登录以及账户查询时,应用程序输出的日志信息中含有身份证、银行卡卡号、账户余额等敏感信息、姓名等信息
利用场景	恶意程序可读取和过滤系统日志信息,可获取应用输出的银行账户等敏感信息
可利用性	容易
风险等级	高

当手机客户端 App 运行,客户端账户登录以及账户查询时,应用程序输出的日志信息中含有身份证、银行卡卡号、账户余额、姓名等敏感信息。恶意程序可读取和过滤系统日志信息,可获取应用输出的银行账户等敏感信息。

(1)测试实例。使用 logcat 显示系统输出的日志信息,含有登录时的身份证号码(见图 7-90)。

```
com.czbank.mbank       System.out      url------------>http://m.czbank.com/atompub_s/form/czb_login/MB0001?
com.czbank.mbank       System.out      app=czb&o=i
com.czbank.mbank       System.out      requestStr------>
com.czbank.mbank       System.out      v/NfjobnMvJUFYKXgJzJ6A==
com.czbank.mbank       System.out      request Accept ---> text/vnd.wap.wml
com.czbank.mbank       System.out      request Content-Type ---> application/x-www-form-urlencoded
com.czbank.mbank       System.out      request cookie ---> _session_id=9ce664a27e24f408dc896e83668e36f8
com.czbank.mbank       System.out      ResponseCode---->408
com.czbank.mbank       System.out      ex:java.io.IOException: 网络异常,请稍后再试!
com.czbank.mbank       System.out      str ====== 360782199110224431
com.czbank.mbank       System.out      str ====== WpMN0MVhbU+8dc79mTNFK06FgIbuMKNkaD68jxSJR3XF9bvsw31mmOoj/E
                                       1A
com.czbank.mbank       System.out      y5lpzgGSm0ZcliKDNn32r7IG0gg==
com.czbank.mbank       System.out      url-->http://m.czbank.com/czb/send_msg?flag=1&&app=czb&o=i
com.czbank.mbank       System.out      url--------->http://m.czbank.com/czb/send_msg?flag=1&&app=czb&o=i
com.czbank.mbank       System.out      requestStr------>
com.czbank.mbank       System.out      2q+PKTZZa80FLiOHkV7Drbo/fKvwwGThCztLCLGBFyMrk4dSmPgfF6rfRbLi
com.czbank.mbank       System.out      r0/+1GBMCkImopU1bObE7Q6axwSkQ5AVpWohzeHRDOcXc4J21GLdCwp1P1Gr
com.czbank.mbank       System.out      3F/1FQkA8GQ61CWK7G4cZ0RKvSvbpeIyDMbkLMT7jeRaPd53LWq7E5/1Kv/H
```

图 7-90 敏感信息泄露风险案例截图

银行卡卡号和余额如图 7-91 所示。

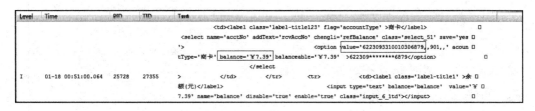

图 7-91 敏感信息泄露风险案例截图

(2)修复建议。在发布版本时,清除调试日志输出代码。

4. 短信验证码炸弹

在绑定设备的验证码中,并没有对手机号码与之前会话操作中的预留手机号码做比较,同时没有限制短时间内的尝试次数,通过发包可以重复发送验证码,甚至都不需要进行登录,直接发送相应的数据包提出一个发送验证码的申请即可。

(1)测试实例。过程如下:登录过程中的短信码数据包解密后如图7-92和图7-93所示,清空了设备号,将telno改成目标手机号码,重新将数据包封装回去,重新发包。

图 7-92　短信验证码炸弹攻击示例一

(2)修复建议。对一定时间内的短信发送请求次数作限制,同时接收手机号码应采用会话过程中的预留手机号码,而不是从数据包中取。

5. 我的账户设置别名

恶意攻击者可以通过修改数据包中的数据,来修改任意用户的别名。

(1)测试实例如图7-94所示。第一步 AcSwq 作为区分账号的核心参数,修改其值;第二步修改 AcNo 号,删除原来的银行卡号信息,留空;第三步修改 AcAlias 为新的别名。

重新加密封包,如图7-95所示。

登录目标账号查看,如图7-96所示。

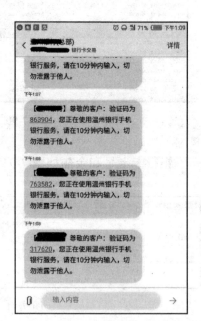

图 7-93　短信验证码炸弹攻击示例二

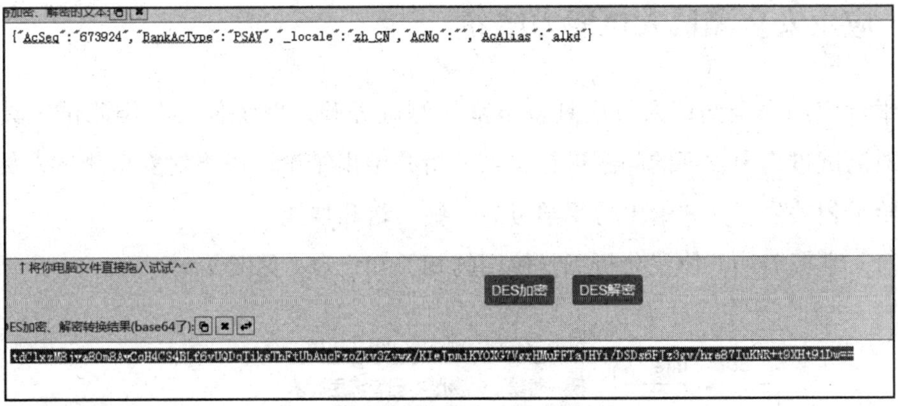

图 7-94　移动应用安全测试示例一

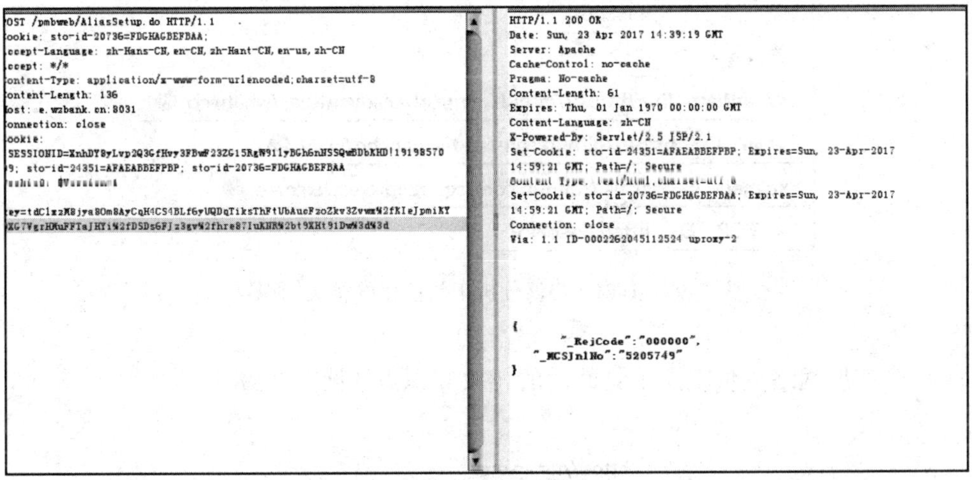

图 7-95　移动应用安全测试示例二

图 7-96　移动应用安全测试示例三

可以看到截图中的账户别名已经被修改。

（2）修复建议。通过 session 关联用户权限，对每个 action 做权限配置并且关联到用户应有的权限。

7.7 应用安全测试人员能力培养

银行应用安全测试人员应具备丰富的测试经验，熟练使用各类测试工具和平台，对测试过程中发现的问题进行深入分析并给出结论。以下对安全测试人员学习方向给予相关建议，并给出需要学习的一些书籍和技能。

（1）掌握 HTTP 协议分析工具使用的相关知识点（见图 7-97）。

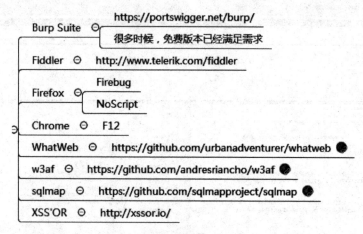

图 7-97　HTTP 协议分析工具使用的相关知识点

（2）掌握网络流量嗅探工具使用的相关知识点（见图 7-98）。

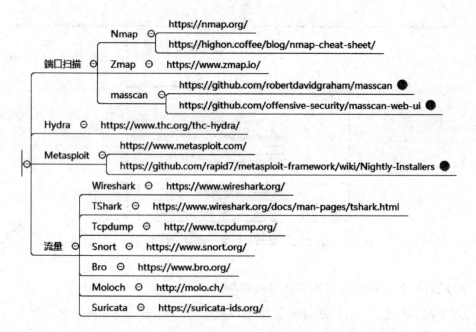

图 7-98　网络流量嗅探工具使用的相关知识点

（3）掌握漏洞测试的相关知识点（见图7-99）。

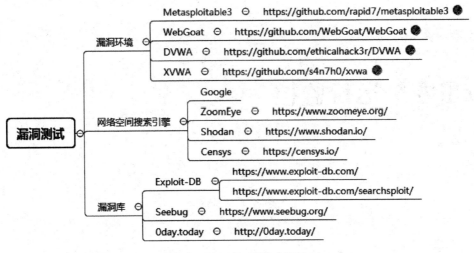

图 7-99　漏洞测试的相关知识点

（4）掌握渗透测试的相关知识点（见图7-100）。

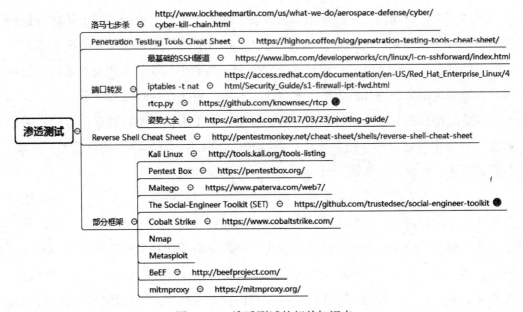

图 7-100　渗透测试的相关知识点

第 8 章

应用安全运行监控

8.1 应用安全运行监控概述

应用安全运行与监控是指应用系统开发、测试、验收合格后正式上线运行过程的监控。应用安全运行与监控是软件开发生命周期（SDLC）过程中的最重要也是持续时间最长的一个环节，位于软件开发生命周期的中后期。应用安全运行与监控是真正检验应用系统的开发成果、安全性、性能、可用性的最重要环节。

银监会出台的《商业银行数据中心监管指引》要求商业银行数据中心"应采用监控工具集中并且实时监控重要信息系统和通信网络运行状况，通过监测、采集、分析和调优，提升信息系统运行的稳定性、可用性和可靠性"。

银行互联网应用系统本质上是一类为银行专门设计的受控工程系统。根据钱学森阐述的工程控制论，应用系统的运行理论可以在控制论的范畴内加以研究，是关于受控工程系统的分析设计和运行的理论。互联网应用运行过程是可以应用运筹学的方法实现的，运筹学的具体方法包括线性规划、非线性规划、博弈论、排队论、搜索论、库存论、决策论、可靠性论等。我们根据应用特点，选择使用这些科学方法，可以对互联网应用的运行监控工程从系统监测、数据采集、过程分析到策略调优的过程进行合理的资源分配。

几乎所有的银行互联网应用系统都有共同的特性：为达到同一个目标，存在着许多控制策略，其中常见的包括硬件、操作系统、服务、性能、日志、安全、网络、业务、流量等。在应用安全运行策略方面，我们主要关注应用运行监控策略、网络运行监控策略、设备运行监控策略和业务运行监控策略四类。

对于小型互联网应用安全的运行监控策略，一般设监控范围内安全事件数量为变量，以安全事件对系统不造成一定破坏性影响为约束条件，可以应用线性规划的方式寻得最大值或最小值作为系统运行的最优值。当安全事件达最优值时，即启动安全防护手段。也可以根据最优值安排监控工具的监控频度及粒度。

对于复杂互联网应用系统，随着安全运行监控的变量增多，互联网带来的不确定性增加，单纯的线性规划已经无法得出最优解。这时就需要应用博弈论、决策论及可靠性论等方法进行安全策略规划及调优。

在实践中，为了便于指导安全运维人员操作，IT基础架构标准库（IT Infrastructure Library，ITIL）、业务流程管理（Business Process Management，BPM）以及在云计算时代产生的SaaS运维管理方式，应运而生。

8.2 应用安全运行监控内容

应用安全运行监控内容主要是通过监控应用系统的日常运行行为，形成统计数据。一般互联网应用运行监控包括：互联网应用资产、监控工具、监控内容、监控方法、监控平台以及分析决策平台等部分，详见图8-1。通过对这些维度的监控与分析，可以发现应用系统需求设计、开发过程的不足，也可以真实检验业务系统的性能承载能力、抗攻击能力，并为应用系统功能、性能的完善改进提供依据。

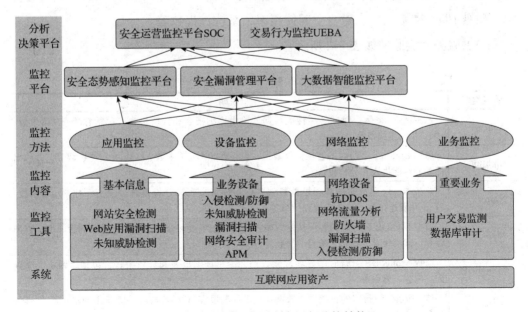

图8-1　互联网应用安全运行监控结构

应用运行安全监控的内容可以根据应用的特点进行设计，我们根据实践经验，建议监控如下内容。

（1）Web 应用监控如表 8-1 所示。

表 8-1

监控类型	说明
HTTP/HTTPs	HTTP/HTTPs 监控包括外网监控和内网监控 外网监控：监控 Web 站点中指定的任何 URL，获得可用率及响应时间统计分析报告 需要定时触发监控时，可以选择"定时监控"创建定时监控项目 内网监控：依靠采集器监控内网 Web 站点中指定的任何 URL，获得可用率及响应时间统计分析报告
Ping	Ping 监控包括外网监控和内网监控 外网监控：对指定的服务器进行 ICMP Ping 检测，获得可用率、响应时间、丢包率等统计分析报告 内网监控：依靠采集器对内网服务器进行 ICMP Ping 检测，获得可用率报告、响应时间、丢包率等统计分析报告
FTP	监控指定的 FTP 服务器，获得可用率及响应时间统计分析报告
DNS	监控指定的 DNS 服务器，获得可用率及响应时间统计分析报告，并获得各种 DNS 记录列表，支持 DNS 轮询（RR）
TCP	TCP 监控包括外网监控和内网监控 监控指定的服务器 TCP 端口，获得可用率及响应时间统计分析报告 依靠采集器监控内网服务器 TCP 端口，获得可用率及响应时间统计分析报告
UDP	监控指定的服务器 UDP 端口，获得可用率及响应时间统计分析报告
SMTP	监控指定的 SMTP 服务器，获得可用率及响应时间统计分析报告
TraceRoute	对指定的服务器进行 TraceRoute 检测，获得数据包在 IP 网络经过的路由器的 IP 地址

（2）设备性能监控。主要监控指标包括：CPU 使用率、CPU 负载、内存使用率、磁盘 I/O、网络流量、磁盘空间使用率、系统进程数等。

（3）服务性能监控如表 8-2 所示。

表 8-2

监控类型	说明
Apache	监控 Apache 运行时的各项性能数据并给出详细报表和分析报告，包括吞吐率（请求数/秒）、并发连接数等
Lighttpd	监控 Lighttpd 运行时的各项性能数据，包括吞吐率（请求数/秒）、并发连接数等，并给出详细的性能报表和分析报告
Nginx	监控 Nginx 运行时的各项性能数据并给出详细报表和分析报告，包括吞吐率（请求数/秒）、并发连接数、持久连接利用率等
MySQL	监控 MySQL 运行时的各项性能数据并给出详细报表和分析报告，包括查询吞吐率、查询缓存、索引缓存、连接、流量、表锁定等
MongoDB	监控 MongoDB 运行时的各项性能数据并给出详细报表和分析报告，包括库锁定、库查询、内存、索引等
Redis	监控 Redis 运行时的各项性能数据并给出详细报表和分析报告，包括已使用内存、执行命令数、命中率、连接数、Pub/Sub 等

（续）

监控类型	说明
Memcache	监控 Memcache 运行时的各项性能数据并给出详细报表和分析报告，包括命中率、消耗内存、连接数、内存使用等
Tomcat	监控 Tomcat 运行时的各项性能数据并给出详细报表和分析报告，包括 JVM 内存、线程、处理时间、请求数、网络流量等
IIS	监控 IIS 运行时的各项性能数据并给出详细报表和分析报告，包括请求频率、响应时间及 IIS 服务器、站点和日志统计
SQLserver	监控 SQLServer 运行时的各项性能数据并给出详细报表和分析报告，包括连接数、请求频率、sql 执行出错数等
Oracle	监控 Oracle 运行时的各项性能数据并给出详细报表和分析报告，包括并发性能、IO 性能、内存进程、表空间等

（4）业务监控如表 8-3 所示。

表 8-3

指标	规则
可用性	请求 单监测点：一次监测，返回状态码为 1XX、2XX 或 3XX 则为可用，否则为故障 多监测点：一次监测，所有监测点都可用，则为全部可用；部分监测点可用，则为部分可用；所有监测点都不可用，则为故障
	事务 单监测点：一次监测，事务的所有请求都可用才为可用，否则为故障 多监测点：一次监测，所有监测点都可用，则为全部可用；部分监测点可用，则为部分可用；所有监测点都不可用，则为故障
正确性	请求 单监测点：一次监测，断言正确则为正确，否则为错误 多监测点：一次监测，所有监测点的断言都正确，则为全部正确；部分监测点的断言正确，则为部分正确；所有监测点的断言都不正确，则为错误
	事务 单监测点：一次监测，事务的所有请求都正确才为正确，否则为错误 多监测点：一次监测，所有监测点都正确，则为全部正确；部分监测点正确，则为部分正确；所有监测点的请都不正确，则为错误
响应时间	请求：一次监测，请求结果返回的时间，包括 DNS 解析、建立连接、服务器计算、内容下载（不可用、不正确的不计算）
	事务：一次监测，事务中所有请求的响应时间总和（不可用、不正确的不计算）
可用率	请求：在单个监测点，请求可用率 = 请求可用次数 / 请求总次数
	事务：在单个监测点，事务可用率 = 事务可用次数 / 事务总次数
故障率	请求：单个监测点，请求故障率 =1– 请求可用率
	事务：单个监测点，事务故障率 =1– 事务可用率
正确率	请求：在单个监测点，请求正确率 = 请求正确次数 / 请求总次数
	事务：在单个监测点，事务正确率 = 事务正确次数 / 事务总次数
平均可用率	请求：多个监测点，先计算每个监测点的请求可用率，然后取所有监测点请求可用率的平均值
	事务：多个监测点，先计算每个监测点的事务可用率，然后取所有监测点事务可用率的平均值

（续）

指标	规则
平均正确率	请求：多个监测点，先计算每个监测点的请求正确率，然后取所有监测点请求正确率的平均值
	事务：多个监测点，先计算每个监测点的事务正确率，然后取所有监测点事务正确率的平均值
平均响应时间	请求 单监测点：一段时间内，某监测点、某请求响应时间的平均值（不可用、不正确的不计算） 多监测点：先计算每个监测点的请求响应时间的平均值，然后取所有监测点的平均值（不可用、不正确的不计算）
	事务 单监测点：一段时间内，某监测点、某事务响应时间的平均值（不可用、不正确的不计算） 多监测点：先计算每个监测点的事务响应时间的平均值，然后取所有监测点的平均值（不可用、不正确的不计算）
错误总时长	单监测点：指定时间内，某监测点的错误总时长 多监测点：指定时间内，所有监测点错误总时长之和
错误总次数	单监测点：指定时间内，某监测点的错误总次数 多监测点：指定时间内，所有监测点错误总次数之和
故障总时长	单监测点：指定时间内，某监测点的故障总时长 多监测点：指定时间内，所有监测点故障总时长之和
故障总次数	单监测点：指定时间内，某监测点的故障总次数 多监测点：指定时间内，所有监测点故障总次数之和

8.3 应用安全运行监控技术

随着银行数据大集中的实现，IT运维管理模式也由分散式管理转向了集中式管理，IT运维管理在应用系统数量规模、逻辑复杂程度和故障排除难度方面都面临新的挑战。传统被动的、孤立的、分散的"救火队"式IT运维管理模式已无法满足业务需求，建立一套集中运维监控管理体系成为必然选择。根据业界实践，在确保银行核心业务系统稳定运行的基础上，系统、科学、高效的运维监控体系是银行集中运维模式下实现精细管理的基础。

应用安全运行监控技术经历了从网络管理（Net Service Management，NSM）到IT服务管理（IT Service Management，ITSM），再到业务服务管理（Business Service Management，BSM）的阶段。伴随来到云计算的时代，云计算对信息基础设施的需求较高，主要表现为以下方面：高规模集成、智能化的新阶段发展、运行监控技术自动化转型等，如图8-2所示。

（1）NSM网络管理阶段。属于早期的企业IT管理，更侧重于对网络设备和硬件设备的管理，能够实时并统一监控网络中的底层设备。当网络环境中发现了问题或即将发生问题时，NSM会向网管发出警报，方便网管进行故障定位。

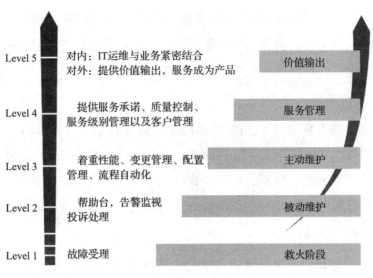

图 8-2　运维监控模式发展阶段

（2）ITIL 标准推动 IT 运维高端化进程。伴随着企业信息系统的日益成熟化和复杂化，企业的关注点也随之再发生悄悄改变，从原有的单点管理到如今的综合管理转变，从原有的单一网络到如今对业务系统的转变，都在诉说着企业信息化的成熟。20 世纪 80 年代，出现了 IT 基础架构标准库（IT Infrastructure Library，ITIL），该架构实现了底层的信息基础设施管理和上层的业务系统流程化管理。多家国内外巨头纷纷推出了基于 ITIL 的软件和实施方案。

（3）BSM 引领当前国际 IT 运维最新潮流。BSM 是一种 IT 与业务管理互相融合，互帮互助的模式。它以 ITIL 的流程框架为中心，并与业务流程管理（Business Process Management，BPM）进行整合，流程上实现 ITIL 服务提交和服务支持，作为管理者可以对 IT 服务状况作可视化管理，加快对 IT 系统的理解。让企业管理者省下来了解烦琐、复杂流程的大部分时间，更多地专注于决策上；而仪表盘可视化界面的展现方式，从多方面、多角度，让管理者一目了然；端到端的 BSM，既提升了企业的服务水平，也满足了高层们对业务系统的最佳表现，最终服务于整个企业的业务运营与决策。

（4）云计算将推动 IT 运维出现重大变革。伴随着云计算时代的到来，ITSM 本身提供的服务模式也将随之改变，软件运营模式（Software-as-a-Service，SaaS）将成为重点。IT 运维与 SaaS 的结合将引领 IT 运维的新潮流。

8.3.1　应用安全监控方法

目前，各商业银行都已经建立了大集中模式的 IT 核心业务系统。对于数据集中模式下的运维管理，各商业银行都在积极引进国外先进经验与管理工具，着手探索基于大集中模式下的、贴合自身业务需求的应用安全监控方法，力求实现运维操作自动化和运维监控自动化。常见的应用安全监控方法如下：

1. Web 运行监测

若能够主动的发现 Web 应用的风险隐患，并及时采取修补措施，则可以降低风险、减少损失。Web 应用安全监测设备能够根据管理者的要求，通过对目标站点进行不间断的页面爬取、分析、匹配，提供远程安全监测、安全检查、实时告警。下面从外部运行和内部行为两方面对 Web 运行监测方法进行介绍。

（1）外部运行监测：

- 多维度、全面、实时监测网站风险，可对目标站点的脆弱性、可用性、完整性进行高频率持续监测，一旦发生安全事件，及时告警，第一时间降低风险。
- 多源安全监测自动化，节省大量时间和成本，远程透明监测，无须改变网络架构。支持为不同网站设置不同监测策略，一次性配置好，系统即可进行自动化监测，并根据监测结果进行告警。
- 专家级统计分析报告，展示各级站点整体风险状况，支持各种趋势分析、汇总查看。

（2）内部行为监测。Web 访问行为监测主要针对 Web 业务系统的访问用户、访问源、访问途径、访问工具、访问时间的元素进行统计分析。以帮助管理人员了解 Web 行为的访问概况，并通过对其访问行为特征统计分析，发现一些业务违规行为。比如：

1）对访问时段访问统计与预警。按照时、天、周、月统计用户访问网站的访问次数和访问频度，并根据访问时段与访问频率生成基线，当发现基线中某一时段访问频繁持续性过高或过低，系统立即发送告警通知用户。

2）用户来源统计与预警。对用户的来源进行统计，可统计到用户访问的国家、省市等区域访问量百分比，如图 8-3 所示。

根据访问来源生成基线，当发现非基线中的异常的访问来源发起大量访问时，系统立即发送告警通知用户。同时针对每个用户的访问来源轨迹生成基线，当用户出现在另一区域访问时产生告警，可识别疑似盗号或其他行为。

1）用户喜好度分析。对用户访问网站的应用或商品进行统计分析，统计出用户喜好的应用或商品类型，并根据用户购买商品、购买时间等信息总结出用户的购买习惯。比如，用户在世界杯期间购买啤酒的同时又购买了花生、鸡腿等商品。根据各种用户购买习惯调整商业行为。

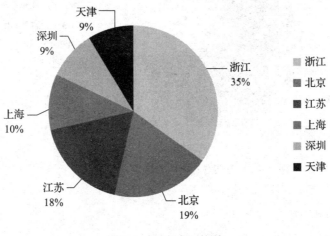

图 8-3　用户来源统计

2）用户访问页面统计。对用户访问的页面进行统计分析，统计访问量最高的页面百分比 TOP 和访问量最低的页面访问次数（见图 8-4）。统计页面访问量可让系统管理员了解网站中访问频率最高的页面，并根据统计信息调整网站发展方向。

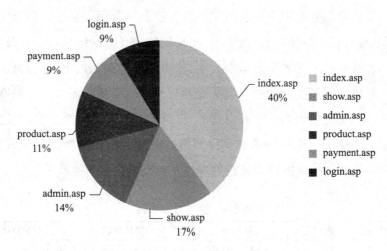

图 8-4　用户访问页面统计

3）用户访问页面预警。对访问次数最少的页面进行统计分析，这些页面有可能存在 Webshell、后门等安全问题，可定期发送页面统计给用户管理员，让其第一时间了解网站访问情况和异常页面（见图 8-5）。

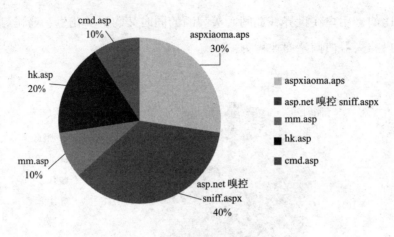

图 8-5 页面安全问题统计

2. 业务行为监测

业务是一个系统的核心,是一个系统的价值所在。一般一个银行的门户网站会链接大量的核心业务,包括个人网上银行、企业网上银行、网上商城、积分商城、电子银行、在线业务办理、费率查询等。这些业务接口可能会被恶意人员所利用,比如积分商城,就可能存在被人绕过身份认证系统,直接进行积分查询、积分增删、积分兑换的情况。另外,还可能存在洗钱、网银系统被盗的风险。

所以,非常有必要为用户每次的交易行为建立一套溯源系统,以每笔交易进行反推,溯源交易的方式(购物,转账)、交易的内容(交易的金额,收款方)、交易是否成功(余额不足,交易密码错误)、交易的用户、交易的 IP 等信息,便于用户进行溯源。具体范围至少包含所有有关交易应用(包括转账汇款、自助缴费、网上支付等应用)及交易的入口(登录页面)、出口(第三方支付平台),要进行全方面审计并监控。当交易产生时,通过审计系统的关联分析进行溯源,生成交易日志。交易日志应采用通俗易懂的语言进行展现,示例格式如表 8-4 所示。

表 8-4 交易日志示例

用户 IP	用户来源	用户名	交易时间	交易内容	交易结果	原始日志
1.1.1.1	杭州	6222×××	2014-06-02 22:44:00	6222×××用户转账500元,目标账号6333×××	成功	点击查看

针对重要的业务,系统需要对业务流进行建模,对用户的访问数据进行多次采样,生成业务逻辑基线。例如,图 8-6 为某银行订票网站的订票业务逻辑视图,一个普通订票用户的正常业务流程应该是先打开网站首页,然后填写时间、地点等行程信息进行查询,根据查询结果选择航班,最后填写详细的旅客信息并提交订单,

订单提交成功后就需要进行网银支付。但这样一个业务流，可能就会被某些不法分子所利用，如图中深色底纹的部分。

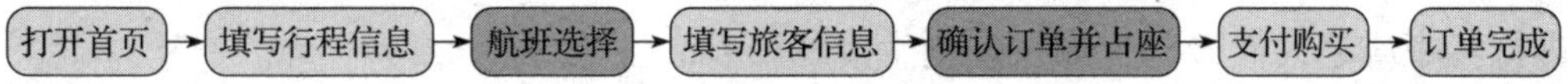

打开首页 → 填写行程信息 → 航班选择 → 填写旅客信息 → 确认订单并占座 → 支付购买 → 订单完成

图 8-6　交易流程示意图

比如，可能有人会非法连接到网站的航班查询部分，通过这个查询接口为自己的网站提供查询服务。甚至有竞争对手会通过机器提交大量的虚假订单占用机票，但就是迟迟不付款，使得机票无法销售，从而可以迫使客户选择其公司的机票。

对于这种业务越权操作的违规行为，通过建立业务流的访问行为轨迹模型，可以比较容易发现问题。一个正常的业务系统流程，它的访问流程轨迹通过长期的监控统计后，可能会形成如图 8-7 所示的"漏斗图"。

对于一个正常的订票业务而言，如果有 10 000 人查询网站，那么正式提交订单的可能只有 30% 左右，最后付款确认订单的也还是会损耗一部分，通过数量统计就会形成一个比较明显的业务漏斗图。但如果存在违规的机票占座行为，可能这个漏斗图就会变为另外一个样子，可能是查询环节远远大于订单提交环节，也可能是订单提交环节远远大于支付环节，甚至大于查询环节，那么基于订票业务流的访问模型就变成了图 8-8 中的样子。

图 8-7　交易流程"漏斗图"示例一　　　图 8-8　交易流程"漏斗图"示例二

通过对业务访问行为的统计分析，可以非常容易地判断出非法占座的业务违规行为。

另外，也需要通过对交易行为的长期分析，建立起其他业务行为的模型，以方便智能判断异常业务行为。异常行为预警：

1）异地交易。通过对用户访问来源的轨迹基线分析，监控用户是否在异地进行交易，如出现在异地转账则生成告警日志。

2）洗钱。通过对单个用户或单个 IP 的交易次数进行分析，监控用户是否频繁进行转账或超大额转账，如发现则生成告警日志。

3. 网络流量监测

网络流量监测是实现对网络运行状况掌握和管理的有效手段。借助网络流量分析，安全分析人员可以对已经发生的攻击行为进行多角度、全方位、可反复回溯的深度检测，从而更容易检测出潜在的入侵行为，发现被其他工具漏掉的攻击。同时，网络流量分析可以为用户识别和发现失陷主机、漏洞利用、高级木马通信、APT 攻击、数据窃密等已知和未知的安全威胁，对网络攻击进行定位和取证。这可以帮助安全分析人员从海量的数据中聚焦真正的入侵行为，从而缩短对 APT 攻击的响应时间，帮助用户提升安全分析能力和响应能力，最终降低安全损失。

网络流量监测技术根据对流量的采集方式不同可划分为：基于网络流量全镜像的监测技术、基于 NetFlow 的流量监测技术和基于 SNMP 的流量监测技术。

1）基于网络流量全镜像的监测技术。目前审计类和监测类安全产品用到的模式大多数为网络流量全镜像模式。其原理是在交换机上配置一个镜像端口或探针，将交换机流量无损复制和采集。它的优点是能监测应用层的信息。

2）基于 NetFlow 的流量监测技术。NetFlow 是基于数据交换方式的一种监测技术，其原理是：①利用标准交换模式处理数据流的第一个 IP 包，生成缓存。②遇到和缓存相同的数据时，不再重新匹配相关策略，并进行一次次数统计。③一个 NetFlow 流为源 IP 和目的 IP 固定的单向数据包流，且所有数据共享传输层源和目的端口号。其优点是能大幅度提高网络排错和异常流量监控的效率。

3）基于 SNMP 的流量监测技术。其原理是通过提取 Agent 提供的管理信息库（MIB）中收集的流量及有关信息来达到采集的目的。其优点是采集效率较流量全镜像大幅提高。

4. 设备运行监测

随着业务的高速发展，信息系统建设逐年增加，其配套的服务器、存储和网络设备也越来越多。IT 设备的快速增长，使信息系统的管理面临很大的运维压力，传统的人工巡检和排错的方式，已经无法满足业务系统对高可用性的需求。

IT 设备运行监测系统通过自动化的采集、分析 IT 设备的运行状态数据，以图形化的方式对分析结果进行展示，并对超出设置阈值的指标进行报警。

一套合适的IT设备运行监测系统首先应该能够尽量覆盖运维的所有场景，能够帮我们监视设备运行状态和安全威胁，下发安全策略和响应动作，并对运维的结果进行审计。另外，系统应该具有主流的数据开放接口，可以与云管理平台、IT运维平台、SIEM平台、CMDB系统等平台和系统对接，真正实现数据和策略互行互通，帮助用户提升管理效率。

IT设备运行监测技术分为软件监测技术与硬件监测技术。软件监测技术主要包括对软件产品的使用情况、用户的相关使用方式、软件产品的功能是否稳定等进行监测。硬件监测技术主要包括对网络内的网络设备、安全设备、服务器等硬件相关系统参数的使用情况进行监测，如设备运行状态、设备内存使用空间、硬盘使用空间、网络连接情况、设备的开机使用时间等。

在一个监测系统中，最为关键的应该就是数据采集模块了，作为整个监测系统的数据来源，一个高效全面的数据采集方式尤为重要。主要的设备数据采集方式如下。

（1）基于C/S（client/server）模式的数据采集。C/S模式即为客户端与服务器端模式。由于现在网络任务趋向于分布式，所以采用C/S模式可以将任务分解到各个客户端，客户端将用户请求或采集到的数据统一返回给服务器端，由服务器端进行数据分析处理，有的系统统一在服务器的Web端展示，有的系统则将数据分析的结果返回给客户端请求。C/S模式系统的优点在于可以将服务器端与客户端分别部署在地理位置相距很远的两台主机上，客户端与服务器端之间的通信基于TCP/IP协议，该系统架构在远程操作及分布式集群管理上具有很强的优越性，而且通常该体系一般由众多客户端与一个或几个服务器端构成，充分利用了两端硬件环境的优势，降低了系统的通信开销。C/S模式的缺点在于由于该系统架构依赖于客户端与服务器端的软件架构，所以被管理的系统都需要安装软件客户端，当被管理机器的数量很多时，安装软件客户端将会产生巨大的工作量。虽然现在很多自动化管理工具能够很好地解决这种批量安装的工作，但是对于一些无法安装软件客户端的网络结构而言，该模式将会产生巨大的瓶颈。

（2）基于SNMP简单网络管理协议的数据采集。如上所述，被管理的机器中必定会有一部分无法安装软件客户端的网络结构，即无法应用C/S模式的数据采集方法，而SNMP简单网络协议及MIB一同构成的SNMP数据采集系统的优势就在于此。SNMP也是一种特殊的C/S模型。由于SNMP协议的优越性，很多网络设备的厂家在设备出厂前便在设备中嵌入了SNMP服务。SNMP数据采集的服务器端是具有管理、发送指令等功能的软件，而SNMP数据采集的客户端则是被管理对象，如路由器、交换机、防火墙等。由于这些设备无法安装网络监控软件的客户端，所以需要依赖 SNMP 协议进行网络数据采集：由监控软件的服务器端运行进程实现对被管理端的监控，被管理端运行 SNMP 服务进程响应服务器端的请求，而被管理对象的各种网络参数存放在被管理端的 MIB 库中。服务器端将数据采集的请求等命令以 SNMP 报文的形式发送到被管理端，被管理端通过分析报文，查询 MIB 库将获取的网络数据返回给服务器端，从而完成网络数据的采集。

5. 安全漏洞监测

各行业的漏洞管理工作已经开展多年。在风险管理工作中，漏洞管理能够防患于未然，是投入和效果比最高的管理环节，已经得到各行业充分认识与广泛的基础建设和实践。一套行之有效的安全漏洞监测技术，可以使漏洞管理工作顺利开展。目前，漏洞监测通常采用两种策略，即主动式监测和被动式监测。主动式监测基于网络层面，通过执行一些脚本文件来模拟黑客对系统进行攻击，并记录下系统的反应，从而发现漏洞。被动式监测基于主机监测，对系统的漏洞及口令、策略的脆弱性进行监测。

根据所采用的技术特点，漏洞监测技术可分为以下四类。

（1）基于网络的检测技术。它采用积极向上的、非破坏性的一系列脚本模拟方法来检验系统是否有可能存在漏洞而被攻击崩溃，然后对结果进行分析。此外，它还会针对已知的网络漏洞进行检验。这种技术可以更进一步发现网络漏洞，但也会降低网络的性能。

（2）基于主机的检测技术。其以被动的、非破坏性的方法对系统进行检测。一般而言，它涉及操作系统的补丁、系统内核、文件属性等。基于主机的检测技术还包括简单口令剔除、口令暴力破解。通过这种技术可以发现系统的漏洞所在，也可以精准地锁定系统的问题，但是平台与此检测技术结合升级较为复杂。

（3）基于应用的检测技术。这种技术采用的方式是被动的策略，通过应用系统中的设置从而发现应用系统中存在的安全隐患。

（4）基于目标的漏洞检测技术。其采用积极向上的、被动的方式检查系统属性，如注册号和数据库等，需要经过一系列文件的加密方法和消息文摘算法进行检验。这种技术需要在一个闭环上，不断地处理文件、系统目标、系统目标属性，产生检验数，再把这些检验数同原来的检验数相比较。一旦发现和原来的检验数不同就发出警告。

6. 应用性能监测

随着分布式应用、云计算的不断深入发展，业务系统的逻辑结构正变得越来越复杂。目前，许多应用都是分布式的，应用也从早先的一个大程序演变成系列服务的形式，运行在不同平台上。这种应用的复杂性和灵活性对发现、定位性能问题提出了更高的要求。我们需要一种新的技术手段，来关注哪些问题影响了企业应用的性能和可用性，关注如何识别这些问题，如何确定它们的重要性及如何解决这些问题。

APM 是一款应用级别的专项监测工具。其通过汇聚业务系统各环节的实时数据，了解各项事务处理任务通过系统时所走路线的状况，从而实现更有价值的监测。同样地，只有了解最终用户的体验，才能知道应用是否发挥了应有的作用，因此我们需要了解应用为用户提供的服务好不好。总之，只有将最终用户体验与基础设施监测联系起来，做出的诊断才有意义。当用户体验不好时，我们无疑需要到基础设施中寻找根本原因。

APM 提供了一套全新的方法，从最终用户体验出发，应用先进的应用透视工具，通过衡量系统组件的性能和可用性，帮助确定在达到峰值使用率时可能出现的资源瓶颈，并快速进行故障隔离。

（1）应用性能实时监控：

- 运行基线可视化。运行基线是业务系统 APM 关键指标数据的基准线，综合反映业务系统在一定时间内的运行常态。系统可提供不同时间周期的基线，包括日基线、周基线、月基线等。运行基线可用于应用运维监控动态变化的情况、问题预警、问题分析等。
- 服务路径可视化。应用完整交付链需要感知业务交易过程中的各个环节。服务路径以最直观的形式对系统维护人员呈现业务系统的运行方式。系统支持业务拓扑节点的自发现，并提供图形化配置界面，依据自发现的各服务节点应用组件，快速绘制应用拓扑图。
- 组件性能可视化。除监控某服务组件的应用性能指标外，还可以查看任意时刻服务组件运行的 SQL 语句、HTTP 请求等详细信息。系统还记录该服务组件任意时刻发生的错误信息，如错误的 SQL 语句或 HTTP 请求。
- 关键交易可视化。可从识别出的所有业务交易中筛选出感兴趣的交易作为关键交易。系统可对关键交易设置不同的监控指标，详细查看这类关键交易的平均响应时间、应用性能数、并发用户数、错误率趋势图等，还可以查看返回码分布及最新节点告警情况。

（2）快速故障隔离。APM 具有全局观，每个业务环节的实时监控结果，能够自动帮助系统维护人员确定出故障的环节。之后，运维人员就能够应用传统的专项工具进行更专业的故障排查。与协同座谈会相比，该方法将极大减少运维人员确定故障环节的时间。

- 实时状态扫描。通过雷达图，配合最直观的红、黄、绿三色，运维人员能够实时观察应用系统的整体状态。
- 阈值预警。系统支持应用性能指数、平均响应时间、成功率、错误数、吞吐量超阈值预警，支持为业务节点、关键交易设定静态阈值。
- 问题初步定位。系统通过对服务组件间、监控指标间的关联进行分析，可以确定各组件、各指标间的内在关联关系，它们可用于问题初步定位、根源分析、回溯分析及趋势预测等。

系统每分钟生成的运行快照，可用于回溯分析。利用时间轴技术，运维人员可对应用系统监控指标的历史数据进行智能分析、挖掘、检索等，完整还原某个历史时点业务系统运行情况。

关系分析和回溯分析可帮助问题初步定位。当业务系统运行发生问题后，系统在应用拓扑图中定位至具体的服务组件，提供与问题关联的具体监控指标，为问题根源分析奠定基础。

问题初步定位后，运维人员即可针对问题组件，使用各种专项工具对问题根源进行分析。

- 异常记录与跟踪。如果是由访问错误引起的异常，系统还会自动保留错误发生时的 URL 或 SQL 语句、调用参数、错误码和错误信息。

7. App 渠道监测

由于缺乏统一的市场监管和安全审查机制，网络上的移动应用 App 鱼龙混杂，盗版应用肆意横行。非专业人士根本分不清正版和盗版，若普通用户下载了恶意盗版应用则难以察觉。

究其根本，是移动应用 App 的完整性面临反编译、篡改钓鱼、动态注入等安全风险，这为各种钓鱼应用的出现提供了可能。钓鱼应用主要有两种形式。一种是直接篡改现有应用，加入恶意代码，进行重新发布。从外表上来看，其与正版应用的 logo、色彩、标识是一模一样的。另外一种是制作外观极为相似的应用，其实为采集用户信息的钓鱼应用，诱骗用户上当下载。

渠道威胁感知主要通过相似度分析和恶意应用分析等技术发现各应用商店上可能存在的钓鱼、仿冒等恶意应用，分析恶意应用可能存在的收集用户信息、转发用户短信等恶意行为。

（1）相似度分析技术。其采用基于距离向量的相似度分析技术，主要用于发现钓鱼应用。其主要可以用于发现以下两种恶意应用：

1）篡改后二次打包的钓鱼应用。通常，该种钓鱼应用与正版应用在配置、activity、文件数量、文件大小等关键信息的多个维度的相似度都很高，但由于签名证书不易伪造，所以主要通过对比证书的距离向量进行识别。

2）模仿外观并采集用户信息的钓鱼应用。通常，该种钓鱼应用与正版应用只在界面相似度等维度的相似度较高，而在配置、文件数量、文件大小、签名证书等多个维度的相似度均较小，故识别方式较多。

（2）恶意应用分析技术。恶意应用分析技术用于发现恶意代码并分析其功能。其主要技术包含两个部分：静态分析和动态分析。

1）静态分析：对多杀毒引擎进行静态分析，包括基于代码指令特征码查杀引擎、启发式查杀引擎和第三方合作安全厂家的查杀引擎。

2）动态分析：对基于恶意的行为进行检测判定，包括对短信、语音、通信录等恶意操作及对其他进程的恶意操作等，重点是对操作的指令码的行为分析。分析模块对应用程序进行指令码的行为分析，检测内容包括能够被恶意或可疑软件利用的行为点。

（3）渠道数据监测。银行应用与用户的经济、财产相关，具有更高的敏感性。其运营与监控针对的是手机银行账户被盗、手机 App 应用盗版及下载情况等渠道监测。

渠道监测包括移动 App 钓鱼及盗版应用监测、新版本发布监测、渠道发布链接监测、渠道下载监测、客户端版本对比统计，通过对这几个方面的监测与分析，开发者可以及时、准确地获知自己的应用 App 的发布状态及仿冒、盗版应用的上架情况，从而有效地避免自己的合法权益受到损害。

一旦下载了盗版或恶意的 App，用户使用这些含有恶意代码的钓鱼应用时，它们会盗取用户的重要信息，这对银行的声誉会造成极大的影响。所以，在监测过程中，对移动 App 钓鱼及盗版应用监测应成为重点。此外，为了保证用户能及时获取并有效下载 App，对渠道有效链接数据的分析也是监测的重点。

8.3.2 应用安全监控工具

1. 抗 DDoS 设备

通常而言，在互联网上使用 TCP/IP 协议传输的数据单位原本是没有危害的，但是为什么其依然会造成网络设备或服务器过载，DDoS攻击的工作原理是什么呢？通过分析我们发现，一方面是这些数据包中的异常报文越来越多；另一方面是数据包利用某些协议的欠缺或不够完备的地方构造合法请求，造成网络设备或服务器正常响应，从而迅速消耗系统资源，造成拒绝服务。非法流量和合法流量相互混杂，造成DDoS攻击难于防护，例如IDS系统，该系统基于特征库模式匹配，所以很难从合法的数据包中区分出非法报文，且一般防护手段和措施无法有效识别DDoS攻击。同时，许多DDoS攻击采用了伪装源地址IP的技术，令基于模式监控的工具识别失效，从而使其可以躲避识别。

DDoS攻击大致分为下列几种类型：

- 带宽型攻击。这类DDoS攻击的原理是通过发出海量数据包造成网络设备负载超高，从而耗尽网络带宽或设备资源。通常被DDoS攻击的服务器、路由器和防火墙的设备处理资源都十分有限，高负载之下不能正常处理合法的访问，从而造成服务拒绝访问。
- 流量型攻击。其最常见的攻击形式是Flooding。这种攻击把海量看似正常合法的TCP、UDP、ICPM包发送至攻击目标主机，甚至有些攻击还采用伪造源地址的技术来避开检测系统的监控识别。
- 应用型攻击。其攻击原理是利用如TCP或HTTP协议的某些特征漏洞，持续大量占用目标设备资源，使其无法处理合法的正常访问请求。例如，HTTP Half Open或HTTP Error等方式的恶意攻击。

抗DDoS系统具备如下优势：

1）精准的攻击流量识别，如流量建模、反欺骗、协议栈行为模式分析、特定应用防护、用户行为模式分析、动态指纹识别等。

2）强大的攻击防护能力，能抵御SYN Flood、SYN-ACK Flood、ACK Flood、FIN/RST Flood、UDP Flood、ICMP Flood、IP Fragment Flood、Stream Flood等。

3）海量的攻击防护性能，支持多台设备通过BGP路由负载均衡和portchannel方式进行扩容。

4）灵活的应用部署方式，包括串联、旁路及旁路集群等不同方式。

2. 网络流量分析设备

随着近几年来商业银行各类互联网业务的快速增长，网络上各节点的带宽也迅速增加，商业银行在基础网络设施建设方面的投入也逐年加大。同时，飞速发展的互联网业务与基础网络建设工作也带来了日益凸显的网络安全问题，加上网络攻击成本和技术门槛大幅下降，导致各种恶意攻击与异常流量大量出现，这使得信息安全形势更为严峻。在这种网络流量成分日益复杂，恶意流量大量涌现的情况下，各商业银行有必要对网络流量进行深度挖掘分析，全面了解各类网络流量的分布及变化趋势，从而对目前网络状况有更细致清晰的了解，并借此制订出更有效的信息安全防护方案。

网络流量分析设备是一款基于 Flow 技术，结合网络流量分析技术的流量分析和异常检测产品。其提供网络状况的实时监控、网络攻击异常的实时告警，为保障网络环境的安全提供决策依据。

- 全网状况实时监控。系统通过对网络中的流量数据进行采集和分析，能够对全网状况进行实时监控，帮助网络管理员建立全网的视角，纵观网络的状况与趋势变化，及时掌握网络负载情况及网络应用资源的使用情况。
- 准确详尽的流量分析。系统基于多年来对 Flow 数据的检测分析经验，不断改进流数据分析算法，保证对差异复杂的现网环境均能够提供准确的分析。网络流量状况监控的对象包括互联网出口、重要业务、特定子网、关键服务器等，分析的维度包括总流量、TOP IP、TOP 端口/应用、TOP 端口等。根据对象在不同维度的关联分析，可以了解其不同时段网络的成分信息、流向信息和趋势信息。
- 强大的异常检测功能。针对网络中的异常状况，系统提供强大的异常检测功能。异常检测的类型包括流量超常、带宽超常、DDoS 攻击、Dark IP 异常、私有 IP 异常等。系统采用智能的动态基线生成算法，通过一段时间对学习对象的流量特征分析、建模，智能生成该对象多维度的网络特征。
- IPv4/v6 环境分析检测。针对网络由 IPv4 向 IPv6 的变迁趋势，系统全面支持 IPv4/v6 网络环境，覆盖 IPv4/v6 网络环境下各种 DDoS 攻击威胁，有效保护客户投资。

3. 防火墙设备

防火墙通过对 IP 和端口的访问控制来达到底层防御的目的。新一代防火墙是为应对当今日益严重的 Web 安全问题而诞生的一款产品，它上升到了应用层防御，可以提供网络地址转换、流量加密传输等基础网络功能，并能识别流量的 IP 地址、端口、协议类型、应用名称等信息，以帮助客户屏蔽非业务需要的、可能存在潜在风险的流量。该产品普遍适用于网络边界的安全防护、出口网络建设、内部网络隔离、数据加密传输、上网行为管理等场景，是金融行业网络建设必不可少的重要设备。它有以下功能：

- 网络出口防护。新一代防火墙可以提供网络地址转换功能，连通内网与外网，同时提供多出口的智能选路，保证带宽利用率，禁止外网对内网的随意访问。
- 网络隔离。新一代防火墙可将不同安全级别、不同功能分类的网络隔离开，控制非授权访问的出现，减少数据信息暴露在所有人面前的机会。
- 流量加密。新一代防火墙让不同的分支之间、在外办公的员工和公司总部之间都能够建立起一条可信的、加密的流量通道，保证数据信息不会在网络中被非法获取。
- 上网行为管理。新一代防火墙可以控制每个上网用户的流量大小，屏蔽P2P、在线视频等消耗网络带宽的应用，控制QQ等聊天工具的使用，禁止对恶意网站的访问，限制文件和非法言论的外传。
- 综合安全防护。新一代防火墙可以对服务器及内网主机提供安全防护，防止蠕虫、木马、SQL注入攻击、恶意扫描、病毒、恶意代码等攻击对内网主机系统和信息资源造成损害。

4. 入侵检测/防御设备

随着网络的发展，网络应用不断丰富，Web 2.0应用快速向业务环境渗透，大量应用建立在HTTP等基础协议之上，或者随机产生端口号，或者采用SSL加密等方式来隐藏内容，使应用层面临的恶意威胁越来越多。恶意威胁包括：应用层攻击、恶意文件攻击、用户身份攻击、异常行为攻击、IPv6所带来的安全问题等。

随着这些问题的产生，我们需要一个能和防火墙做联合防御的产品，故入侵检测和入侵防御应运而生。入侵检测旁挂在主干线路上，只检查攻击，不做实时拦截。入侵防御串联在线路中，能进行实时的攻击拦截。相对入侵检测的性能要求来说，入侵防御的性能要求更高。入侵防御具有如下特点：

- 入侵防护。实时、主动拦截黑客攻击、蠕虫、网络病毒、后门木马、DDoS等恶意流量，保护银行信息系统和网络架构免受侵害，防止操作系统和应用程序损坏或宕机。
- 数据泄露防护。数据泄露防护能够基于敏感数据的外泄、文件识别、服务器非法外联等异常行为进行检测，实现内网数据的外泄防护功能。
- 防病毒。采用流扫描技术+启发式检测技术，检测性能高，检测率高。针对全球热点病毒，进行快速检测，并能够实时阻断。
- 流量控制。阻断一切异常用户流量（如非授权用户流量等），使网络资源得到有效管理与合法利用，从而保证了关键业务全天候正常运行。通过对关键业务带宽的保障，不断提升各商业银行的IT产出率和收益率。
- 应用管理。通过全面监测和管理P2P下载、即时通信、在线视频、网络游戏，以及在线炒股等各类网络行为，协助企业识别非授权网络应用流量并进行有效限制，使各商业银行可以有效贯彻执行本行信息系统安全策略。

5. 未知威胁检测设备

未知威胁分析设备可以检测和防御进入企业的各类恶意软件，检测通过网页、电子邮件或文件共享方式试图进入企业网络的病毒、蠕虫、木马，以及高级恶意软件、APT威胁和勒索软件。尤其是后者，这类恶意软件具备强大的抗逃避能力，APT攻击还可能使用零日攻击的方式，这使传统的防病毒引擎很难发现它们。未知威胁分析设备集成了云端信誉、静态分析和动态虚拟执行技术，可以有效地发现这些攻击行为，有效地遏制由此带来的风险，如敏感信息泄露、勒索加密、业务中断等。通过及时、准确地检测高级恶意软件，在最关键的位置阻止攻击者的对内渗透，可以保障内部关键IT资产和业务的安全。

- 检测已知攻击和零日攻击，抗逃避能力强：基于不依赖已知攻击特征的虚拟执行技术，可以检测利用零日漏洞及其他传统防病毒引擎无法检测的高级恶意软件。不同于沙箱技术仅在行为层面进行检测，未知威胁分析设备可以通过内存指令级分析，在漏洞利用阶段发现攻击，对抗针对沙箱技术的逃避技术。
- 检测恶意软件全生命周期活动：对恶意软件在终端的整个活动进行分析，跟踪漏洞利用、软件下载、回连命令控制服务器外传数据等恶意软件各阶段的活动行为。
- 分析应用协议及文件类型全面：覆盖主要的传输协议，如HTTP、SMTP、POP3、FTP等，同时可以对黑客利用的主要文件类型进行全面检测，包括Office文档、PDF、Flash等，并可对压缩文件进行检测。

❏ 检测精确：基于恶意软件在模拟环境下运行的真实行为做判断，误报的概率可以忽略不计，使安全专家聚焦响应真正的威胁，保障安全运维的效率和效果。

6.Web 应用防火墙设备

Web 应用防火墙（简称 WAF）是通过执行一系列针对 HTTP/HTTPS 的安全策略来为 Web 应用提供保护的一款产品。WAF 既有根据用户不同的需求量身定制适合网站边界防御或网站代理模式的硬件产品，也有部署在网站服务器上的软件产品。WAF 用黑、白名单机制相结合的体系，通过精细的配置将多种 Web 安全检测方法联结在一起，并整合了成熟的 DDoS 攻击抵御机制，能够在 IPv4、IPv6 及二者混合环境中抵御 OWASP Top 10 等各类 Web 安全威胁和拒绝服务攻击，并以较低的运营成本为各银行提供透明在线部署、路由旁路部署、镜像部署和云部署，使各行能方便快捷地部署上线，从而保卫银行业的 Web 应用免遭当前和未来的安全威胁，其工作机制如图 8-9 所示。

图 8-9 WAF 工作机制

WAF 具备如下特点：

❏ 多种基于规则的检测。基于规则的防护功能包括：Web 服务器漏洞防护、Web 插件漏洞防护、爬虫防护、跨站脚本防护、SQL 注入防护、LDAP 注入防护、SSI 指令防护、XPATH 注入防护、命令行注入防护、路径穿越防护和远程文件包含防护等。

❏ PCI-DSS 合规检查。能够结合当前防护站点的安全配置，按照 PCI-DSS 的合规要求对用户资产环境做出是否合规的判断，并在此基础上提出满足 PCI-DSS 合规的配置建议。

❏ 多层次的安全机制。基于用户资产分层的特性，WAF 将防护层级也进行了细分：默认防护层作用于站点对象；自定义防护层作用于详细资产，即具体的 URL。

7. 主机漏洞扫描设备

主机漏洞扫描设备是结合漏洞挖掘和安全服务实践经验的漏洞管理产品，它能够全面发现信息系统存在的各种脆弱性问题，包括安全漏洞、安全配置问题、应用系统安全漏洞，检查系统存在的弱口令，收集系统不必要开放的账号、服务、端口，并形成全方面的安全风险报告。其特点如下：

（1）能够快速定位风险类型、区域、严重程度，直观展示安全风险。

（2）能够结合安全管理制度，支持安全风险预警、检查、分级管理、修复、审计流程，并监督流程的执行。

（3）能够提供多种灵活部署方式，适应复杂的网络环境下的部署，并尽量控制安全建设成本。

（4）能够在虚拟化环境、IPv6 环境中部署和检测其脆弱性。

8. Web 应用漏洞扫描设备

近年来，Web 应用系统已广泛出现于各大公共领域及个人领域，在此基础上，Web 应用系统也因其共享、开放、互联等特性，频繁遭受黑客 Web 攻击，如 SQL 注入、网页挂马、跨站脚本等攻击。Web 应用安全事件也层出不穷，极大增加了网站运行维护部门的压力。这些事件给企业的形象、信息系统及网络甚至核心数据业务造成了严重的损害，导致金融机构门户乃至各级政府的形象受到重大损害，社会公信力急剧下降。若能够主动及时发现网站存在的风险隐患，并在第一时间采取修补措施，则可以有效降低风险，减少金钱、名誉乃至形象的损失。Web 应用漏洞扫描系统具有配置便捷、检测全面有效、分布式部署等多项优点，成为各商业银行及相关监管机构进行 Web 应用安全评估时常备的重要工具。系统简单设置后即可自行获取网站包含的相关信息，从多方面用多手段的方式模拟用户对网站进行访问的各种行为，例如模拟用户执行鼠标移动、按钮点击、表单复杂填充等操作，通过 Web 应用漏扫系统内建的多个安全模型来检测用户 Web 应用系统及其登录界面潜在的各种应用漏洞，从而使安全合规检查工作变得精准而高效。

9. 安全配置核查设备

信息化建设中，信息安全风险检查与评估是信息安全保障工作的基础性工作和重要环节，贯穿于网络和信息系统建设、工程验收、运行维护等设备运行的全部生命周期。很多大型企业及政府机构都明确要求进行定期安全风险检查，并颁布了明确的信息系统安全风险检查指导性文件。信息系统配置操作安全是减少安全风险的重要环节。安全配置错误一般是人员操作失误导致的，而满足大量信息系统设备的安全配置要求，对人员业务水平、技术水平要求相对较高，行业规范和等级保护纲领性规范要求让运维人员有了检查安全风险的标杆。但是，面对网络中种类繁杂、数量众多的设备和软件，如何快速、有效地检查设备，如何集中收集核查的结果，以及如何制作风险审核报告，并且最终识别那些与安全规范不符合的项目，以达到整改合规的要求，这些是网络运维人员面临的难题。

安全配置核查设备具备符合多个行业安全配置要求的安全配置知识库，可全面指导 IT 信息系统的安全配置及加固工作，保障安全运维并满足行业规划要求。通过自动化的程序进行安全配置检查，从而可节省传统的手动单点安全配置检查的时间，并避免传统人工检查方式所带来的失误风险，同时能够出具详细的检测报告。这可以大大提高检查结果的准确性和合规性，节省时间成本，让检查工作变得简单。丰富、权威的安全配置检查知识库，为业务系统安全配置检查及加固提供了专业指导。

（1）结合等级保护进行安全配置检查，围绕等保定级开展业务系统资产管理、安全配置检查，并出具安全配置报告和建议，保障等级保护工作准确高效执行。

（2）结合授权认证系统进行自动化安全配置检查，减少人员维护业务系统账号的工作量，减少失误带来的账号信息泄露风险，提高安全配置检查工作效率。

（3）多种部署和管理方式，使其可以简单地嵌入安全管理体系中，并为集中安全管理系统提供基础数据，为安全管理提供全面准确的安全配置风险依据。

10. 应用性能检测设备

应用性能管理在当今时代属于一个比较具有前瞻性的网络管理方向，主要指对各行业的重要业务应用进行合理的优化与实时监测，提高各行业业务应用的可靠性和质量，以确保业务的稳定性，保证用户能得到最好的服务，降低 IT 运行总成本。一个金融机构的重要业务应用的性能强大，可以提高其在业界的核心竞争力，并助其名利双收。因此，加强应用性能管理可以带来巨大的商业价值，并产生巨大的商业利益。

在过去，金融机构的 IT 部门在测量系统性能时，一般会着重以为最终用户提供服务的硬件组件的利用率作为测量依据，如 CPU 利用率、内存使用量及网络中流量的大小。这些方法虽然能够发现一些问题，但往往忽视了最重要的核心因素——最终用户的响应时间。现在，我们通过对最终用户事务处理的过程监测、模拟用户操作等手段，可真实测量并反映用户响应时间，而且还能记录、报告哪位用户正在使用某一应用程序、该应用程序的使用次数及使用时间，记录该用户是否成功完成了该事务的处理，这些数据对评估业务系统性能至关重要。

应用性能检测设备通过对日志的分析能够快速定位应用的系统性能故障，如数据库死锁等问题，同时也能够为优化系统性能提供不可多得的参考数据。

11. 网络安全审计设备

安全审计设备（Security Audit System）在金融行业机构复杂网络的环境下，可以保障重要业务系统和网络信息数据不受来自非法用户的破坏、泄露、窃取。审计设备运用各种技术手段实时监控网络环境中的网络行为、通信内容，以便集中收集、分析、报警、处理。

安全审计系统的主要特点如下：

- 细粒度的网络内容审计。安全审计系统可对网上银行访问、手机银行访问、电子银行访问、内外网邮件收发、远程终端访问、数据库访问等业务进行关键信息监测、还原。
- 全面的网络行为审计。网络安全审计系统可针对用户的各类网络行为，如网络游戏、URL 访问、论坛、即时通信、P2P 下载、在线视频等，提供全面有效的行为监控，为事后调查取证工作提供巨大便利。
- 综合流量分析。网络安全审计系统可对网内各类数据流量进行全面分析，从而为网络带宽资源的合理管理与有效利用提供合理可靠的策略依据。

总之，安全审计设备将传统的安全检测防护手段与网络安全审计技术结合，通过各项技术的不同功能点的相辅相成，从而为金融机构搭建了一个全维度、全方位的信息安全保障管理体系。

12. 数据库审计设备

数据库审计设备是一款基于数据库协议分析与控制技术的数据库安全监控系统，其可实现数据库的访问行为监控、危险操作告警、可疑行为审计。

不同于传统的网络审计产品，数据库审计设备采用数据库通信协议解析（SQL 协议分析），根据预定义的风险和例外规则对数据库非法违规操作行为进行实时监控，并基于响应的设置产生实时告警，为数据库保驾护航。

在满足合规性审计的基础上，数据库审计设备针对网络环境下的数据库进行自动发现和自动添加，实现即插即用的数据库审计实施需求，并且会在一定程度上对网络中未知的数据库信息进行有效梳理。

数据库审计设备基于全局多库、数据库组和单一数据库进行多维的统计和分析，多层钻取、层层筛选审计焦点，实现一钻到底的分析能力，帮助运维人员高效完成审计日志分析和风险定位。

除了常规的风险行为审计功能之外，该系统还可针对应用端的恶意入侵行为进行审计和告警，如数据库漏洞攻击行为和 SQL 注入攻击行为。

13. 网站安全监测设备

随着 Web 应用使用日益广泛及其蕴藏价值的不断提升，其引发了黑客的攻击热潮，如网站内容被篡改、页面被植入木马、被 DDoS 攻击造成业务中断、网站机密信息被窃取等安全事件反复发生，这极大地困扰着网站提供者，给其企业形象、信息网络甚至核心业务造成了严重的破坏。

若能够建立一套主动式网站安全监测系统，及时发现网站的风险漏洞，实时监测网站的安全状况，发现问题后及时采取修补措施，则可以降低影响并减少损失。网站安全监测设备能够根据站点管理者的监管要求，通过对目标站点进行不间断的页面爬取、分析、匹配，为网站提供远程安全监测、安全检查、实时告警等服务。该系统也可以作为构建完善网站安全体系的最好补充。

主动式网站安全监测系统可以采用如下手段来监控网站的运行状态：

（1）网页挂马及黑链监测。系统远程实时监测目标站点页面的挂马情况，准确识别网站页面中的恶意代码及黄赌毒广告类黑链，使网站管理员能够在第一时间得知自己网站的安全状态，以及时清除网页木马、清除黑链，避免给访问者带来安全威胁或影响网站信誉。

（2）网页篡改监测。系统远程实时监测目标站点页面状况，在发现页面被篡改时，在第一时间通知用户。用户可参考系统提供的安全建议及时修复被篡改页面，避免篡改事件影响扩散，从而避免给自身带来声誉损失和法律风险。

（3）网页敏感内容监测。系统远程实时监测目标站点页面状况，发现页面出现敏感关键词时，在第一时间通知用户。用户可参考系统提供的安全建议及时删除敏感内容，避免事件影响扩散，从而避免给自身带来声誉损失和法律风险。用户也可以自定义所关心的敏感关键词。

（4）网站域名监测。系统从运营商网络线路发起 DNS 解析探测，一旦发现用户域名无法解析或解析不正确，在第一时间通知用户。用户可参考系统提供的安全建议恢复域名正常解析，避免域名不可用给访问者带来不好的体验。

（5）网站平稳度监测。系统从运营商网络线路远程实时监测目标站点在多种网络协议下的响应速度、首页加载时间等反映网站性能状况的内容，一旦发现网站无法访问，在第一时间通知用户。用户可参考系统提供的安全建议优化网站性能，避免网站业务中断或响应延迟给访问者带来不好的体验。

8.3.3 应用安全监控平台

在应用安全运行监控工作中，使用安全监控工具对互联网应用资产进行监控，会收集到海量的设备运行数据、业务运行数据、网络运行数据、安全事件数据，若要对这些数据的收集、存储、展示、查询和分析，则必须使用应用安全监控平台。我们将应用安全监控平台分为两类，一是监控平台，二是业务分析决策平台。其中，常见的安全态势感知平台、安全漏洞管理平台、大数据智能监控平台是第一类平台，安全运营监控平台（SOC）、交易行为监控平台（UBEA）是第二类平台。

1. 安全运营监控平台

安全审计作为企业信息安全建设不可缺少的组成部分，是企业安全保障体系中的重要组成部分，逐渐受到用户的关注。

安全审计包含运维安全审计、安全日志审计。

运维安全审计系统，是在一个特定的网络环境下，为了保障网络和数据不受来自内部合法用户的不合规操作带来的系统损坏、数据泄露，从而实时收集和监控网络环境中每一个组成部分的系统状态、安全事件、网络活动，以达到集中报警，并记录、分析、处理的系统。

功能方面，其具备核心系统运维和安全审计管控两大功能；技术方面，它通过切断终端计算机对网络和服务器资源的直接访问，采用协议代理的方式接管终端计算机对网络和服务器的访问。换言之，它就像是一个忠实的门卫，所有对网络设备和服务器的请求都要经过其看守的大门。作为门卫，终端计算机对目标的访问，均需要经过它（运维安全审计）的查验。因此，运维安全审计能够有效拦截非法访问、恶意攻击等，并对不合规字符、命令进行输出阻断，过滤掉所有对目标设备的非法访问行为。

与此同时，我国国内相关职能部门亦在内部控制与风险管理方面制定了相应的指引和规范。由于信息系统的脆弱性、技术的复杂性、操作的人为因素，在设计以预防、减少或消除潜在风险为目标的安全架构时，引入运维管理与操作监控机制，以预防、发现错误或违规事件，对IT风险进行事前防范、事中控制、事后监督和整改的组合管理是非常重要的。

IT系统审计是控制内部风险的一个重要手段，但IT系统构成复杂，操作人员众多，如何有效地对其进行审计，是长期困扰各单位的信息部门和风险稽核部门的一个重大课题。如何对内部"信息中心"进行有效的安全把控，现已成为政府和金融企业必须面对的重要问题。

IT系统的广泛应用是一柄双刃剑，一方面带来了规范、便捷、高效的办公流程和业务模式，一方面也引发了安全性问题，以及内部运维的防御难、控制难、追溯难等问题。这些问题威胁着信息的安全，如内部业务数据被篡改、泄露、窃取，恶意传播病毒，在服务器访问非法网站、误操作，在重要服务器上乱操作等。

由此可见，信息安全建设在加大网络边界防护、数据通信安全、病毒防护能力等外部网络安全建设的基础时，同样不能忽略内部运维安全的建设。引入运维安全管理与操作监控机制以发现并阻止错误及违规事件，对IT风险进行事前防范、事中控制、事后追溯的组合管理是十分必要的。

安全审计系统是用于数据中心IT运维的管理和审计系统，可以对基于Telnet、SSH、RDP、VNC等标准协议的访问控制过程进行抓取，也可以对基于其他非标准协议的C/S或B/S管理模式的设备进行代填管理，从而可以以录像方式对所有运维人员的操作进行记录。此外，其具备强大的搜索功能，可以对特定时段、特定事件、特定用户等逻辑要素进行搜索与提取，从而达到真正意义上的审计与风险控制。

（1）日志审计。随着企业信息化资产数量日趋增多，系统的关联性和复杂度不断增加。然而，当前信息安全形势日益严峻，信息安全防护工作面临前所未有的困难和挑战。为了更好地监控和保障信息系统运行，及时识别和防范安全风险，同时满足国家和行业监管要求，保证信息安全管理工作的依法合规，亟须建立一个日志集中管理平台，做到事前预警、事中监控、事后分析，全面提升信息安全管理与防护水平。

主流企业的IT架构正在向"大数据"逐步演进，各企业希望通过"大数据计算"的方式解决企业遇到的各种安全和运维困境。越来越多的企业已经看到了这一点，但在实际的IT运维工作中又会遇到一系列的协同和管理问题。综合以上问题，我们总结了"大数据"IT架构的突出特点：

❏ 部署量大，设备类型多，角色多，难以整体把控。
❏ 事后响应，难以快速发现和定位问题。
❏ 人员和管理成本增加。
❏ 多系统，多平台协同运维。
❏ 运维工作面向闭环管理。

面对这些难点我们的运维系统需要满足如下需求。

（2）多源异构数据采集。随着公司信息安全水平的提升，公司安全防护产品越来越多，安全品牌也各式各样。在这种情况下，对于后续的安全分析，已经不仅仅只是安全设备的职责，安全审计平台需要做好多源异构全数据采集规划，即对于所有网络内可用的安全分析辅助信息进行收集，包括但不限于安全设备日志、业务系统日志、网络流量等，以为后续平台数据挖掘及关联分析做好数据准备。

（3）海量数据存储与分析。由于采集数据的多元性、异构性和海量性，以及对网络流量的采集，因此平台所采集的数据量将是一个巨大的数字。由于涉及今后对数据的挖掘及关联分析和历史查询分析，存储的时间至少要有六个月，因此海量数据的存储问题在平台设计之初就应该重点考虑。此外，为保障平台运转的延续性和对 APT 等新型攻击的深度挖掘，设计时还要考虑到存储空间不足时数据存储的可扩展能力。

海量数据采集后，对已知攻击的实时分析、历史数据的挖掘分析，以及对海量内外网数据、事件、文件等的关联分析、检索、实时在线检测、离线检测，发现高级的 APT 攻击和信息泄漏行为能力要成为平台具备的基本能力。计算能力的强弱直接决定着平台今后的实用性。

（4）安全指标及态势的可视化展现。作为大数据安全审计平台，在分析能力基础上应有一个人性化的、简单实用的展示界面。平台分析结果需采用量化指标形式呈现，以直观展示当前网络攻击、病毒木马、主机漏洞、终端异常行为等重点安全监控指标。在出现高威胁攻击时，可通过实时攻击地图进行展示，同时可结合历史数据分析，展示全公司安全态势及发展趋势。

（5）信息安全一体化建设和监管需求。在安全运维工作中，安全运维人员面对不同类型且部署于不同位置的安全设备时，难以在全局上了解全网存在的脆弱性是如何分布的，面临的安全威胁有哪些，也难以判断在第一时间应该对哪些脆弱性进行修补和控制，对哪些威胁进行诊断和分析。按照设备告警时间的顺序处理威胁告警、控制和修补资产脆弱性，往往会导致运维人员错过真正需要诊断分析的威胁和真正需要控制和修补的漏洞，无法及时有效地降低网络安全风险。

安全设备集中管理工具可以对安全威胁告警并对其分类，帮助安全运维人员识别最需要进行诊断分析的威胁。同样地，通过安全设备集中管理工具，安全运维人员能查看全网资产脆弱性分布情况，从而进一步根据资产重要性和脆弱性的风险级别识别出最需要控制和修补的脆弱性。

（6）保障企业业务系统协同管理。无论是在传统企业环境中，还是在未来的"云计算"环境中，不可避免地存在两个或多个业务系统并存的情况。这些业务系统可能是网管、SOC、SIEM 或者 CMDB 等，它们自身定位不同，并且负责着不同类型信息的收集、汇总及展示。如何与这些相关业务系统协同运维，打破各自为战的"信息孤岛"，是摆在企业面前的另一道障碍。

（7）保障业务平台系统的可用性。业务系统的可用性体现在：对新兴的威胁防御及在资产维度上的威胁感知。传统的 IT 管理系统强调对单个设备和性能的可用性管理，缺乏通过多设备联动，对复杂网络威胁攻击（如 APT 攻击）的检测和防护。同时，从设备监控视角出发，过度强调设备故障的及时诊断，已经不能够从根本上保障核心业务系统的可用性，更缺乏对核心资产维度的监控和分析。

通过基于大数据的日志关联分析系统，对大量安全设备的日志归并整合，形成相关的安全事件，从中可提炼出有效的安全日志信息，然后通过邮件、监控大屏或工单系统通知相关管理运维人员，从而形成互联网安全应用产品监控的统一安全监控平台。

2. 安全漏洞管理平台

每年都有数以千计的安全漏洞被发现和公布，加上攻击者手段的不断变化，信息安全状况变得日益严峻。事实证明，大量的安全事件都是利用了未修补的漏洞。

许多已经部署了防火墙、防病毒软件和入侵检测系统的组织仍然饱受漏洞攻击之苦的原因在于，大多数用户没有一套完整、有效的漏洞管理体系，未能对重要资产进行重点监控，缺乏信息来源和技术手段，且未能将漏洞修复与定期评估工作落实到日常工作中去。只有比攻击者更早知晓自己系统的安全状况并做好漏洞预防和修复工作，才能有效地避免由此造成的安全风险。

漏洞的披露和漏洞的利用方式正逐步发生改变。借助各大社区、社交平台，漏洞的传播速度惊人，早上披露的漏洞，到下午可能已经有了利用代码，到了晚上很多攻击可能已经发生。针对现在安全漏洞在互联网传播迅速，被利用时间短，对网络产生爆发式影响的特点，结合长期的运维和服务经验，互联网中安全漏洞威胁的跟踪应该作为漏洞管理的一个重要环节。威胁是外部因素。新漏洞披露的消息，漏洞是否被关注，是否已经有了利用该漏洞攻击的代码，该漏洞是否已被恶意软件用于传播，所有这些说明漏洞的外部威胁的强弱。漏洞是内部因素，是在具体网络资产上客观存在的。其利用难度、利用方式和被利用的后果，资产和资产上的数据重要性，以及安全防护是否到位，说明网络自身的健壮程度。只有通过合适的管理流程，把内外部安全因素统一度量、分析和管理，才能有效应对目前安全漏洞的新变化趋势。

漏洞管理平台的全过程支撑，可以让我们量化跟踪和分析流程执行情况，促进管理流程持续优化。同时，其充分利用漏洞情报信息，触发流程运转。其工作机制如图 8-10 所示。

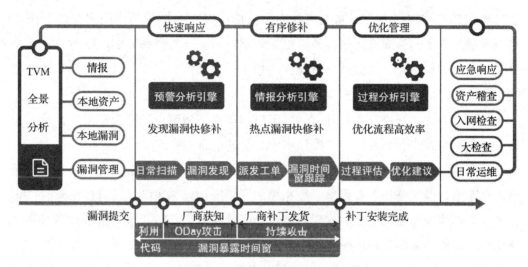

图 8-10　安全漏洞管理平台工作机制

漏洞管理平台改变了传统的漏洞扫描、报告、修复、审核流程，通过引入漏洞情报和对资产的预先梳理和持续监控，把漏洞管理流程向外扩展了漏洞发现环节的风险预警、漏洞分析环节的漏洞修复建议、漏洞修复环节的修复方案社区，以及对整个管理过程的评估、对比和优化。

漏洞管理平台跟踪漏洞的出现和管理人员发现、修补、修补确认的整个过程，可对每个过程状态变化的时间进行跟踪。用户可以设定对每个环节的时间要求，漏洞管理平台根据这些要求持续提醒运维人员，要求其以最快的速度完成漏洞修补，缩小漏洞暴露的时间。

漏洞管理的目的是保护资产和资产上存储、传输的数据，对资产本身的管理是漏洞管理的前提。漏洞平台情报分析，配合完善的资产信息数据库，能够提供精确的漏洞风险预警功能。建议上线部署完成基本配置后，运维人员通过主动发现、Excel 导入、手工录入等方式，收集资产信息。多种途径收集到的资产信息有可能不完善，或者有冲突，需要经过一段时间的持续收集，并有人工参与逐步校正信息的冲突，这个过程建议在项目实施期间逐步完成。

漏洞管理平台会持续监控网络系统内的资产变化情况，对任何资产变化进行预警，直到管理员处理或确认是正常变化为止。所以，在上线实施完成，资产信息收集基本完成后，建议安全运维人员开启持续监控，以发现网络中的资产环境变化，及时对有变化的信息进行处理。

3. 安全态势感知平台

随着"互联网+"的全面推进，信息技术在国家社会经济建设中的应用也越来越广泛，新型的网络安全威胁也更加突出，传统以"防护"为主的安全体系面临极大挑战。未来网络安全防御体系将更加看重网络安全的监测和响应能力，要求充分利用网络态势感知、大数据分析及预测技术，大幅提高安全事件监测预警和快速响应能力，以应对大量未知安全威胁。

安全态势感知解决方案对骨干网络出口和重要网络节点进行严密监控，及时预警大规模网络攻击和病毒传播，保障重要系统的信息和系统的网络安全。

安全态势感知平台可以有效支撑安全监控部门开展网络安全工作，实时掌握网络安全态势，及时掌握重要信息系统相关的网络安全威胁风险，及时检测漏洞、病毒木马、网络攻击情况，及时发现网络安全事件线索，及时通报、预警重大网络安全威胁，调查、防范和打击网络攻击等恶意行为。

宏观层面，安全态势感知平台可以严密监控、切实防范大规模病毒攻击和网络攻击。微观层面，安全态势感知平台可以监控、保障重点信息系统的网络安全，实现安全事件的预警、检测、响应和取证。按照"统一规划、分级部署、协同共享"的原则，安全态势感知平台应建设形成多级互联互通的通报平台，构建覆盖全网的网络安全态势感知、安全监测和通报预警体系。

安全态势感知平台是专注于系统风险的分析、发现、评估、可视化的平台。态势感知平台可以收集各种安全数据，利用大数据技术结合威胁情报进行集中处理、关联分析，再利用可视化技术，将各种安全事件进行可视化呈现，为安全运营提供可靠的信息数据支撑。

安全态势感知平台，专注于从网络入侵、异常流量、僵木蠕、系统漏洞、网站安全五个方面进行安全态势感知，能够覆盖各种安全运营场景（见图8-11）。

（1）网络入侵态势感知。研究提

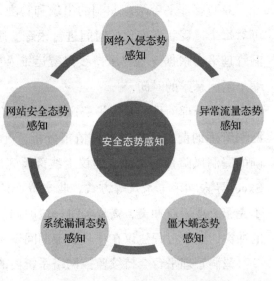

图8-11　安全态势感知框架

出"基于对抗的智能态势感知预警模型",形成"入侵攻击推理引擎",可以取得较好的网络入侵态势感知效果。

尤其是对"基于对抗的智能态势感知预警模型"的相关研究,吸收了"杀伤链"(Kill Chain)和"攻击树"(Attack Tree)等相关理论,形成了独有的推理决策引擎,其借助了大数据安全分析系统的分布式数据库,可以实现网络入侵态势感知。

经过实际测试,在网络带宽 1Gbps 的典型环境中,入侵检测系统每日的日志有 20 万条左右,经过"入侵威胁感知引擎"分析处理后,形成 500 个左右的威胁事件,再经过"APT 攻击推理引擎"分析处理后,仅仅形成 10～20 个攻击成功的事件。数据压缩率达到万分之一,可以大幅节省数据处理的时间成本和人工成本。

(2)异常流量态势感知。目前,DDoS 攻击越来越频繁,尤其是针对发达地区和重点业务的。在 2016 年第一季度,全球范围内的 DDoS 攻击事件频发。对重大攻击事件进行分析,我们发现追逐利益仍然是黑客攻击的主要动机。此外,"黑客主义"事件也在不断挑战政府的网站。

在抗拒绝服务攻击方面,安全态势感知平台可以对全网流量进行深度流检测,具有网络流量自学习功能。其网络流量分析系统可以准确发现 DDoS 攻击事件并掌握攻击源、攻击目的、攻击总流量和峰值流量,协助准确掌握网络 DDoS 攻击态势。

(3)僵木蠕态势感知。僵尸网络、木马、蠕虫病毒三者合称"僵木蠕"。

僵木蠕对互联网和企业内部网络的危害非常巨大。僵木蠕会消耗大量网络带宽,引起 ARP 攻击等问题,造成网络瘫痪。同时,受到僵木蠕传染的主机会受到命令控制服务器的控制,从而成为 DDoS 攻击的帮凶。更为严重的是,目前大多数僵木蠕的命令控制服务器位于海外,这对国家网络安全会造成严重的威胁。

针对僵木蠕的传播特点,安全态势感知平台会对网络上传播的僵木蠕进行识别,并追踪僵木蠕的传播路径、控制命令路径,从而可追踪发现命令控制服务器。通过发现的命令控制服务器,再反查受控主机,最终实现对僵木蠕网络态势的感知,为后续采取行动打击僵木蠕创造条件。

(4)系统漏洞态势感知。黑客攻击本质上是利用系统存在的安全漏洞对系统进行危害。因此,要避免黑客攻击,一个重要的安全防护手段就是在黑客之前发现重要信息系统存在的脆弱性问题,并进行修补,做到防患于未然。

利用漏洞扫描系统和 Web 应用漏洞扫描系统,可以发现网络信息系统的脆弱性，形成脆弱性态势感知。

（5）网站安全态势感知。网站作为网络信息系统对外提供服务的重要窗口，面临的安全威胁也是最多的。对重要网站信息系统的黑客攻击，不仅会对网站造成严重破坏，还会让黑客能够利用被黑网站对网站浏览者进行攻击，造成更为恶劣的影响。因此，需要对网站的安全态势进行监控，及时发现网站的安全问题。

网站安全态势感知可以及时监控到网站漏洞情况，发现网站挂马、网页篡改、域名劫持等黑客攻击行为，对网站平稳度、网站敏感内容等进行持续监控，并有效进行运维管理，从而避免因为网站出现问题导致的公众问题。

4. 大数据智能监控平台

大数据智能监控平台以大数据框架为基础，结合威胁情报系统，通过攻防场景模型的大数据分析及可视化展示等手段，构建和完善安全态势全面监控、安全威胁实时预警、安全事故紧急响应的能力。其能通过自适应的体系架构，高效地结合情境上下文分析，快速发现和分析安全问题，并能通过实际的运维手段实现安全闭环管理。

平台包括六大核心：数据采集中心，态势感知中心，情报预警中心，安全分析中心，风险管理中心，IT运维中心（见图8-12）。该平台适用于海量日志管理、威胁分析、情报预警、风险管理、IT运维等多种安全运维场景。

（1）全面的日志集中管理。支持SYSLOG、SNMP Trap、FTP、SFTP、JDBC、ODBC、NetFlow等多种日志采集方式。支持但不限于：网络设备，如交换机、路由器、网关等；安全设备，如防火墙、入侵防护、网闸、防毒墙等；安全系统，如身份认证系统、授权管理系统等；应用系统，如邮件系统、OA系统、数据库系统、中间件系统等；业务系统，如ERP系统、CRM系统等。

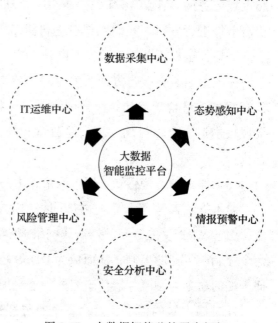

图8-12　大数据智能监控平台框架

（2）PB级的日志处理能力。平台使用Spark技术，在并发内存内处理机制方面能够带来数倍于其他采用磁盘访问方式的解决方案。其借助离线计算引擎在小时级别内，即可完成对 PB 数量级的数据挖掘。通过分布式部署的方式，可满足每秒数十万的日志采集和处理，可以为大规模、超大规模网络提供高性能的日志采集、存储和审计功能，例如，处理 6 个月内的安全事件之间的相关性，安全事件之间的影响程度，安全事件之间的规律性等，并以报表形式进行输出。

（3）安全态势感知。从海量数据中分析和统计网络中存在的安全威胁，并通过趋势图、占比图、地理图和折线图等清晰展示全网安全态势，协助安全运维人员快速感知全网安全趋势和高风险点，进而使其了解网络中的潜在威胁攻击，减少运维人员的投入。

基于地理位置和关键资讯的态势感知，可基于宏观和微观的角度快速展示。其通过风险值和时间类型的分布和高危事件 TOP，清晰展示全网安全情况，支持实时告警和信息下钻，使运维人员可全面掌握安全状态。

（4）情报驱动安全管理。传统防病毒产品和 IDS/IPS 产品只能依赖签名来识别恶意软件，而基于签名的技术难以应对恶意软件的早期破坏，并且易被高级威胁（APT）绕过。通过在早期推送基于攻击特征的情报并与 NESP 基础数据集成，可以有效填补基于签名工具遗留的缺口，帮助企业监控和保护可能或潜在感染的资产，并通过工单或处置流程进行快速响应。

企业每天会生成数以万计的告警供安全分析人员审查。在将告警提供给安全分析人员进行调查之前，NESP 利用情报关联引擎自动收集和关联 NTI 的情报事件，通过智能关联分析将噪音事件过滤，提升告警的准确性。

（5）高级威胁分析。APT 是一种高级持续性威胁，通过长期潜伏找到有价值的特定目标，利用网络中受信的应用程序漏洞，发起持续性网络攻击，窃取核心资料或篡改数据。但任何攻击行为都会有它的行为特点，如嗅探、提权、安装后门、扩散和逃逸等行为。绿盟根据多年工程经验结合美国 NASA 的攻击链条模型设计出针对攻击行为特征的安全分析模型，使用该模型，用户不必具有很高的专业安全能力就可以准确地对安全事件进行发现、预测，并进行历史痕迹追踪，从而降低对专业安全分析人员的要求，减少企业成本。

8.4 应用安全运行监控案例

8.4.1 Web 应用安全运行监控案例

2014 年 4 月 23 日下午 3 时 46 分，网站安全监测平台检测到互联网上存在疑似 ×× 银行的仿冒网站，安全专家团队在 10 分钟内验证判断，并且在第一时间通知了××银行（见图8-13）。

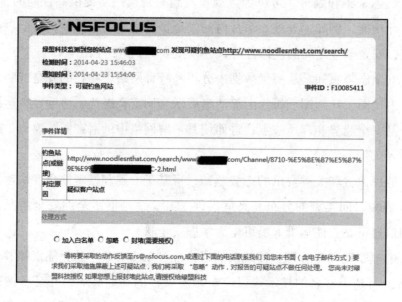

图 8-13　Web 应用安全运行监控案例（1）

4月24日下午2时23分，××银行向服务提供商反馈，向其申请协助将该钓鱼网站关停。

4月25日上午8时39分，服务商项目经理给安全专家团队转发××银行的邮件授权。安全专家团队在3分钟内做出邮件回应，表示会马上对该钓鱼网站采取关停行动。

安全专家团队获得客户授权后，采取了一系列关停钓鱼网站的措施，并且持续观测钓鱼网站存活情况。4月26日晚上9时15分，安全专家团队观测到该钓鱼网站已被关停，无法再对客户及其用户造成危害（见图8-14）。

图 8-14　Web 应用安全运行监控案例（2）

8.4.2 移动应用安全运行监控案例

1. 业务威胁感知：跨行转账分析

图 8-15 为××银行手机银行跨行转账界面。

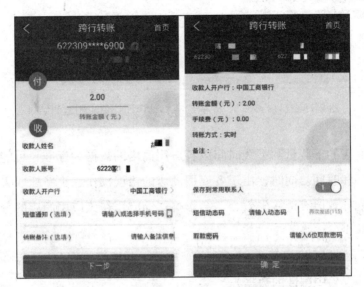

图 8-15　××银行手机银行跨行转账界面

当你在网上把钱转到另一个账户时，如果这个账户和你从未有过资金往来，和你的朋友们也没有过资金往来，那么威胁感知平台就会提高警觉了。再进一步，如果转出的账户曾经有不良记录，或者和黑名单账户有过某些交集，那么利用关系进行风险的判断操作，会得出此行为风险比较高的结论，平台很大程度会拦截该操作。因为平台的风险判断指数高，意味着可能不是账户户主本人操作，账户可能被盗用。

在用户操作时收集传感信息，即设备的使用习惯，也是进行威胁感知的一个重要维度。每个人的行为都会有自己的习惯，就好像走路的姿势、笔迹一样，每个人触控设备屏幕的方式不同，设备上有陀螺仪和角速度、光感等多种传感器，可以帮助平台判断是否是本人操作。

2. 渠道威胁感知：渠道数据分析

（1）钓鱼应用数据分析。2019 年 6 月，在各应用商店对××银行移动应用进行了 24 小时全天候监测，未发现××银行移动应用最新版本的盗版应用。统一威胁态势感知平台钓鱼应用监测结果如图 8-16 所示。

（2）各应用商店有效下载链接数据分析。2019 年 6 月，对××银行个人手机银行（4.0.0 版本）进行分析，共发现 13 家应用商店的 13 个有效链接，0 个失效链接。

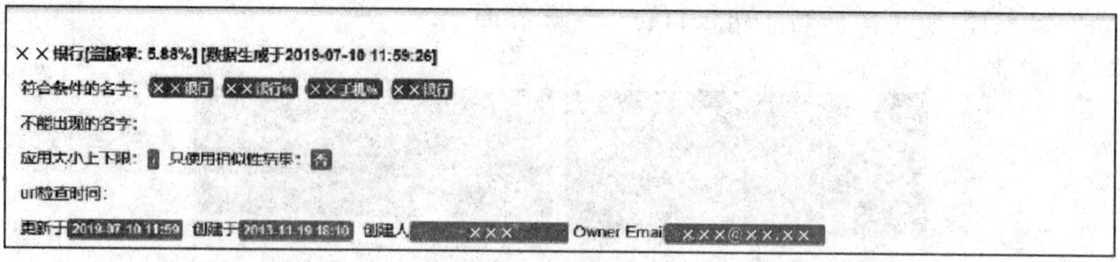

图 8-16　2019 年 6 月 ×× 银行移动应用钓鱼应用监测结果

各应用商店的下载量和上线时间以各应用商店的数据为标准，可能并不代表真实准确的数字和时间。同时，由于各应用商店的错误操作、更新抓取失误等各种突发情况，可能导致原有链接失效，这会影响移动应用在该应用商店的分发，即可能导致下载量减少。

×× 银行个人手机银行（4.0.0 版本）有效下载链接数据分析如表 8-5 所示（表中的下载量均仅为中国区的数据）。

表 8-5　正版渠道最新版本 APP 数据分析（截至 2019 年 6 月）

渠道名称	下载量	发现时间	应用 MD5	应用版本
华为应用市场	3 560 000	2019-05-29 06:03:51	07eefaed99c927bb4ac99ee5feb364dd	4.0.0
OPPO 软件商店	1 330 000	2019-05-28 17:51:03	07eefaed99c927bb4ac99ee5feb364dd	4.0.0
应用宝	780 000	2019-05-28 18:58:27	07eefaed99c927bb4ac99ee5feb364dd	4.0.0
VIVO 应用商店	650 000	2019-05-28 17:49:44	07eefaed99c927bb4ac99ee5feb364dd	4.0.0
百度手机助手	520 000	2019-05-28 18:54:51	07eefaed99c927bb4ac99ee5feb364dd	4.0.0
历趣	500 000	2019-05-22 04:43:35	07eefaed99c927bb4ac99ee5feb364dd	4.0.0
PP 助手	410 000	2019-05-22 07:03:03	07eefaed99c927bb4ac99ee5feb364dd	4.0.0
豌豆荚	404 000	2019-05-29 09:49:45	07eefaed99c927bb4ac99ee5feb364dd	4.0.0
360 手机助手	150 000	2019-05-28 19:03:54	07eefaed99c927bb4ac99ee5feb364dd	4.0.0
金立软件商店	40 000	2019-05-28 19:00:43	07eefaed99c927bb4ac99ee5feb364dd	4.0.0
安智市场	20 000	2019-05-23 08:09:05	07eefaed99c927bb4ac99ee5feb364dd	4.0.0
多特	12 000	2019-05-28 22:55:51	07eefaed99c927bb4ac99ee5feb364dd	4.0.0
乐商店	0	2019-05-28 19:05:16	07eefaed99c927bb4ac99ee5feb364dd	4.0.0

第 9 章

应用安全风险控制趋势与展望

9.1 银行互联网应用发展趋势

9.1.1 金融大数据

近年来,随着互联网技术的快速发展,金融领域产生的数据量呈现几何级数的增长态势,这些蕴含无限价值的数据,已经成为重塑金融竞争格局的一个重要支撑,给整个金融体系带来创新与挑战。金融机构需积极拥抱大数据时代,建立面向金融大数据运用和分析的技术体系。

金融企业内部积累了丰富的用户数据和交易数据,是企业数据资产构成的核心内容;大数据技术的出现使企业可用的数据资产得到极大的扩展。金融大数据(Finance Big Data)包含传统的结构化数据,如账务信息、交易日志、地理位置、图像、音视频等,还包括移动轨迹、点击痕迹、生物特征等实时交互性数据。其特征为数据量巨大、种类繁多、更新迅速。《大数据时代》作者舍恩伯格(Schönberger)对大数据的定义就是——"大数据,不是随机样本,而是所有数据;不是精确性,而是混杂性;不是因果关系,而是相关关系",这里强调的便是数据的多样性。

金融大数据在银行的科技研发、产品创新、运维管理等方面都发挥着重要的作用,为打造具有一体化、流程化、智能化特征的智慧银行(Intelligent Bank)提供了技术基础。

金融大数据的业务驱动主要由精准营销、风险控制、改善经营和服务创新四个方面组成。

（1）精准营销：在互联网时代和大数据时代的双重冲击下，银行和互联网金融迫切需要掌握更多有效的用户信息，通过构建用户360度立体画像，可实现对细分客户进行精准营销、实时营销等个性化智慧营销，也能为客户量身定制适合客户自己的营销模式。

（2）风险控制：大数据技术的有效利用，使银行内部多源异构数据与外部征信数据实现统一管理，可以更有效地完善风控体系。这使得外部风险成为可控因素，内部数据的完整性与安全性也得到了充分保障。

（3）改善经营：通过大数据分析方法改善经营决策，为管理层提供可靠的数据支撑，使管理层所做的决策更加有效、快速，准确性更高。

（4）服务创新：通过对大数据的合理有效应用，使金融机构与客户之间的交互变得更加简单、便捷，同时也能增加用户黏度，为个人与金融机构提供增值服务，不断增强银行业务核心竞争力。

除以上四点之外，银行等金融机构应用大数据也有政府政策的原因。在十二五规划中，大数据已不再只是专有名词，大数据上升为国家战略。随着国家对数据的重视、对国产化的支持以及对开源架构的呼声越来越高，银行等金融机构对大数据技术的选择成了必然趋势。

金融大数据的数据主要为多源异构的数据，其中数据类型可分为结构化数据、半结构化数据与非结构化数据三个类型。

（1）结构化数据：结构化数据来源自银行运营数据仓储（ODS）和数据仓库（EDW）。EDW为企业提供分析决策服务，ODS主要实现企业数据整合、共享和准实时运营监控等功能。通过Hadoop等组件的应用，可以将数月前甚至几年前的历史数据迁移保存。在分布式存储结构下，结构化数据的存储计算可以得到巨大的改善，可对海量离线数据进行离线分析，将离线数据优势最大化，为银行用户打造立体用户画像提供最全面的数据支撑。

（2）半结构化数据：半结构化数据的整合在数据整合中是最为复杂的。银行可对接来源于银联数据和其他的金融机构所提供的不同类型数据库或Excel等的数据。"打通"多源异构的数据是项目中遇到的最困难的部分，数据整合完毕可快速进行建模分析。

（3）非结构化数据：银行对于非结构化数据的处理方法还是比较原始的。非结构化数据涵盖的范围比较广泛，有新闻、视频、图片以及社交网络等数据，此类数据的数据量相当巨大，但以后对银行的价值会难以估量。

9.1.2 云计算

云计算（Cloud Computing）是基于互联网的相关服务的增加、使用和交付模式，通常涉及通过互联网来提供动态易扩展且经常是虚拟化的资源。云是复杂互联网和网络的一种比喻说法。有段时间经常用天上的云来表示错综复杂的互联网，后来这种习惯就被传承下来也用来表示抽象的互联网和底层基础设施。云计算可以让你体验每秒 10 万亿次的运算快感，这个量级的计算能力可以预测气候变化、市场发展趋势，甚至可以模拟核爆炸和进行天文星系运行轨迹演算。用户通过 PC、笔记本电脑、手机、移动 PAD 等方式接入数据中心，按自己的需求进行运算。

目前对云计算的说法有很多。对于什么是云计算，至少可以找到上百种解释。现阶段广为接受的是美国国家标准与技术研究院（NIST）的定义：云计算是一种按使用量付费的模式，这种模式提供可用的、便捷的、按需的网络访问，进入可配置的计算资源共享池（资源包括网络、服务器、存储、应用软件、服务等），这些资源能够被快速提供，只需投入很少的管理工作，或与服务供应商进行很少的交互。

云计算的计算方式是通过互联网上分布式的计算机进行计算，而非本地计算机或远程服务器中。企业数据中心的运行将与互联网更相似。这使得企业能够将资源切换到需要的应用上，根据需求访问计算机和存储系统。这好比是单个或多个煤气瓶的模式向管道煤气集中供应模式的转变。它意味着计算能力也可以作为一种商品进行流通，就像煤气、水电一样，取用方便，费用低廉。最大的不同在于，它是通过互联网进行传输的。

被普遍接受的云计算特点如下。

1. 超大规模

"云"具有相当的规模，谷歌云计算已经拥有 100 多万台服务器，Amazon、IBM、微软、Yahoo 等的"云"均拥有几十万台服务器。企业私有云一般拥有数百上千台服务器。"云"能赋予用户前所未有的计算能力。

2. 虚拟化

云计算支持用户在任意时间、任意空间获取应用服务，并不受终端的限制。所请求的资源来自"云"，而不是固定的有形的实体。应用在"云"中某处运行，但实际上用户并不需要了解和担心应用运行的具体位置。只需要一台笔记本或者一个手机，只要有网，就可以通过网络服务来实现所需要的一切，就连超级计算这样的任务也不在话下。

3. 通用性

云计算不针对特定的应用，在"云"的支撑下可以构造出千变万化的应用，同一个"云"可以同时支撑起不同的应用运行。

4. 高可靠性

"云"使用了数据多副本容错、计算节点同构可互换等措施来保障服务的高可靠性，使用云计算比使用本地计算机可靠。

5. 按需服务

"云"是一个庞大的资源池，按需购买，云可以像自来水、电、煤气那样计费。

6. 高可扩展性

"云"的规模可以动态延展和伸缩，满足应用和用户规模增长的需要。

7. 极其廉价

由于"云"的特殊容错措施，所以可以采用极其廉价的节点来构成它。"云"的自动化集中式管理使大量企业无须负担日益高昂的数据中心管理成本，"云"的通用性使资源的利用率较之传统系统大幅提升，因此用户可以充分享受"云"的低成本优势，经常只要花费几百美元、几天时间就能完成以前需要数万美元、数月时间才能完成的任务。

云计算可以彻底改变人们未来的生活，使计算的性价比变得更高。

8. 潜在的危险性

云计算服务除了提供计算服务外，还必然提供了存储服务。但是云计算服务当前垄断在私人机构（企业）手中，而它们仅仅能够提供商业信用。对于政府机构、商业机构（特别是像银行这样持有敏感数据的商业机构）而言，选择云计算服务应保持足够的警惕。一旦商业用户大规模使用私人机构提供的云计算服务，无论其技术优势有多强，都不可避免地让这些私人机构以"数据"（信息）的重要性挟制整个社会。对于信息社会而言，"信息"是至关重要的。此外，云计算中的数据对于数据所有者以外的其他云计算用户是保密的，但是对于提供云计算的商业机构而言确实毫无秘密可言。所有这些潜在的危险，是商业机构和政府机构选择云计算服务，特别是国外机构提供的云计算服务时，不得不考虑的一个重要的前提。

云安全（Cloud Security）是一个从云计算演变而来的新名词。云安全的策略构想是：使用者越多，每个使用者就越安全，因为如此庞大的用户群，足以覆盖互联网的每个角落，只要某个网站被挂马或某个新木马病毒出现，就会立刻被截获。

"云安全"通过网状的大量客户端对网络中软件异常行为做监测，并获取互联网中木马、恶意程序的最新信息，推送到服务器端进行自动分析和处理，再把木马和恶意程序的解决方案分发到每一个客户端手中。人们担心他们在云端的数据是否安全的同时，更应该看到安全因为云的存在，也在悄然变化着。正因为此，用户期待看到更安全的应用程序和技术。新的加密技术和安全协议，在未来会越来越多地呈现出来。

9.1.3 人工智能

在 AlphaGo 战胜李世石后，人工智能在全球的热议程度达到了历史上从未有过的新高度。这得益于神经网络深度学习在算法上的突破，使得多个人工智能技术水平得到了飞跃性的提升。计算机视觉、自然语言处理、机器学习、机器人技术、语音识别等人工智能技术快速发展对整个社会带来的改变将远大于互联网。

从未来的趋势看，我们现在极有可能处在"互联网+"向"人工智能"转变的时间节点。在金融领域，由于其服务的本质仍然是人与人之间的交流，人工智能带来的影响将是重新解构金融服务的生态，并以一种更有效的方式重新回归银行怀抱，从而降低客户选择倾向，加深客户对于金融机构的服务依赖度。下面对国内外金融行业人工智能应用情况进行简单分析，重点探讨人工智能在金融领域的综合运用。

1. 人工智能对金融行业的影响分析

基础层的云计算、大数据等因素的成熟催化了人工智能的进步，深度学习带来算法上的突破，引爆了人工智能浪潮，使得复杂任务分类准确率大幅提升，从而推动了计算机视觉、自然语言处理、机器学习、机器人技术、语音识别技术的快速发展。人工智能未来将会给各个产业带来巨大的变革，其影响将远大于互联网对各行业的改造，在所有领域彻底改变人类，并产生更多的价值，取代更多人的工作，也会让很多现在重复性的工作被取代，让人可以从劳动密集型的工作中解放出来，释放人力去做更具有价值的事情。对于金融领域来讲，主要有以下几方面的影响。

（1）金融行业服务模式更加主动。金融属于服务性行业，人作为核心因素，从事的正是关于人与人服务价值交换的业务。在互联网技术大规模应用之前，金融机构需要投入大量人力、物力资源用于客户关系维护交流，挖掘客户需求，来获取金融的业务价值。如银行与客户通过线下网点当面交流需求，网点人员能迅速地发现并满足客户金融需求，甚至通过一些交谈以及观察客户的细节挖掘到潜在的需求。

通过一段时间的人与人交流，客户与银行工作人员建立了深厚的关系，而这种关系提高了客户对于银行人员的依赖程度，我们称之为客户黏性（或者称为"使客户变傻"）。一旦黏性建立，客户很少会去比较其他银行人员所推荐的金融服务，如购买理财产品的时候，不会去比较多个银行的收益水平。

在互联网时代，互联网技术和互联网金融企业的蓬勃发展，共同促进金融机构大力开展系统建设工作，网银、手机银行的出现大大降低了银行服务客户的成本。不管是客户端还是网页端，均采用了标准化的功能模板，需要客户自主学习如何使用，并在众多菜单功能中找寻自己想要的金融服务，客户与金融机构的交流是单向的。这一发现使"客户需求的成本"由金融机构转嫁给了客户，即在方便了金融机构的同时，麻烦了客户的金融需求发现和满足，这同样也使银行失去了创造更多金融价值的机会。

无论如何优化功能菜单，客户总要去付出这一选择成本，在这个过程中，客户的金融专业度被动提升（或者称为"使客户变聪明"），他会去主动比较哪家金融机构提供的服务价格最优、服务效率最高，客户对金融机构的依赖度不断降低，随时可以被其他同业甚至互联网金融公司争取走。如银行这几年受到第三方支付机构极大冲击，无论在支付领域还是其他 C 端金融服务，银行的政策监管尺度和创新灵活度均处于下风，个人用户大规模被互联网金融机构圈走。

近年来，人工智能的突破性发展，使得计算机能够在很大程度上模拟人的思维模式与行为方式，实现了更为人性化和个性化的客户服务体验，这给处于服务价值链高端的金融行业带来了深远的影响，人工智能在不远的未来势必成为决定银行沟通客户、发掘客户金融需求的重要技术。同时，这一技术也将对服务渠道、风险管理、金融产品、服务方式、投资决策、授信融资等带来新一轮的商业银行金融服务变革。通过服务客户的前端功能，支持授信、各类金融交易和金融分析中的中台决策功能，以及风险防控和监督的后台功能，人工智能这一尖端技术将大幅改变现有金融格局，使金融服务（包括银行、理财、保险、投资、借贷等方面）更具备个性化与智能化特点，从而更好地服务金融用户。

（2）金融大数据处理能力大幅提升。金融行业与整个社会存在着巨大的交集，沉淀了大量有用或者无用的数据，包括各类交易信息、客户资料、市场分析、风险控制、投资顾问等，数据级别都是海量级单位，同时大量数据又是以非结构化的零散的形式存在，如客户的身份证扫描件信息，平常用得少，又占据宝贵的储存资源，无法转成有效数据以供分析，这些都给金融机构的大数据处理及应用造成很大的困难。而通过对人工智能的应用，可建立一整套深度学习系统，将有效地对海量数据进行深度学习，通过信息系统的深度学习不断完善其知识库与回答能力，在未来甚至能够超过人类。通过在风险管理与复杂数据处理方面的深度学习，人工智能可大幅降低人工成本并提升金融机构风险管控与业务处理能力。

2. 人工智能技术在金融领域应用情况

IBM、谷歌等国际巨头公司已经将人工智能技术渗透在各种产品的方方面面，总体上看，国内金融行业也逐步开始应用人工智能技术，随着国内双创政策的推动和人工智能产业的投资拉动，广泛应用节点的时代即将到来。

（1）阿里巴巴（蚂蚁金服）。阿里巴巴旗下的蚂蚁金服下设一个特殊的科学家团队，专门从事机器学习与深度学习等人工智能领域的前沿研究，并在蚂蚁金服的业务场景下进行一系列的创新和应用，包括保险、互联网小贷、征信、智能投顾、客户服务等多个领域。

根据蚂蚁金服公布的数据，网商银行的花呗与微贷业务在使用机器学习后，虚假交易率降低至近 1/10，为支付宝的证件审核系统开发的基于深度学习的 OCR 系统，使证件校核时间从 1 天缩减到 1 秒，同时提升了 30% 的通过率。以智能客服为例，2015 年"双 11"期间，蚂蚁金服 95% 的远程客户服务已经由大数据智能机器人完成，同时实现了 100% 的自动语音识别。当用户通过支付宝客户端进入"我的客服"后，人工智能开始发挥作用，"我的客服"会自动"猜"出用户可能会有疑问的几个点供选择，这里一部分是所有用户常见的问题，更精准的是基于用户使用的服务、时长、行为等变量抽取出的个性化疑问点；在交流中，则通过深度学习和语义分析等方式给出自动回答。问题识别模型的点击准确率在过去的时间里大幅提升，在花呗等业务上，机器人问答准确率从 67% 提升到超过 80%。

（2）交通银行。2015 年，交通银行推出智能网点机器人："交交"，并引发了金融银行界的广泛关注。"交交"为实体机器人，采用语音识别和人脸识别技术，可以人机进行语音交流，还可以识别熟悉客户，在网点进行客户指引、介绍银行的各类业务等。在语言交流过程中，"交交"能回答客户的各种问题，缓解等待办理业务的银行客户潜在情绪，分担大堂经理的工作，分流客户，节省客户办理时间。

（3）平安集团。平安集团下设平安科技人工智能实验室，大规模研发人工智能金融应用，典型应用有人像识别和智能客服。

- 人像识别。平安集团运用人像识别技术，在指定银行区域进行整体监控，识别陌生人、可疑人员和可疑行为，提升银行物理区域安全性，该套系统还能识别银行 VIP 客户等，实现个性化服务。在平安天下通 App 上，平安利用人脸识别技术进行远程身份认证，用户根据系统提示，完成指定动作识别，即可进行 App 解锁、刷脸支付以及刷脸贷款等。

☐ 智能客服。平安集团旗下保险、基金、银行、证券等客服渠道应用人工智能技术，在用户说出服务需求后识别语音内容，直接转接相应模块，大幅节省了客户选择菜单的时间。智能客服还可以进行简单问题回复，复杂问题则转人工进行支持，人机结合有效地解决了客户问题。

3. 人工智能在金融行业的应用启示

根据目前金融行业的发展趋势，结合人工智能的技术分类，可以整理出四大类人工智能应用场景设想。其中技术实现难度较低的技术，例如语音识别，业内均已经具备相对成熟的技术框架与解决方案，同时市场上也已经具有成熟的商业运营案例与业务框架，可迅速实现人工智能在金融行业的商业价值。其他类型的人工智能技术，目前商业领域的运用仍处于初级阶段，应予以足够关注并持续跟进。

（1）语音识别与自然语言处理应用：

☐ 智能客服。通过网上客服、电话客服、短信客服、移动终端 App、微信及智能机器人终端等方式与金融用户进行语音、文本的互动交流，从而理解用户基本业务需求，并通过自然语音的方式回复客户提出的业务咨询需求，根据客户语音需求导航至指定业务模块。通过对传统按键式菜单进行深化改造、用户使用自然语音与系统交互等，提升了整体用户满意度，减轻了人工服务压力，降低了人力成本，提高了运营效率。电话客服也不再受限于传统按键式菜单，拓展了语音导航服务的业务服务范围。

☐ 语音数据挖掘。语音语义分析，并自动给出重点信息聚类，猜测数据集合关联性，检索关键词，并汇总热词，发现最新的市场机遇和客户关注热点。同时，根据金融行业客服与客户的通话情况，可进行业务咨询热点问题梳理统计，由机器进行自动学习，梳理生成知识问答库，并不断加以完善，作为后续机器自动回复客户问题的参考依据。

（2）计算机视觉与生物特征识别应用：

☐ 人像监控预警。利用网点和 ATM 摄像头，增加人像识别功能，并与数据库进行比对。提前识别可疑人员、提示可疑行为动作，例如是否人脸上有面罩、手持可疑物品、行动速度异常、人员胁迫、人员倒地等。还可以对客户身份进行识别，如识别 VIP 客户等。
- 员工违规行为监控。通过网点柜台内部摄像头的利用，提升了员工对可疑行为的识别与监控能力，标记疑似违规操作并进行记录，提醒后端监控人员进行深入调查分析，同时还可以达到警示作用。如运用图形视频处理技术，实时监控银行柜员在规定动作以外的行为，提醒后台人员注意。利用对纸质文本的自动读取技术，排查所有交易单据，建立关键字提示库、回访客服问答、柜台对话记录，建立风险模型，及时发现可疑交易等。识别并标记出视频监控中发现的员工可疑行为录像片段，提示后台监控人员进行查看；同时，也能对一线操作人员起到心理震慑作用。
- 核心区域安全监控。集中运营中心、机房、保险柜、金库等重要场所可采用人脸门禁提高内部安全控制，通过人脸识别的验证方式，实现银行内部安全管理，有效地防范不法分子的非法入侵，同时进行多人的人脸识别，实现智能识别，达到安全防范的目的。

（3）机器学习、神经网络应用与知识图谱：

- 金融预测、反欺诈。通过将海量金融交易数据导入至机器学习信息系统，使用深度学习技术，对大量金融数据进行自动发现、识别分析，如信用卡数据信息分析、欺诈交易识别，从而提前预测金融交易的变化趋势，提前做出相应的对策。利用机器学习技术构建起全面的金融知识图谱，利用大数据的风险管控把不同来源的数据（包括结构化与非结构化数据）整合到一起，从而检测数据当中的差异性，分析该企业的上下游企业、子母公司、竞争对手、合作机构、对标、投资等关系。
- 融资授信决策。通过数据筛选、建模和预测打分，将不同的资产分类，并做分别处理。比如：坏资产可直接标签为"司法诉讼"，并提醒相关人员进行诉讼流程。提取企业及个人在其社交媒体、站点主页等地方的数据，一来可以判断企业及其产品在社会中的影响力，如观测应用程序 App 下载量、微博中提及该企业与其产品的次数、对该企业与其产品的评价等；二来将数据结构化后，有助于推测相关投资的风险点。借助机器学习，各商业银行可以在放贷过程中对借款人还贷能力方面做到传统金融企业无法实现的实时监控，及时对潜在的无后续还贷能力的贷款人员进行事前的预警以及干预，减少了因坏账而给银行带来的损失。
- 智能投顾。运用人工智能技术，采用多层神经网络，实时采集所有重要的经济数据指标，不断进行学习。智能投顾系统采用合适的资产分散投资策略，可实现大批量的不同个体定制化投顾方案，以不追求短期的涨跌回报，而期望长期的稳健回报为目标，进一步深刻践行银行长期服务客户的理念。通过智能投顾解决方案，把财富管理这个服务门槛降到普通的家庭人群使用。

（4）服务机器人技术应用。在机房、服务器等核心区域内投放24小时巡检机器人，实现指定区域自动巡航功能，及时发现并处理潜在风险，替代或辅助人工进行监控。同时，在银行网点尝试部署智能机器人，设计智能机器人拟人化的功能，使其具备人类的外观、感情以及动作，利用语音互动交流对客户进行迎宾分流，根据办理业务的差别进行导航，并依据客户知识库内容进行标准业务咨询以及问答，减少银行网点大堂经理的重复性工作。同时通过前端对客户数据进行采集，有利于提升营销工作的精准度，使新型银行金融服务业务具备创新型、科技感服务体验，为银行金融服务的迭代及转型注入全新的因素。

9.1.4 区块链

1. 区块链技术起源

自2015年下半年以来，区块链技术迅速走红，其去中心化、去信任化的技术机制在全球市场上受到广泛关注。多国央行、交易所、国际投行及IT巨头纷纷涌入，针对区块链的投资和探索项目呈现井喷式增长。区块链因此成为继互联网之后又一个在全球范围内被热烈追捧的对象。区块链技术在数字货币、资金清算、金融资产交易、智能协议、知识产权、物联网等领域中存在着较大的应用潜力。

区块链的概念首次出现在论文《比特币：一种点对点的电子现金系统》（Bitcoin:A Peer-to-Peer Electronic CashSystem）中，文章的作者即为大名鼎鼎的中本聪（Satoshi Nakamoto）。学术界及产业界公认比特币概念的发布时间为2009年1月9日，它是最早也是最大的去中心化数字货币。随后，有研究者将信用机制引入比特币算法来缩短支付确认等待时间，加快交易完成速度。梅兰妮·斯万（Melanie Swan，2015）对区块链在货币、合约及其他领域的应用及区块链的局限性做出了系统阐述。国内对区块链技术的研究较为滞后，相关专著较少，谭磊在《区块链2.0》中对区块链的技术原理、智能合约的技术实现、区块链的应用场景做出了系统性介绍。万向集团于2015年发起设立中国第一家区块链技术专业机构——万向区块链实验室，专注于区块链技术的研究、普及与应用，为区块链技术开发及应用的优秀项目提供赞助。平安集团于2016年5月加入了R3国际区块链联盟，与R3实验室和研究中心合作，研究和试验各个领域有创造力的分布式分类账技术。

2. 区块链技术主要应用领域及对银行业的影响

区块链是一种处理增量数据记录的分布式数据库技术，通过去中心化的方式集体维护分布式可靠数据库的技术方案。该技术方案主要是将数据区块（Block）通过密码学方法相互关联，每个数据区块记录一定时间内的系统交易信息，通过数字签名验证信息的有效性，并使用"指针"链接到下一个数据区块形成一条主链（Chain）。简单地说，可以将区块链技术理解为一种网络记账系统，共享、加密、不可篡改的技术特点，使其能够提供加密的记账业务，使人们得到准确的资金、财产或其他资产的账目记录。

3. 区块链技术特点

区块链技术主要解决去中心化、交易追踪、分布式记账、交易追踪、保护隐私等问题，有以下几方面的特点：

（1）去中心化结构。纯数学方法建立信任关系。区块链技术的信任机制建立在数学（非对称密码学）原理的基础上，借助开源算法，使系统运作规则公开透明。在这种模式下，各个节点之间在进行数据交换时可以自动达成交易共识和自动信任，在保证信息安全的同时有效提升系统的运营效率和降低成本。

（2）分布式记账与存储。由于区块链的记账和存储功能分配给了每一个参与的节点，因此区块链系统不会出现集中存储模式下的服务器崩溃等问题。分布式记账与存储使区块链系统在运转的过程中具有非常强大的容错能力，即使数据库中的一个或几个节点出错，也不会影响整个数据库的继续运转，更不会影响现有数据的存储与更新。同时，基于区块链技术建立起来的数据库是一个由所有节点共同组成的超级大数据库，系统发生的所有交易活动（包括开户、登记、交易、支付、清算等）的信息，都可以存储在这个超级大数据库中，使业务模式具有极高的包容性。

（3）数据信息不可篡改。配合"时间戳"等技术，区块链将系统成立以来的所有交易全部记录在数据区块中，所有的交易活动都可以被追踪和查询到，并且形成的数据记录不可篡改。这便于对交易活动进行追踪，可以有效解决交易验证和交易后续纠纷等问题。

（4）智能合约可灵活编程。区块链技术基于可编程原理内嵌了"脚本"的概念，这使得后续基于区块链技术的价值交换活动可变成一种灵活智能的可编程模式。例如，人们可以限定捐赠的款项仅用于购买急救设备，可以限定转账给大学生的某笔款项仅用于交学费。诸如此类的各种特定约束条件都可以灵活编程到区块链系统的脚本中，形成一个智能合约。基于可编程性的智能合约特点，保证了区块链技术在未来的发展能形成一种可持续进化的模式。

（5）透明信息背后的匿名保护。区块链的信任基础是通过纯数学方式背书而建立起来的。区块链技术利用公钥地址代替用户的身份信息，从而能够有效实现匿名性，使人们在互联网世界里实现信息透明共享的同时，不会暴露自己的真实身份信息，即区块链上的数据都是公开透明的，但数据并没有绑定到个人，人们无法知晓交易背后的参与者是谁。透明交易背后的匿名性特点，极大地保护了参与者的个人隐私。

4. 区块链在金融中的应用领域

在区块链的创新和应用探索中，金融是最主要的领域，现阶段主要的区块链应用探索和实践，也都是围绕金融领域展开的。在金融领域中，区块链技术在数字货币、支付清算、智能合约、金融交易、物联网金融等多个方面存在广阔的应用前景。典型的应用包括比特币、莱特币等电子货币，更加安全公开的分布式记账系统、支付清算系统等。近期兴起的瑞波（Ripple）、以太坊（Ethereum）等二代区块链技术，将区块链推向了应用研发阶段。发达国家的清算所、存托所、交易所、投资银行、商业银行、经纪商等金融机构，纷纷开始在跨境支付、证券交易结算和证券发行等领域推进应用探索。

区块链技术在金融领域中的应用主要有以下方面：

（1）数字货币。比特币是目前区块链技术最广泛、最成功的运用。而在比特币基础上，又衍生出了大量其他种类的去中心化数字货币，统称为"竞争币"或"山寨币"。比较著名的竞争币有IXCoin、莱特币、狗狗币、蝴蝶币、瑞波币等。其中，IXCoin为第一款竞争币，通过更改比特币的一些参数，从而增加了货币的发行量；莱特币通过改善比特币技术的一些算法（主要改善了区块链"挖矿"工作量证明算法），将新数据区块产生的时间从比特币的10分钟缩短为2分半钟。

（2）数字票据。目前，国际区块链联盟R3CEV联合以太坊、微软共同研发了一套基于区块链技术的商业票据交易系统，高盛、摩根大通、瑞士联合银行、巴克莱银行等著名国际金融机构加入了试用，并对票据交易、票据签发、票据赎回等功能进行了公开测试。与现有电子票据体系的技术支撑架构完全不同，该种类数字票据可在具备目前电子票据的所有功能和优点的基础上，进一步融合区块链技术的优势，成为一种更安全、更智能、更便捷的票据形态。数字票据主要具有以下核心优势：一是可实现票据价值传递的去中心化。在传统票据交易中，往往需要由票据交易中心进行交易信息的转发和管理；而借助区块链技术，则可实现点对点交易，有效去除票据交易中心角色。二是能够有效防范票据市场风险。区块链由于具有不可篡改的时间戳和全网公开的特性，一旦交易完成，将不会存在赖账现象，从而避免了纸票"一票多卖"、电票打款背书不同步的问题。三是系统的搭建、维护及数据存储可以大大降低成本。采用区块链技术框架不需要中心服务器，可以节省系统开发、接入及后期维护的成本，并且大大减少了系统中心化带来的运营风险和操作风险。

（3）支付清算。现阶段商业贸易的交易支付、清算都要借助银行体系。这种传统的通过银行方式进行的交易要经过开户行、对手行、清算组织、境外银行（代理行或境外分支机构）等多个组织及较为烦冗的处理流程。在此过程中每一个机构都有自己的账务系统，彼此之间需要建立代理关系；每笔交易需要在本银行记录，与交易对手进行清算和对账等，导致整个过程花费时间较长、使用成本较高。与传统支付体系相比，区块链支付可以为交易双方直接进行端到端支付，不涉及中间机构，在提高速度和降低成本方面能得到大幅的改善。尤其是在跨境支付方面，如果基于区块链技术构建一套通用的分布式银行间金融交易系统，可为用户提供全球范围的跨境、任意币种的实时支付清算服务，跨境支付将会变得便捷和低廉。

（4）银行征信管理。目前，商业银行信贷业务的开展，无论是针对企业还是个人，最基础的考虑因素都是借款主体本身所具备的金融信用。商业银行将每个借款主体的信用信息及还款情况上传至央行的征信中心，需要查询时，在客户授权的前提下，从央行征信中心下载信息以供参考。这其中存在信息不完整、数据更新不及时、效率较低、使用成本高等问题。

在征信领域中，区块链的优势在于可依靠程序算法自动记录信用相关信息，并存储在区块链网络的每一台计算机上，信息透明、不可篡改、使用成本低。商业银行可以用加密的形式存储并共享客户在本机构的信用信息，客户申请贷款时，贷款机构在获得授权后可通过直接调取区块链的相应信息数据直接完成征信，而不必再到央行申请征信信息查询。

（5）金融审计。由于区块链技术能够保证所有数据的完整性、永久性和不可更改性，因而可有效解决审计行业在交易取证、关联、追踪、回溯等方面的难点和痛点。德勤公司从 2014 年起成立了专门的团队对区块链技术在审计方面的应用进行研究，目前已与部分商业银行、企业合作，成功创建了区块链应用实验性解决方案。其开发的 Rubix 平台，允许客户基于区块链的基础设施创建各种审计应用。普华永道自 2016 年宣布大举进军区块链领域后，已经招募了 15 个技术专家探索和研究区块链技术，并与专门研发区块链应用的 Blockstream、Eris 科技公司合作，寻求为全球企业提供区块链技术的公共服务。

此外，区块链技术在 P2P 借贷平台、去中心化的众筹平台等方面，也有巨大的应用场景和潜力，吸引了资金投入和应用探索。

9.1.5 金融科技

金融科技，由英文单词 Fintech 翻译而来，Fintech 则是由金融（Finance）与科技（Technology）两个词合成而来。金融科技是指一群企业运用科技手段使金融服务变得更有效率，因而形成的一种经济产业。如果从 IT 技术对金融行业推动变革的角度看，目前可以把金融科技的发展划分为三个阶段。

第一个阶段可以界定为金融 IT 阶段，或者说是金融科技 1.0 阶段。在这个阶段，金融行业通过传统 IT 的硬件搭载比较简易的软件应用来实现办公和业务的电子化、自动化，从而提高办公和业务效率。这时候 IT 公司通常并没有直接参与金融机构的核心业务环节，IT 部门在金融体系内部是一个很典型的成本部门，现在地方银行等小机构还经常会讨论核心系统、信贷系统、清算系统等，就是这个阶段的代表。

第二个阶段可以界定为互联网金融阶段，或者叫金融科技 2.0 阶段。在这个阶段，最鲜明的特点是金融业开始搭建在线业务平台。该平台利用互联网或者移动终端的渠道来汇集海量的用户和信息，实现金融业务中的资产端、交易端、支付端、资金端的任意组合的互联互通，本质上是对传统金融渠道的变革，实现信息共享和业务融合，其中最具代表性的包括互联网的 P2P 网络借贷、基金销售、互联网保险等。

第三个阶段是金融科技 3.0 阶段。在这个阶段，金融业通过大数据、云计算、人工智能、区块链等新的信息技术来改变传统的金融信息采集来源、风险定价模型、投资决策过程、信用中介角色，通过改变可以大幅提升传统金融的效率，解决传统金融的痛点。代表技术就是大数据征信、供应链金融、智能投顾。

金融科技可说是一种新型的解决方案，这种方案对于金融服务业的业务模式、产品、流程和应用系统的开发来说，具有强烈颠覆创新的特性。金融科技概念正受到不少互联网金融公司的热捧。然而，热捧背后也存在监管套利的风险。央行条法司明确指出，要划清互联网金融和 Fintech 的界限，Fintech 要与持牌机构合作才能从事金融业务，并抛开表面属性，从业务模式出发进行穿透式监管。

2017 年 5 月中国人民银行成立了金融科技委员会，旨在加强金融科技工作的研究规划和统筹协调。中国人民银行金融科技委员会将组织深入研究金融科技发展对货币政策、金融市场、金融稳定、支付清算等领域的影响，切实做好中国金融科技发展战略规划与政策指引，进一步加强国内外交流合作，建立健全适合中国国情的金融科技创新管理机制，处理好安全与发展的关系，引导新技术在金融领域中的正确使用，强化监管科技（RegTech）应用实践，积极利用大数据、人工智能、云计算等技术丰富金融监管手段，提升跨行业、跨市场交叉性金融风险的甄别、防范和化解能力。

中国人民银行行长周小川认为，科技的发展可能会对未来的支付业造成一些巨大的改变，这个改变是进步，因为带来很多新的手段。中国人民银行高度鼓励，同时也和各种业界共同合作，把金融科技的发展搞上去。特别强调的一点是网络科技的发展，还有就是数字货币的发展，其中也包括区块链等新技术，这些新技术会在未来产生一些当前人们不容易完全想象或者预测到的影响。在央行看来，金融科技是技术驱动的金融创新，为金融发展注入了新的活力，也给金融安全带来了新挑战。

2016 年 8 月，国务院发布《"十三五"国家科技创新规划》，规划中明确提出促进科技金融产品和服务创新、建设国家科技金融创新中心等。在监管加紧、政策频出之外，金融科技成为 2016 年整个金融行业的主旋律。

2017 年 3 月 15 日，中国银监会主席郭树清表示，银行 3.0 时代已经来临，银行业要利用金融科技，依托大数据、云计算、区块链、人工智能等新技术，创新服务方式和流程，整合传统服务资源，联动线上线下优势，提升整个银行业资源配置效率，以更先进、更灵活、更高效地响应客户需求和社会需求。

银行 3.0 时代仅仅是金融科技的一个缩影，一切迹象已经表明，金融科技 3.0 时代也已经悄悄来临。2017 年金融科技将成为炙手可热的发展方向，大数据、云计算、区块链、人工智能等金融科技服务将从概念阶段真正落实到金融平台的日常运营层面。专家指出，金融科技是采用技术手段而非单纯商业模式变化来进行金融创新，不是简单的技术复制，金融科技 3.0 更多的是金融与技术场景跨界的融合，尤其是信息类技术发展全面突破，以及与金融的跨界融合互联网金融生态正在发生变化，这种变化由"金融 + 科技"结合推进。

9.2 银行互联网应用安全趋势

9.2.1 应用安全威胁趋势

近几年来,银行业务越来越互联网化,全球化的互联网金融已融入我们的生活,像生活的必需品一样无处不在,各种银行应用在带来便捷的同时,却也带来了问题。

一是互联网经济犯罪活动居高不下。网络经济犯罪行为的趋利化特征日益明显,网络经济犯罪向规模化、综合化、集成化和智能化方向发展,给全球银行业带来了极大的威胁。此类威胁的特点在于利益驱使高、受害主体广、攻击方式多、社会危害大。

二是银行互联网面临的网络高级威胁不断加剧。随着黑客的攻击手段不断升级,新兴 APT 攻击威胁层出不穷,恶意木马病毒持续泛滥,零日漏洞的精准突袭,网络安全的主要威胁已经从黑客攻击模式转化成为犯罪分子规模化敛财模式,呈现出明显的组织化、规模化、产业化趋势。

三是基础设施安全不可控。我们的基础设施并不完全可靠,也不是完全可控,近几年频发的通用软件漏洞导致全球服务器、网络设备、Web 应用遭受影响就是典型的案例。

四是移动设备和支付安全问题凸显。银行业在互联网上的安全防御能力并没跟上互联网的发展。随着移动支付方式的普及,我们 24 小时都暴露在互联网攻击之下,安全威胁在不断升高。

五是泄露窃密性攻击步入"高发期"。除了要防范攻击外,更需防范数据的丢失有组织的窃取,这关系到银行的声誉和品牌形象。

六是新技术、新应用带来的潜在风险。通过互联互通、大数据、跨界融合,银行业可在方方面面与各行业合作,但其所带来的数据流转交换,使银行业面临更多技术的挑战。

9.2.2 应用安全技术趋势

面对上述信息安全的威胁与挑战我们该如何应对?我国银行业金融机构应该提升全面的安全感知能力、有效的安全防护能力和有力的应急响应能力的所谓"三项能力"。着力建设银行业信息安全防御体系使其具备高效成本的安全防护能力,这是信息安全工作的基石。同时采用技术手段感知安全防护的能力,实现精准的全场景保护措施,建立一个管理闭环环境。这个环境如何跟周边的各个业务、开发、网络、测试、运营发生安全交互，也正是我们持续在研究和关注的。

在此基础上，应明确了工作方向，即做到信息安全的"可见、可管、可控"。"可见"就是信息安全的感知和预警，能够实时了解信息安全的状况；"可管"就是对发现的信息安全行为进行管控，把控整体信息安全防护保障措施；"可控"就是控制信息安全的影响范围和行为，能够及时进行响应与处置。

银行业在"十三五"期间的重点任务之一就是严格贯彻落实国家信息安全政策，把信息安全工作提升到企业发展的战略性高度，健全信息安全管理体系，加强信息安全技术防护，提升关键信息基础设施的安全保障水平，确保风险可控。通过系统定级将整体目标分解，打造一个等级化的安全体系，融入全行体系建设中去。

体系建设首先是严格贯彻执行《网络安全法》的相关要求，做好系统的定级、备案、评估，健全完善银行业网络安全防护体系，将其纳入银行已有的信息安全体系建设和运行当中。

其次是基于大数据分析网络安全态势，通过数据采集和分析做到可视化、可测量、自动化、可检测，提升民生银行的风险感知及预警能力，实现安全风险的可视化管理。同时建立客户反欺诈监测预警体系，通过大数据平台对复杂多样的业务场景威胁进行智能化学习与分析，建立海量威胁情报库识别业务安全风险，从而感知客户信息泄露及业务欺诈风险，能够主动利用业务应急措施、风险管控手段，管控客户欺诈等行为，保障客户资金交易及业务安全。

再次是加强敏感数据安全保护。民生银行正在积极推进数据分级和分类管理体系的建立，深入评估客户敏感信息在创建、存储、传输、使用和销毁等过程中的安全风险，综合运用多种手段，防范敏感数据泄露、篡改、丢失和非授权访问。总体而言，我们正不断完善数据风险防范体系，建立敏感数据的监测体系，强化敏感信息保护措施，加强数据外泄溯源追踪能力。

最后是打造安全运营协同防护机制。建立系统开发、系统运维、安全测试等部门的运维与安全协同工作机制，建立共享情报与处置平台，在事件预警、指标监测、应急处置等方面优化流程，形成联动效应。同时加强网络和信息安全领域的安全交流合作，建立威胁情报共享机制和技术平台，实现威胁情报协同处置。

综上所述，通过自适应的安全防护体系，根据威胁情报等预测结果做出相应信息安全预警，同时对潜在威胁风险进行持续检测，并动态调整安全防护策略实现对安全事件的阻断，最后对检测结果快速响应（Respond），形成信息安全的预测、阻止、检测、响应的闭环体系。

银行业金融机构还应围绕合规要求和安全防护需求进一步制定合理工作计划和

安全对策：

一是继续深入贯彻落实《网络安全法》，强化安全制度体系的建设，确保网络安全各项工作的部署和落实，强化组织领导，把网络安全工作做细、做实。

二是强化网络安全顶层设计，提高网络安全战略能力，这是一个基础工作，也是一项长期工作。持续优化和改进网络安全管理机制，加大信息安全投入，推动信息安全人才队伍建设，都是提升网络安全管理水平的必要措施。

三是定期开展信息安全监督检查，推动全行业的信息安全风险评估，逐步形成常态化的安全检查和评估机制。

四是推进网络安全综合防御技术体系建设，全面梳理现有的安全防御技术，重点关注互联网接入区域的防御，建立严密的外网安全防护系统，提升网络安全威胁的检测、分析和预警能力，将安全威胁拒之门外。

银行业的安全管理和防控仍是一项艰巨但重要的工作，需要不断改进和提升，可谓任重而道远。

9.2.3　网络安全生态环境趋势

金融安全关乎国家根本利益，是影响国家安全的重要战略要素，是经济平稳健康发展的重要基础。随着我国金融改革逐步深入、金融创新不断加快、金融开放持续扩大，金融安全的重要性和紧迫性日益凸显。维护并保障金融安全，已成为关系到我国经济社会发展全局的战略性、根本性大事。

维护金融安全本身是一个系统工程，牵一发而动全身。从主体上看，政府授权金融监管机构出于国家安全、经济运行安全、保障民生等公共目标，金融监管机构和金融市场要处置风险造成的损失，减轻风险带来的不良影响，维护金融安全；金融机构出于盈利目标在各个投资主体之间实现资金与风险配置，通过管理风险，维护机构自身的安全运行；投资者为获取收益在安全与风险资产中进行配比，在获得盈利的同时保障自己的资产安全。从空间上看，在金融全球化、金融混业经营、金融市场和金融业务联系与合作越来越密切的背景下，风险传导使得没有哪个国家、哪家机构能够在金融风险发生时置身事外、独自保全。从时间上看，金融运行的任何时间点都有可能发生风险，需要时时刻刻关注金融态势。因此，必须有重点、有兼顾地维护金融安全。

一是兼顾金融发展与金融安全。虽然我国金融业发展取得了巨大成就，成为推动经济社会发展的重要力量，但同时也出现了一些金融安全方面的问题。比如，资金在金融体系"空转",杠杆高企,金融资源"脱实向虚",跨行业、跨市场、跨区域金融创新产生交叉性金融风险并相互传染,传统金融风险与新的互联网金融风险并存,金融混业发展与分业监管形成监管真空和套利空间,金融监管难以跟上金融创新的步伐等。对此,在发展中要强化安全能力建设,切实保障金融安全,为金融发展创造宽松的环境,同时要强化和改善金融监管。

二是金融机构要切实承担风险管理责任。金融机构风险管理是维护金融安全的"龙头",金融机构管控好风险,既是自身经营的要求,又可以减轻金融监管的压力。一方面,金融机构运营过程中充满风险,需要切实做好基于客户的风险管理,从而降低自身面临的信用风险;另一方面,金融机构要强化内部管理,理顺公司治理机制,降低市场风险、流动性风险和操作风险。同时,金融机构还要把握好内外风险管理的"度"。如果对外风险管理过度,即金融机构为了降低风险而选择性"不作为",就容易导致中小微企业融资难融资贵、农村金融资源不足、面向普通投资者的投资渠道和投资产品缺乏等供给侧结构性问题;如果对内风险管理过度,则可能会提高运营成本,降低金融服务水平;如果对外风险管理过宽,即金融机构未做到应查尽查、该拒则拒,甚至"放水",必然会使风险事件发生,造成风险损失甚至引发金融危机,比如,互联网金融机构对投融资双方资质审查不严格而使风险积聚;如果对内风险管理过宽,那么金融机构就会成为风险聚集地,成为金融危机爆发的源头。

三是注重防患于未然。经济金融全球化使得金融危机和政策风险外溢性凸显,"黑天鹅"事件频发,特别是对新技术的使用催生了第三方支付、P2P 网贷、互联网银行、众筹、平台金融等依托互联网的金融机构、金融产品和金融服务,金融普惠到更加广阔的范围。这些都可能成为金融风险的重要来源。

面对这些新情况,一方面,传统的金融监管和金融安全措施已经难以应对;另一方面,科技发展特别是互联网技术的发展正在对金融业产生深刻影响。在此背景下,传统金融风险与互联网金融风险交织,使金融风险的成因更加复杂,很难通过传统的金融监管和金融安全措施来有效防范,因而需要新的工具、新的技术或措施来破局。互联网技术作为助推金融发展的重要力量,将成为新形势下维护金融运行安全的重要"安全网",主要表现为以下几个方面。

(1) 优化金融监管框架。在我国,分业监管虽然有其历史的必然性,也有其独特的优势,但随着金融业混业发展与交叉合作的深化,分业监管确实存在一定的监管真空,加上监管标准不统一,也存在较大的套利空间,极易滋生新的风险。特别是对于交叉性金融，分业监管难以做到专业化，更无法保证监管的效率和效果。互联网技术的发展与应用，为改变这种状况提供了有利条件。监测机构通过金融大数据的采集、整理、挖掘、使用，能够全面、实时监测金融业运行状况，并将监测结果按专业划分给相关监管机构，进而进行专业化的风险化解与处置。从理论上讲，互联网技术既可以使金融机构之间互联互通，也可以以较低的成本使金融功能业务之间互联互通，还可以实现产业链金融甚至是与经济实体的全流程打通，这就为混业监管、功能监管提供了条件，使在现有分业监管基础上统筹金融风险监测、实现专业化风险处置成为可能，从而有助于跨行业、跨市场、跨地域的协同监测与管理。

（2）确保监管"耳聪目明"。统筹监管系统重要性金融机构，统筹监管金融控股公司和重要金融基础设施，统筹负责金融业综合统计，是加强金融监管、化解金融风险的重要环节，这需要进一步用好金融数据信息，提高金融数据的使用效率，使各类金融数据在防范金融风险中发挥应有的作用。在这方面，物联网、大数据、云计算等概念及相关技术与金融业综合统计、金融基础设施建设高度契合，传统的结构化与非结构化数据、视频数据、音频数据、图片数据等将极大地拓展金融业统计的体量。同时数据挖掘、深度学习等技术将发掘出更多有用的信息。这些都能帮助管理部门把住重点环节、确保风险防控"耳聪目明"、避免监管空白。

（3）监测预判金融风险。受技术和成本约束，传统的金融监管措施以及金融机构事前准入所依赖的都是金融机构运行的历史数据，对金融机构事中、事后的监管也是风险发生后降低风险损失的补救措施，这些都很难做到对过程实时监测。互联网技术的网式多点特征，为实时连接、实时监测提供了可能。数据信息可以实时共享，监管者就可以耳聪目明、防控风险。监管机构还可以通过对关联指标的实时监测，做到心中有数，实现未雨绸缪、密切监测、准确预判，并将监管措施前置。

（4）实现有效风险管理。金融机构风险管理存在薄弱环节，有追逐利润最大化的主观动机，但更多原因还是缺乏有效的风险管理手段。互联网技术可以极大地丰富金融机构的风险管控手段，助力金融机构管理风险。人脸识别（生物识别）、声音识别、互联网身份认证等技术，具有极高的识别准确度，其安全性远大于现行的各种介质性认证和密码类认证，其使用将弥补线下风险控制措施的不足，降低风险识别成本，提高风险识别效率。更重要的是，这种可记录、可追溯的方式可以从源头上控制风险的发生。大数据的采集、挖掘、综合与统筹使用将形成多层次的印证体系，帮助金融机构实现风险预判和防范；区块链技术也能够帮助金融机构实现金融业务可控、风险可追溯。此外，互联技术有助于解决我国人口众多、经济结构复杂、征信体系构建成本高等难题，可极大地推进征信系统建设。征信系统的建成和使用，将为维护金融安全增加一道"保险锁"。

总之，互联网技术在维护金融安全中大有可为，甚至有望成为维护我国金融安全的中坚力量。下一步，应持续加大互联网技术的应用，真正实现金融与科技的有效融合。但也要看到，互联网技术在为维护金融安全提供快捷、便利、高效、低成本的技术支撑时，不可避免地也会呈现负面效应。比如，网络病毒、系统中断、设备故障、灾备失效等难以控制、不可预见的事件将导致金融安全措施中断甚至失效，技术的漏洞或薄弱环节、黑客攻击、密码泄露、账户资金被盗等将带来各种新的风险隐患。因此，在使用互联网技术维护金融安全的同时，也应注重规避使用新技术带来的各种负面影响。

9.3 银行互联网应用安全风险管控展望

9.3.1 银行互联网应用安全风险管控理论发展方向

近年来，随着我国互联网行业的飞速发展，互联网与金融的融合呈现出新的金融形态。互联网金融的创新，加速推动着我国商业银行改革创新的进程，同时也对商业银行经营管理，特别是互联网应用安全风险管理提出了新的要求和新的挑战。传统的风险管控模式已难以胜任，只有通过开发新技术下的新模式来适应时代的飞速变迁。由此引发的商业银行信息科技风险新模式也因此拉开了序幕。

1. 完善管理组织架构，夯实防控基础

做好商业银行信息科技风险防控，首先应从顶层架构设计出发，建立职责和分工明确的信息科技风险管理组织架构，明确信息科技风险管理策略和制度，加强科技风险防控资源配备，营造信息科技风险管理文化，促进风险防控水平整体提升。

（1）强化信息科技风险顶层设计。风险管理与业务发展同是"一把手"工程，应从董事会、风险管理委员会和高级管理层入手，建立各专业部门和业务条线分工科学、责任明晰、互相监督、高效协同的管理组织架构，制定信息科技风险管控策略和目标，建立保障制度和机制，确保信息科技风险管理有效落地。

（2）完善信息科技风险防控人员配置。人是风险防控的核心，应健全专业的风险管控团队，从制度、规划、运维、安全、规划、业务连续性、外包、合规等职能角度设置必要岗位，完善各专业条线的相关团队，形成协同联动管理机制。

（3）加强全员风险防控意识教育培训。定期对全员进行风险防控意识教育、技术培训和技能考核，建设信息科技风险防控文化，提高全员风险防控意识和实操能力。

银行应严格按照国家主管和监管部门要求，组织落实信息科技风险防控各项政策法规，将信息科技风险管理纳入全面风险管理体系。董事会和高管层需定期听取和审议信息科技治理、风险管理策略、安全可控能力、应急演练等风险管理工作情况报告，在资金和人员等方面给予充分倾斜和大力支持。建立信息科技管理委员会和信息科技项目审定委员会，审议全行信息科技风险防控规划执行、重要系统投产风险评估、业务连续性应急演练等信息科技相关工作内容。此外，应建立以信息科技部门（包括业务部门）、风险管理部门、审计部门为主体的信息科技风险管理三道防线，共同防范和控制信息科技风险。积极开展信息科技风险意识教育，每年定期举办信息安全知识培训，覆盖全行的网络安全专职与兼职人员。

2. 注重多维立体管理，构建完备的风险防控体系

信息科技风险管理核心是建立健全内部防控体系，通过规范化的管理和安全的技术工具，消除隐藏的风险隐患、全面提升信息系统的安全防护能力，保证银行信息系统和数据的机密性、完整性和可用性。在当前金融业务互联网化的新形势下，信息科技风险管理应涵盖银行业务的各环节和全流程，形成多维度、立体式的风险防控体系。

（1）强化全流程风险防控。从信息科技运行的全流程入手，涵盖生产运行、应用研发、信息安全、信息科技治理、业务连续性、科技外包等银行信息科技的各个环节，立体管理、多措并举，提高风险防控能力。

（2）注重全生命周期风险防控。从信息系统全生命周期出发，保证安全风险防控技术措施同步规划、同步建设、同步使用。在信息系统规划阶段，充分考虑可能存在的安全风险，采用高效且安全的基础架构，从规划层面降低全局系统性的安全风险。在建设阶段，建立严格的检验流程和机制，确保不存在重大安全缺陷或漏洞。在使用阶段，建立安全风险监测平台，实时监测各类入侵和攻击行为，让管理、运维和安全等相关人员第一时间直观掌握风险状况并闭环管理风险。

（3）切实加强业务连续性风险防控。通过加强技术与业务协调互动、应急预案建设、应急演练、风险评估、持续改进，加强信息系统高可用建设和多活数据中心建设，全面提升业务连续性管理风险防控水平。

（4）利用技术平台提升风险管控效能。采用专业化、自动化、智能化技术手段，建立实用、高效的风险防控管理平台，通过技术创新应用提高风险事件的预警效率、响应速度和处置效果。

3. 强化风险评估驱动，建立动态风险管理机制

落实信息科技风险防控策略，应形成风险识别评估、监测分析、持续改进的信息科技风险控制闭环流程，且动态循环更新，保障风险管控能力水平持续上升。

（1）建立动态化风险评估机制。逐步构建信息科技风险管理指标体系，采用不间断风险监测、调查分析、监督评审等手段，不断优化指标内容和阈值，持续提升指标体系的完整性和科学性。

（2）建立自动化风险监测机制。依托先进技术手段实现风险监测自动化，对指标数据的采集、分析、报告等过程实现技术硬控制，同时能够实现快速扩展风险监测覆盖面、灵活调整风险监测策略、图表化展示风险分布状况等。

（3）建立常态化风险改进机制。定期总结和回顾风险评估与监测情况，检查和总结信息科技风险管控策略有效性、风险问题整改情况、长效机制建立情况等，形成常态化风险改进后评价机制。

通过建立规范、科学、有效的信息科技风险评估方法、流程和工具，为信息科技风险评估体系的规范化和常态化奠定基础。建立了信息科技风险关键监测指标体系，确定多个科技条线关键风险指标，按季发布关键风险指标运行情况通报，及时准确地发现信息系统安全技术风险和隐患，确保信息安全保障工作落实到位。定期开展重要信息系统风险评估，确定系统存在的风险隐患，评估风险潜在影响，量化安全控制措施的有效性，跟踪落实各项风险点的整改、缓释情况，进一步提高了风险识别、计量和评估结果的科学性、可用性。此外，依托规范的信息科技风险评估体系，不断丰富、完善信息安全技术手段，持续通过安全漏洞扫描、渗透测试、源代码检测等手段，提高系统针对信息科技风险的抵御能力。

4. 加大自主掌控力度，增强防控主动能力

商业银行应从生产运维和科技开发等方面进行细化分类，采取分类掌管和选择性外包策略，在核心业务和关键领域着力加强自主监管能力，降低对第三方服务提供商与二方产品的过度依赖，不断提升自己对信息科技风险的管控能力。

（1）完善信息科技外包管理制度体系。形成三层信息科技外包管理执行机制，细化外包集中度风险监测指标，监测具有集中度特点的单一外包服务商服务占比。

（2）加强重要系统运维、信息安全领域资源投入。建立网络安全专职队伍，在各业务条线、总分行各级机构设立了网络安全兼职人员，提升全行信息安全设施自主可控率。进一步加强安全队伍建设，重点提升网络安全的精细化管理程度和自主掌控能力，完善 7×24 安全运维工作机制，打造具备深入安全分析和自主应急处置

能力的安全技术专家团队，提升网络安全事件的全天候监控与自主处置能力。

（3）运用大数据分析与人工智能技术。建立智能化运维管理平台，提升系统运维管理能力，并对运维中产生的海量数据进行深入分析和挖掘，发现业务经营中存在的风险，包括业务量异常告警、黑白名单管理、客户签约信息提示等，提高业务风险防控水平。

9.3.2 展望：银行安全生态圈

贯彻落实国家网络安全法和各项监管政策法规，分析与评估网络安全严峻形势，以"安全+"互联网思维，完善信息安全保障体系与机制建设，以数据驱动安全，以信息资产、交易行为、操作行为作为监控与预警的对象，通过内部与外部相结合，前台与后台相结合，人防与技防相结合，实现从事后发现到事前监控，从被动防御到主动防御，从边界"木桶原理"防御到纵深分层"水闸式"防御的转变，将"安全+"融于信息科技建设、维护、应用等各个环节，平衡安全与客户体验，建立业务发展与信息安全和谐共存、相互促进、可循环的安全生态圈，如图9-1所示。

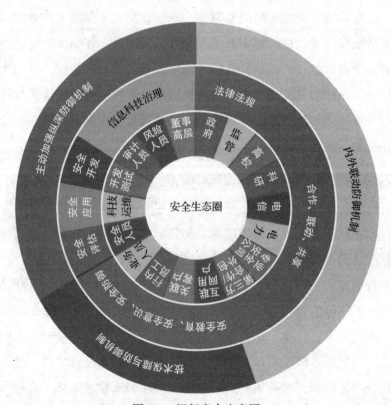

图 9-1　银行安全生态圈

通过强化主动防御能力，优化技术防御手段，深化联动防御机制，构成多层次、立体式、全方位的网络安全保障体系。

1. 强化主动防御能力

（1）强化网络安全制度与体制建设。随着国家网络安全法的实施，对客户敏感信息、商业秘密信息、监管秘密信息越来越重视的背景下，需要从全行层面强化组织领导和统一管理，拟建立总行信息安全技术管理委员会，统筹全行信息安全管理，统一安全管理标准，规范安全操作行为，强化问责与处罚，不留安全死角，及时发现与解决安全隐患。根据ISO27001标准的最新版要求，完成新版标准体系的再认证，并扎实推进规范信息资产分类、分级管理，规范信息安全等级保护制度与国家关键信息基础设施保护制度，落实国家与监管部门的各项法律法规要求。

（2）强化风险预警与监测能力。要通过大数据、交易行为分析、威胁情报感知平台等手段，强化网络安全的态势分析，提升安全预警与监测能力。

（3）积极研究与应对金融科技创新风险，针对大数据、区块链、人工智能、云计算、生物识别等新技术应用，需不断创新管理机制，完善管理制度，提升安全管理能力，及时预警与识别新技术应用风险。

2. 优化技术防御手段

（1）提升互联网防攻击、防入侵、防篡改、防黑等技术防御手段，优化部署防病毒、IPS、WAF、Web等安全产品；研究应对云计算、大数据、APT攻击、新威胁对抗、BYOD、移动互联等新技术风险。

（2）强化信息安全防泄漏，研究部署虚拟终端、虚拟应用、DLP数据防泄漏、水印技术、桌面安全管理、防病毒、脱敏技术、上网行为管理系统、LANDESK桌面管理系统等技术应用。

（3）强化应用安全全生命周期管理，从安全需求、安全架构设计、安全开发、安全测试、安全评估等各环节落实安全控制，深化利用源代码扫描辅助工具，推进安全开发框架的应用，提升应用系统健壮性，减少安全漏洞。

3. 深化联动防御机制

（1）加强与政府部门、监管机构、高校、科研机构、电信、电力等部门的联系与协作，全方位提升信息共享与协作支持，类似其他银行与国内知名大学、研究机构、国家队的合作建立研究实验室。

（2）强化与信息安全专业机构的合作。借助外部人力资源、专业能力，通过众测、外包测试、监控监测、专业评估等手段，有效防范与应对我行互联网应用与网络攻击风险。

（3）建立内外部合作共享机制。不仅要与国家级信息安全专业机构合作，更需要与互联网公司（如 BAT 公司）的合作，不仅要建立技术合作、维护合作、安全合作，更需要建立业务合作、战略合作、平台合作，有效应对互联网生态圈、供应链生态圈风险。